신경과학으로 본 **외상 후 성장** 이야기

아픔에서 선물을 찾다!

Jim Rendon 저 | **김유미 · 엄별비** 공역

The New Science
of Post-Traumatic Growth

학지사

Upside: The New Science of Post-Traumatic Growth
by Jim Rendon

Copyright ⓒ 2015 by Jim Rendon

All rights reserved.

Korean translation copyright ⓒ **2018** by Hakjisa Publisher, Inc.
This Korean edition was published by Hakjisa Publisher, Inc. in 2018
by arrangement with the original publisher, Touchstone, a division of Simon &
Schuster, Inc. through KCC(Korea Copyright Center Inc.), Seoul.

이 책은 (주)한국저작권센터(KCC)를 통한
저작권사와의 독점계약으로 학지사(주)에서 출간되었습니다.
저작권법에 의해 한국 내에서 보호를 받는 저작물이므로
무단전재와 복제를 금합니다.

역자의 말

인간은 누구나 아픔을 안고 살아간다. 그 아픔은 사소한 상처일 수도 있고, 삶을 유지하기 버거울 정도의 외상일 수도 있다. 사소한 상처라면 가볍게 넘어가지만, 심각한 외상이라면 개인을 지탱해 온 가정된 자아the assumptive self와 세계관world view까지 무너뜨릴 수 있다. 그래서 종종 외상 피해자들은 살아야 할 의미를 잃어버린다. 더구나 그들은 고통스러운 외상을 반복적으로 경험하는데, 이는 인간의 뇌에서 외상사건을 강력하게 기억하여 훗날 그 순간을 상기시키는 사소한 단서만 있어도 뇌가 외상을 겪던 순간처럼 작동하기 때문이다. 이런 까닭에 대부분의 외상 피해자들은 가정된 자아와 세계관이 사라져 더 이상 살아야 할 의미가 없어지고, 그들에게 과거의 외상은 여전히 두려운 현실인 것이다.

그동안 외상에 대해서는 이처럼 외상 후 스트레스 장애post-traumatic stress disorder를 비롯한 부정적 측면에 초점이 맞춰졌으나, 이 책의 저자는 외상 피해자들의 삶에서 변화를 향한 희망을 볼 수 있는 성공적인 사례들을 실감 나게 전하고 있다. 그 변화는 리처드 테데스키Richard Tedeski와 로렌스 캘훈Lawrence Calhoun이 정립한 외상 후 성장post-traumatic growth이라는 개념으로, 1980년대 이래 많은 관심을 끌었던 외상 후 스트레스 장애와 달리 외상의 긍정적 측면과 관련된다. 흔히 사람들은 외상에 긍정적 측면이 존재한다는 사실 자체에 의구심을 갖는다. 그러나 외상의 긍정적 측면은 이미 많은 영웅 신화나 위인들의 삶에 잘 반영되어 있다. 외상 후 성장에 대한 이해를 돕기 위해, 테데스키와 캘훈은 외상을 지진에 비유하여 다음과 같이 설명한다. "지진을 이겨 낼 정도로 완벽한 건물은 지진이 와도 멀쩡한 것처럼 우리가 완벽하다면 우리 역시 변화될 필요가 없다. 그러나 건물이 피해를 입었다면 건물을 재건해야 하는데, 그 재건이 곧 우리에게 외상 후 성장이다." 결국 외상 후 성장은 외상 피해자들이 가정된 자아와 새로운 현실 간의 불일치를 깨닫고 이전의 가정된 자아를 바꾸기 때문에 가능하다. 이러한 관점을 고려하면, 외상은 변화의 문을 여는 열쇠이다.

더구나 외상 피해자들은 성장을 향해 금방 여러 층을 오를 수 있는 엘리베이터도 가진 셈인데, 이는 아이러니하게도 고통스러운 외상경험 덕분이다. 그래서 성장을 향한 엘리베이터를 발견한 외상 피해자들은 아픔에서 선물을 찾은 사람들이다. 이 책은 아픔에서 선물을 찾은 다양한 사례를 통해 외상경험이 좋을 수도 있는 이유,

성장에 기여하는 요소들, 그리고 성장을 촉진하는 적극적인 방법 등을 소개한다. 이 책의 사례들을 만나는 동안 이미 외상을 겪은 독자들이 성장을 향한 엘리베이터에 기꺼이 오르길 기대한다. 만약 외상을 겪지 않은 독자라면 사례들의 삶을 벤치마킹해서 인식의 틀을 바꾸는reframe 성장가도에 오르기를 기대한다. 역자들 역시 이 책을 번역하는 내내 이미 스쳐 간 엘리베이터와 책에서 만난 여러 사례를 떠올리며 '나는 오늘도 진화한다.'는 좌우명으로 하루하루 성장하는 기쁨을 맛보고 있다.

2018년 10월

김유미, 엄별비 씀

저자의 말

내 아버지인 마이클 렌던Michael Lendon은 홀로코스트 생존자이다. 그래서 나는 외상trauma이 인간을 어떻게 변화시키고 인간의 삶과 자아감에 기여하는지에 항상 의문을 가져 왔다.

독일군은 고작 10대이던 내 아버지를 폴란드의 집에서 잡아다 강제수용소로 보냈다. 그는 폴란드에서 독일의 부헨발트 강제수용소로 가던 한겨울의 '죽음의 행진'*에서 살아남았고, 그곳에서 그는 '미텔바우-도라'라는 더 작은 수용소로 옮겨졌다. 그곳은 강제수용소들 중에서도 악명이 높았다. 나치는 포로들에게 하츠산의 탄광

---

* 역자 주: 1944~1945년 겨울, 나치 독일에 의해 행해진 죄수의 강제 이동에 대해 후에 역사가들이 명명함.

을 파는 강제노동을 시켜 평행인 2개의 터널을 만들었는데, 각 터널의 폭은 약 12m에 높이는 9m였고, 길이는 약 1.6km에 이르렀다. 터널 사이에는 십여 개의 가스실이 있었다. 그 단지는 연합군의 폭격에도 난공불락인 거대한 지하벙커였다. 산속에서 포로들은 런던을 포격했던 Ⅵ~Ⅶ 로켓을 제작했다. 그들은 목숨 걸고 로켓 제작을 사보타주했다. 그들은 용접을 엉망으로 하고 부품을 빠뜨렸으며 나사를 덜 조였다. 로켓이 제대로 작동하지 않자, 감시병들의 잔인성이 극에 달했다. 작업장에서 아주 사소한 것만 위반해도 때려죽이거나 총살하거나 교수형에 처했다. 도라의 사망률은 어느 강제수용소보다 높았다.

 1990년대 중반, 나는 아버지와 함께 도라에 갔다. 눅눅한 가을 아침, 그 수용소 주변을 걷는 동안, 그는 일상적으로 몇 시간씩 걸렸던 점호에 대해 말하면서 부품과 재료들을 로켓 공장에 보냈던 기찻길을 보여 주고, 당시에 광산에서 매일 봤던 것들에 대해 자세히 설명해 주었다. 그는 나에게 "아무도 저 터널 안에서 일어난 일을 못 믿을 거야. 저 안은 마치 지옥 같았지. 나는 지옥도 그 정도는 아닐 거라고 생각해." 하고 말했다. "사람들은 파리처럼 쓰러졌지. 공기가 없었거든. 눅눅한 데다." 우리는 터널 입구 근처의 오르막까지 걸었다. 나는 철책까지 걸어가 목을 길게 빼고 바라보았다. 나는 이곳을 보고 싶었고, 최대한 그의 경험에 다가가고 싶었다. 그러나 바로 그때 그는 주춤했다. 철책을 지나 아래의 폐쇄된 터널 입구를 보자, 그는 그답지 않게 말이 없었다. 그는 잠시 가만히 서 있다가 천천히 돌아섰다.

 아버지는 전쟁 이야기를 자주 했다. 내가 어렸을 때, 그는 전쟁에서의 기막힌 모험 이야기와 게으르고 멍청한 감시원들을 놀리던 재미난 이야기를 들려주었다. 그러다 내가 10대가 된 후에야, 그는 자신의 외상경험과 도라 탈출 과정을 말해 주었다.

전쟁이 끝날 무렵, 연합군 비행기에서 그들이 있던 곳에 폭탄을 투하하자 감시원들과 포로들이 숨었고, 그때 아버지와 그의 친구는 도라를 도망쳤다. 감시원들이 도망치던 그들을 향해 총을 발사해 아버지가 부상을 입었다. 그들은 2주 동안 숲에 숨어 쓰레기 더미를 뒤지거나 훔쳐 먹다가 미국 전선으로 이동하려 했다. 그러나 시간이 흐르고 상처가 감염되어서 살아남으려면 빠른 의료조치가 절실했다. 아버지는 사망한 히틀러 친위대 장교의 제복을 훔쳐 입고, 히틀러 친위대 야전병원에 갔다. 전쟁 막바지라 병원은 아수라장이었고, 아무도 그에게 많은 걸 묻지 않았다. 위생병들은 그의 상처를 소독하고 붕대를 감아 주었다. 그는 야전병원 침대에서 잠이 들었다. 그가 잠에서 깨었을 때 맞은편 벽면에 걸린 히틀러 사진이 보였다. 그는 일어나서 살짝 방을 빠져나와 달아났다.

그가 미군(104 보병사단 병사들)을 만났을 때, 미군들은 그가 입은 히틀러 친위대 제복을 보고 그를 나치로 여겼다. 다행히 폴란드어를 할 줄 아는 병사 한 명이 있어서, 아버지는 자신이 강제수용소를 탈출했다고 말했다. 이틀 후, 병사들이 그를 제20야전병원에 보냈고, 거기에서 그는 수혈을 받고 상처도 치료했다. 그는 식사도 하고 점차 건강을 회복했다. 당시에 그가 도라를 탈출한 것은 행운이었다. 전세가 기울자, 나치는 도라에 남은 포로들을 대부분 사살했다.

아버지는 미국에 도착한 후 상선의 승무원이 되어 자신을 세상과 분리시켰다고 말했다. 그는 그냥 바다 한가운데 떠 있는 배를 타고, 자신이 어떤 사람인지, 무엇을 겪었는지, 무엇을 잃었는지(아버지, 형제, 새어머니, 이모들, 삼촌들, 사촌들, 조부모)를 아무도 모르는 곳에 혼자 있고 싶었다. 백 명이 넘는 그의 대가족 중 사촌 두서너 명만 전쟁에서 살아남았다.

자라면서 가끔 나는 내가 아버지였다면 어땠을까 하고 생각했다. 내가 사는 조용한 뉴저지 거리에 침략군이 들이닥쳐 나를 잡아간다면 어떻게 할까? 강제수용소에서 살아남는다면 나는 어떻게 할까? 그냥 꼼짝없이 무너지지 않았을까? 과연 한 발 더 나아가 나머지 삶을 살아갈 힘이 있을지 아직까지도 모르겠다. 나는 그렇게 했던 아버지가 놀라울 뿐이다.

최근 이라크와 아프가니스탄에서 제대한 청년들의 외상 후 스트레스 장애가 증가하면서, 나는 외상과 생존의 의미가 다시 궁금해졌다. 삶을 송두리째 뒤흔드는 외상은 나에게 어떤 영향을 줄까? 외상은 나를 어떻게 변화시킬까? 사람이 과연 이런 경험에서 회복될 수 있을까? 외상에서 회복된다는 말은 대체 뭘 의미할까? 내가 얻은 답은 나에게 놀라움과 희망을 주었다.

사람들은 대부분 '외상을 극복한다.'는 의미에 대해 상반된 두 가지 생각을 갖고 있다. 아마도 오늘날 우리 문화에서 가장 지배적인 첫 번째 생각은 외상사건으로 잘못되고 상처가 남아 망가진다는 것이다. 그것은 바로 베트남전 참전용사와 깊이 관련된 외상 후 스트레스 장애로, 〈디어헌터The deer hunter〉라는 영화에 잘 묘사되어 있다.

외상사건을 경험한 사람들은 대부분 다양한 문제를 겪는다. 그들은 악몽을 꾸거나 수면 장애를 겪으며, 계속 떠오르는 외상 장면으로 괴로워한다. 그들은 뇌의 공포 반응이 활성화되어 심한 경계 상태에 있다. 그래서 그들은 대부분 불안이나 우울을 겪는다. 외상 경험자들 대부분이 이러한 외상 후 스트레스 증상을 조금씩 겪지만, 시간이 지나면 그런 증상이 점차 사라진다. 실제로 그중 일부만 심각한 외상 후 스트레스 장애로 악화된다. 외상 후 스트레스 장애의 치료법이 많이 개발되었지만, 여전히 끔찍하고 치료하기 어려운 질환으로 수년간의 심리치료나 약물치료가 필요하고, 방치할 경우 아예 삶을 망치게 된다.

최근까지는 여기까지가 전부였다. 그래서 인간의 외상 반응에 대한 전반적인 논의는 대체로 그렇게 끝났다. 다시 말해, 정상으로 회복되거나 심각한 외상 후 스트레스 장애로 고통받는다. 따라서 정상화를 목표로 한 모든 치료와 약물 및 심리연구는 이처럼 파국적인 외상 후 반응을 극복하기 위한 것이었다.

그러나 지난 수십 년 동안 일부에 불과하지만 점차 더 많은 연구자들이 외상의 좀 더 복잡한 특성을 발견하게 되었다. 즉, 외상사건이 극복해야 할 고난만은 아닌 것으로 밝혀진 것이다. 오히려 외상은 변혁적transformative이어서 생존자의 삶에 기로가 된다. 외상 후 생존자들은 달라진다. 때로는 그 변화(아주 많은 관심을 받아 온 외상 후 스트레스 증상들)가 부정적일 수도 있지만, 그게 전부는 아니다. 외상 생존자들은 종종 자신의 죽을 뻔했던 경험, 심한 고통, 심지어 타인의 고통을 통해 자신이 어떤 사람이며 어떤 삶을 원하는지를 더 의미 있고 충만하게 바라본다. 그들은 악전고투하지만, 더 바람직하게 변하기도 한다.

어떤 면에서 보면, 외상이 긍정적 변화를 가져온다는 사실은 놀라울 게 없다. 외상경험을 극복한 사람들의 이야기는 전 세계의 문화에서 발견된다. 우리의 오랜 영웅신화부터 신성한 종교인들의 일대기, 자기 부모가 살해되는 장면을 목격한 후 범죄와의 전쟁에 일생을 바친 배트맨 같은 슈퍼히어로의 이야기를 통해 우리는 외상 사건이 우리를 더 나은 사람으로 만들고 우리의 삶을 더 의미 있게 만드는 힘이 있음을 거듭 확인하게 되었다.

이러한 현상에 대한 이야기가 수천 년 전부터 존재했음에도, 심리학계에서는 이를 거의 무시해 왔다. 1980년대에야 일부 연구자들이 이런 유익한 변화를 연구하기 시작했다. 실제로 그들의 발견은 놀라웠다. 계속되는 연구에서 외상 생존자의 반 이상이 긍정적 변화를 보고한 것으로 나타났다. 그 변화가 삶을 더 의미 있게 느끼고 사랑하는 이들과 더 가까워지는 작은 변화일 때도 있지만, 어떤 변화는 이전에 결코 생각해 본 적도 없던 진로나 인생행로를 걷도록 삶을 바꾸어 정체감과 세계관이 바뀔 정도로 큰 변화이다. 보도를 위해 그런 사람들(자신의 삶과 자아감을 완전히 바꾼 사람들. 가령, 우리 대부분이 끔찍한 비극으로 여길 만한 것을 감사하다고 말하는 사람들)과 인터뷰할 때마다 나는 무척 놀라고 감동한다. 나는 그들이 대단한 사람들이라고 생각한다. 시간이 흐른 후 내게 비슷한 이야기를 했던 다른 사람들이 모두 떠올랐다. 그러고 보니, 그처럼 기적적인 변화는 결코 드문 일이 아니다. 대부분의 사람들 내면에 그러한 영감을 주는 변화 가능성이 존재한다.

당시 아버지는 매우 어렸기 때문에(독일이 폴란드를 침공했을 때 고작 열네 살이었으니) 분명히 전쟁 경험이 그에게 큰 영향을 미쳤다. 이 책을 쓰면서 만났던 많은 사람들처럼, 아버지는 숙면을 취한 적이 없다. 내가 어렸을 때부터 그는 항상 새벽 5시에 일어났다. 주중이든 주말이든 아랑곳없이 말이다. 그의 불안은 걷잡을 수 없다. 우리가 저녁 약속에 늦어도 나치가 쏘지 않을 거라고 그에게 농담할 정도이다. 그는 대개 믿을 수 없다는 듯이 나를 바라본 후 미리 차에 가 기다린다. 머지않아 그는 시동을 걸고 경적을 울린다.

하지만 그는 항상 대단한 유머감각을 발휘한다. 그래서 그는 여전히 수용소 생활의 재미난 이야기를 들려준다. 또한 그는 끈끈한 우정을 유지하고, 동물에 대한 동정심이 지나칠 정도로 정이 많다. 그래서 길 잃은 개와 고양이, 상처 입은 새들이 어릴 적 우리 집의 고정 손님이었다. 마침내 우리는 오래전에 그가 겁먹은 10대로서 화물차에서 내렸던 비르케나우(아우슈비츠에 속한)에 도착했는데, 바로 그때 그는 근처의 나무에서 들려오는 새들의 노랫소리에 놀랐다. 그는 전쟁 내내 거기에서 새 소리를 들은 적이 없다고 말했다.

나는 그가 억울해한다고 느낀 적이 없으며, 어떤 의미에서 보면 오히려 그는 수용적이고 대처능력이 강한 생존자이다. 내가 그에게 홀로코스트를 겪고 나서 성장했다고 생각하는지를 묻자, 그는 전혀 망설임 없이 자기는 오늘날의 전투에서 병사들이 겪는 것처럼 힘든 일을 겪지 않았다고 말했다. 그래서 나는 약 70년 전의 홀로

코스트가 정말 끔찍했음을 그에게 일깨워 줘야 할 정도였다. 그래서 성장을 묻는 나의 질문에 대한 아버지의 대답(틀림없이 다른 사람들의 경험이 더 끔찍할 거라는 생각)은 그의 관점을 파악하는 단서가 된다. 그는 자신의 상황이 특별히 끔찍하다고 여기지 않고, 오히려 다른 사람들의 외상경험에 공감한다. 그는 다른 이들의 고통을 빨리 알아차린다. 그는 대단한 정신력을 지녔다. 전쟁에서 모든 것을 잃은 많은 사람들과 마찬가지로, 그는 고국을 떠나 여기에서 새로운 삶을 시작해 성공했다. 그는 자신이 상선을 타던 시절 한국전을 위해 7,000톤의 폭발물과 군수품을 시애틀에서 한국으로 옮기는 배에 승선한 적이 있다고 말했다. 그의 동료 선원들은 대부분 폭발물이 가득한 배에서 10일 동안 지내는 걸 초조해했다. 아버지는 그들이 진정하도록 도왔다. 그것은 그가 두렵지 않아서라기보다, 이미 훨씬 더 심한 일을 겪었기 때문이었다. 폭발물이 가득하더라도 쉴 곳, 하루 세 끼의 식사, 냉난방 시설이 갖춰진 배에 있는 건 당연히 꽤 괜찮았기 때문이다. 그의 시각은 주변의 다른 선원들과 달랐다. 그가 경험하고 극복하고 잃은 모든 것이 그를 변화시켰고, 그러한 변화 중 일부는 정말 긍정적인 점이다.

나는 이 책이 외상경험의 후유증으로 고통받는 사람들에게 도움이 되고, 그들 스스로가 보다 긍정적인 미래를 창조하며, 미처 생각해 본 적도 없던 방식으로 삶을 바꾸는 지침이 되길 바란다. 이 글을 통해 나는 외상 후유증을 균형감 있게 그리고 싶다. 분명히 아프고 고통스런 부분도 있겠지만, 변화를 위한 희망과 기회로 가득한 그림 말이다.

차례

역자의 말 · 003
지은이의 말 · 007

Part 1 왜 외상경험이 우리에게 좋을 수도 있을까
외상과 긍정적 변화에 숨겨진 과학

**01
심리학에 반전이 일다**
-외상이 지닌 변화의 힘을 찾기까지- · 021

**02
외상 후 성장은 어디에나 존재한다**
-죽음의 수용소에 있었던 빅터 프랭클- · 043

**03
외상으로 뇌가 변한다**
-외상의 신경과학적 영향과 외상경험자의 성향- · 063

Part 2 성장을 위한 방법
외상을 긍정적 변화로 전환하는 여섯 가지 요소

04
새로운 이야기를 쓰다
-이야기는 왜 성장을 좌우하는가- · 091

05
다른 사람들에게 의지하다
-공동체와 지지는 변화에 필수적이다- · 117

06
자신을 표현하다
-성장은 솔직한 소통을 필요로 한다- · 141

07
긍정을 찾다
-낙관주의가 지닌 변화의 힘- · 163

08
신앙에서 의미를 찾다
-신앙을 통한 성장- · 183

09
새로운 경험에 마음을 열다
-창의성이 변화를 자극한다- · 201

Part 3 성장을 일구기
성장을 위한 도구 활용하기

10
활동으로 성장의 문을 열다
-보트경기와 등산하기- · 225

11
동병상련을 나누다
-'슬픈 아빠들'은 어떻게 서로를 구했나- · 247

12
치료를 통해 변화하다
-고통을 다루고 성장을 배우기- · 269

13
성장은 계속된다
-만족과 행복- · 295

외상trauma, 外傷의 사전적 의미는 '사고나 폭력으로 몸의 외부에 생긴 부상이나 상처를 이르는 말'이나, 심리학, 정신의학 및 교육심리학에서는 어떤 충격적 경험을 겪게 되었을 때 갖게 되는 심리적 고통이나 마음의 상처를 일컬음.

PART

1

왜 외상경험이
우리에게
좋을 수도 있을까

외상과 긍정적 변화에 숨겨진 과학

PART
1

왜 외상경험이
우리에게
좋을 수도 있을까

01
심리학에 반전이 일다

외상이 지닌
변화의 힘을
찾기까지

20 09년 어느 봄날 아침, 루터 델프Luther Delp는 플로리다 잭슨빌에서 진주색 가와사키 발칸 1600을 타고 신호 대기 중이었다. 그는 이 오토바이를 애지중지했다. 그 당시 59세였던 델프는 오토바이에 1,000달러짜리 LED 등까지 장착해서, 고속도로를 질주할 때면 길 위에 형형색색의 불빛이 번쩍였다. 바퀴에서도 불빛이 번쩍일 정도였다. 그날 아침, 그는 데이토나 바이크 주간

Daytona Bike Week을 맞아 아내인 데비Debbie의 오토바이를 사러 가던 길이었다.

델프가 정지신호에서 대기할 때, 한 여성이 과속해서 도로에 진입했다. 그녀는 앞에서 신호 대기 중이던 차들은 물론이고, 그 줄 맨 끝에 있던 오토바이도 미처 못 봤다. 결국 그녀는 전속력으로 델프를 들이받았다. 그는 세 대의 차를 건너 네 번째 차에 떨어졌고, 그로 인해 척추, 여러 대의 갈비뼈, 그리고 엉덩이뼈가 부러졌다. 폐에 천공이 생기고 코와 여러 개의 이도 부러졌다. 부상이 너무 치명적인 나머지 그는 교차로에서 바로 정신을 잃었다. 그 후 구급요원들이 그를 겨우 소생시켜 병원으로 급히 이송했다. 병원에서 그는 심장이 멈췄다가 다시 작동하기 시작했다. 의사들은 그에게 약 6리터의 피를 수혈하였다. 마치 혈액을 들이붓는 듯했다.

델프가 수술 받을 만큼 기력을 차릴 때까지 의사들이 기다리는 동안, 델프는 혈압이 너무 낮아 진통제도 못 맞은 채 고통 속에서 일주일을 보냈다. 고통이 무척 심했다. 그는 "나는 엄청난 고통을 겪었어요. 나는 신에게 '이게 전부라면, 아예 지금 나를 데려가세요.'라고 말할 정도였죠." 하고 말했다.

부치 데이비스Butch Davis와 신디 데이비스Cindy Davis는 모두 친한 친구들로, 델프의 아내인 데비와 함께 대기실에 모여 있었다. 데이비스가 "우리는 그가 버틸 거라고 생각하지 않았어요." 하고 말했다. "우리는 병원에서 밤새 그의 곁을 지켰어요."

데이비스 부부는 사고가 나기 30년 전에 스퀘어 댄스 파티에서 델프 부부를 만났다. 두 커플은 바로 가까워졌고, 그들의 캠핑카에서 함께 휴가를 보낸 적도 있다. 델프 부부는 그들의 삶에 대한 이야기를 나누고 새로운 여행을 계획하느라 새벽 두세 시에야 잠이 들었다. 그들은 계획한 어떤 활동이든 다할 수 있을 만큼 시간이 넉넉했다. 델프는 용접공으로 27년간 근무했으며, 부동산에 투자한 후 40대에 은퇴했다. 델프 부부는 투자 덕분에 안락한 생활을 누리고 있었다. 델프는 "나는 놀기만 했죠." 하고 말했다. "시간이 많아 제트스키, 오토바이, 사륜구동차를 타고 다녔죠. 우리는 일주일에 서너 번씩 밤에 춤추러 가곤 했어요. 미국 전역을 다니며 캠핑과 여행을 즐겼죠." 여름이면 그들은 데이비스 부부와 함께 가리비 잡이를 가고 수상스키를 즐겼다. 그들은 자녀, 손자들과 함께 크루즈 여행을 다녔다. 신디 데이비스는 델프가 어려서 부모님을 잃어서인지 기회만 되면 가능한 한 많이 경험해야 한다는 생각이 있었다고 말했다. 그녀는 "우리는 그가 다음에 무슨 말을 할지 전혀 예측할 수 없기 때문에 그를 거짓말쟁이 루터라고 불렀죠. 그는 덩치 큰 아이였어요." 하고 말했다.

델프는 매우 활동적이고 몸을 쓰길 좋아했기 때문에(뭔가를 고치려고 항상 캠핑카 밑으로 먼저 들어갈 정도로), 신디는 그가 그렇게 비극적인 사고 후에 어떻게 살지 상상할 수 없었다. 그녀는 "그가 외상을 입은 후, 그걸 감당해 내지 못할 거라고 생각했죠." 하고 말했다.

하지만 델프는 이겨 냈다. 처음에 그는 혼자서 앉지도 못했다. 다리는 마비되어 움직일 수 없었으며, 몸도 거의 가누지 못했다. 그에게 욕창이 생겼다. 그의 등에 생긴 욕창 하나는 너무 크고 깊어 거의 뼈가 보일 정도였다. 데비는 상황을 긍정적으로 보려 했다. 그녀는 "내가 욕창을 닦고 고름을 짤 때, 델프가 '어때 보여? 좀 나아졌어?' 하고 물었어요. 그러면 나는 그에게 '응, 조금씩. 조금씩.' 하고 말했지요." 하고 말했다. "그를 실망시키고 싶지 않았어요. 그가 그걸 봤더라면, 삶을 아예 포기했을 거예요. 정말 그렇게 생각했기 때문에 그에게 말하지 않았던 거죠."

델프는 감염이 반복되었다. 데비는 "가끔 그가 덜덜 떨 정도로 열이 너무 올라가면, 그에게 다가가 담요를 덮어 주고 그를 눕혀 따뜻이 해 주려 했어요." 하고 말했다. 욕창이 계속 델프를 괴롭혔다. 그는 심리적으로도 차도가 없었다. 그는 자신을 입원하게 만든 여자와 세상에 분노했다. 그는 "정말 화가 났어요." 하고 말했다. "그녀가 앞을 잘 보았더라면, 나는 아직도 오토바이를 타고 있겠죠."

이러한 상황을 겪은 많은 사람들과 마찬가지로 델프도 자신이 다시 걸을 수 있을 거라고 생각했다. 그러나 한 해가 지난 후에도 자신이 여전히 휠체어에 앉아 있자, 그건 또 다른 충격으로 다가왔다. 그는 "마음속으로 그게 일시적일 뿐이라고 생각했죠." 하고 말했다. "데비가 밴 한 대를 구입해 그 안에 리프트를 설치하자, 화가 났어요. 아무도 나에게 이 상황이 계속될 거라고 말해 준 적이 없었어요. 몇 주 동안 생각한 후, 다시 걸으려 했어요. 나는 우리가 그 밴을 언제든 처분할 거라고 생각했죠."

하지만 델프는 다시 걸으려 하지 않았다. "퇴원 후, 내가 더 나아지지 않을 걸 알았죠. 뭘 해야 하나? 여기 누워서 먹고 TV만 봐야 하나?"

델프는 180cm가 넘는 키에 어깨가 넓고 가슴이 떡 벌어졌으며,

짧은 회색 머리에 염소수염을 한 거구였다. 그는 여행, 야외활동, 그 밖의 활동적인 걸 다 좋아했다. 지금 그는 휠체어에 앉아 있는 게 싫고, 더구나 자신이 휠체어에 앉아 있는 모습을 다른 사람에게 보여 주기도 싫었다. 사고 후, 그는 예전에 자신이 누렸던 사교적이고 활동적인 삶을 생각나게 하는 옛 친구들을 다 피했다. 그는 식당에서 식사도 안 할 정도였다. 그는 식당에 들어가지 않고 데비가 음식을 포장해 올 동안 밴에서 기다렸다. 그는 "나는 나를 알던 누군가의 옆에 가거나 누군가를 만나서 그들이 휠체어에 탄 나를 보는 게 싫었어요." 하고 말했다. "그게 정말 힘들었어요."

사람들은 대부분 델프의 이야기가 이렇게 끝날 거라고 예측할 것이다. 휠체어에 앉아 자신이 불시에 빼앗긴 모든 것에 대해 비참해하고 분노하고 우울해하며 애태우면서 말이다. 물론 그가 사고 후에 어떤 삶을 살든, 지금은 사라진 신체 건강했던 삶과는 분명히 다를 것이다. 다시 말해, 특별히 할 일은 없지만 전동 장난감을 모으고 아내와 여행하며 즐거운 활동을 탐닉했던 행복하고 건강한 은퇴생활과는 다를 것이다. 그는 많은 걸 잃었으니, 그가 그런 사실에 분노하는 건 당연하다. 어쩌면 델프는 불안, 우울 및 불면과 같이 만성적인 외상 후 스트레스 증상이나 완전한 full-blown 외상 후 스트레스 장애를 계속 겪을지도 모른다. 수십 년 동안 외상과 회복에 대한 심리학 연구는 대부분 델프와 같은 사람들이 직면하는 심신쇠약 문제에 초점을 두었다. 즉, 수년 동안 지속될 수 있는 분노, 죄책감, 과민성, 정서마비, 플래시백, 자살 충동 등의 심신쇠약 문제 말이다. 델프 같은 외상 생존자들은 그들이 직면하는 육체적 고통 못지 않게 매 순간 끔찍하고 힘든 심리적 고통을 겪는다. 사실, 여기까지는 누구에게나 아주 익숙한 이야기이다.

하지만 델프에게 다른 일이 일어났다. 그는 우울하고 고통스러웠지만, 계속해서 재활훈련, 운동, 그리고 역도를 했다. 델프가 운동을 하고 있던 어느 날 저녁, 그가 물리치료를 받던 브룩스 재활센터에서 한 직원이 데비에게 남편을 볼링장에 데려가라고 권했다. 볼링 프로그램은 델프와 같은 환자들을 위해 브룩스 재활센터에서 후원하는 프로그램이었다. 데비가 이야기를 꺼냈으나, 델프는 전혀 관심이 없었다. 휠체어를 타고 사람들 앞에서 힘들고 어색할 게 뻔한 새로운 뭔가를 시도한다는 건 델프가 사고 후 줄곧 피해 왔던 것들을 완벽히 결합한 결정판이었다. 그녀는 "그가 안 가려 했죠." 하고 말했다. "내가 그의 옷을 입혀 휠체어에 앉히자, 그는 '음, 난 안 나갈 거야.' 하고 말했어요. 그래서 내가 '괜찮아요.' 하고 말한 후, 그를 달래서 밖으로 나갔죠." 일단 차에서 델프는 안에 들어가 구경만 하기로 했다. 그 후 그는 볼링장에 들어가 20여 명 정도가 볼링을 치고 대화하고 웃으며 즐거운 시간을 보내는 걸 바라봤다. 그들은 대부분 휠체어를 타고 있었다. 데비는 델프에게 볼링공을 주고 나서 그를 한 남자 옆으로 데려갔다. 그 남자는 팔이 없어 턱에 받친 막대기로 공을 밀고 있었다. 델프의 다른 쪽에 있는 사람은 손이 없었다. 델프는 어쩔 수 없이 레인의 끝을 가로질러 출발선까지 휠체어를 밀고 가서, 무릎에 있던 공을 들어 볼링핀을 향해 굴렸다. 그는 주위 사람들과 이야기를 나누기 시작했다. 그는 볼링을 몇 번 더 쳤다. 그는 저녁 내내 거기에 머물렀다.

집에 돌아오는 길에 차에서 델프가 웃기 시작했다. 데비가 뭐가 그리 재미있냐고 묻자, 그가 말했다. "당신도 알다시피, 내가 여기 오기 싫었던 이유는 장애인들과 어울리기 싫어서였잖아." 이어서 그는 "어쨌든 내가 그 일원이 될 줄은 몰랐지." 하고 말했다. 그 일로 델프가 바뀌었다. 그는 그때 자신의 공동체를 찾았다. 브룩스 재활센터의 프로그램과 거기에서 만난 사람들로 인해 델프의 인생관과 자신이 세상을 위해 뭘 해야 할지에 대한 생각이 바뀌었다. 델프는 "내가 이 사람들을 도울 수 있기에 스스로 정상이라고 생각해요. 나는 손을 사용할 수 있죠. 어떤 사람들은 스스로 밥을 먹을 수도 없어요." 하고 말했다. "나는 무엇보다 그 덕분에 우울증을 극복했다고 생각해요."

델프는 병원과 재활센터에서 자원봉사를 시작했다. 그는 척수손상을 입은 새로운 환자들과 그들이 어떻게 될지, 부상이 그들의 삶을 어떻게 바꿀지, 그리고 신체기능과 같이 기본적인 것들마저 힘들어지면 어떻게 감당할지에 대한 이야기를 나누었다. 때때로 그는 휠체어를 타는 친구들과 새벽 2시까지 통화했다. 그는 브룩스에서 일할 인턴을 구하기 위해 근처에 있는 대학교에서 홍보연설을 했다. 델프는 "다치기 전이라면, 나는 절대 많은 사람들 앞에서 아무 말도 하지 못했을 거예요. 하지만 지금은 그 일이 기다려져요." 하고 말했다. "예전이라면 누군가의 병실에 가려고 하지 않았을 거예요. 나는 병원에 가길 싫어했죠. 이젠 더 이상 스스로 한탄하지 않아요."

데이비스는 오랜 친구의 변화에 놀랐다. 그녀는 "그는 우리가 알던 사람이 아니에요." 하고 말했다. "그는 새로운 삶을 찾았고, 자기보다 불행한 사람들을 도우려 하죠." 그녀는 그가 전에는 사교적이고 유쾌하며 활동적이었지만, 결코 주목을 끌진 않았다고 말했다. 그는 심각한 사안을 말하려고 사람들 앞에 서는 걸 생각해 보지도 않았을 것이다. 그는 정말 자신감이 부족해 다른 사람들에게 뭘 제안하지 못했다. 그는 재미를 추구하고 활동적이며 외향적인 사람으로, 그저 삶을 만끽하였다. 하지만 모든 게 바뀌었다. 물론, 델프는 이전과 같은 의미로 행복한 게 아니다. 그녀는 "지금 그는 다른 유형의 성취감을 느끼고 있어요." 하고 말했다. "물질적인 성취는 사라지고, 이제 그는 헌신하고 있어요. 그는 자신이 느끼는 진정한 사랑과 행복을 다른 사람들이 느끼게 하려는 거죠."

델프는 충만하고 의미 있는 삶을 살아간다. 그는 하루에도 양궁과 스키트 사격부터 승마와 포켓볼까지 여러 활동에 참여한다. 그는 환자들과 함께 재활센터에 가서 그들이 의욕적으로 각 활동에 참여하도록 돕는다. 그는 사람들에게 '볼링의 밤'과 같은 모임에 나오라고 격려하면서, 그들이 원하면 차로 데려다주었다. 그는 역도와 수영으로 몸을 관리하며 왕성하게 활동하였다. 델프는 그 사고에 대해 "그날 내 삶은 바뀌었어요." 하고 말했다. "그 당시엔 행복한 삶을 살았는데, 지금은 멋진 삶을 살고 있어요."

삶을 영원히 바꾸는 결과를 가져온 그런 끔찍한 사고가 어떻게 행복한 삶을 더 완전하고 의미 있는 삶으로 바꾸었을까? 외상에 대한 일반적 통념에 따르면, 델프는 그 사고를 겪고 완전히 망가졌어야 한다. 그러나 오히려 그 사고는 그를 완전히 바꾸었다. 그는 새로운 삶을 위해 여가와 재미가 넘치는 행복한 삶을 접었다. 이제 그는 자기 시간을 투자해서 다른 사람들을 돕는다. 그는 그런 일에서 의미를 찾고, 자신의 친교활동에서 더 깊은 가치를 찾는다. 그의 삶이 변했고, 그가 변했다. 현재의 그는 차 사고 전에 결코 상상할 수 없던 사람이다.

겨우 30년 전에야 일부 심리학자들이 어떻게 이런 일이 가능한지, 어떻게 외상이 한 개인을 이렇게 크게 변화시키는지에 의문을 갖기 시작했다. 어떻게 외상으로 인해 누군가가 자신에 대한 생각을 완전히 바꾸고 새로운 삶과 자아감을 갖게 되었을까? 어떻게 누군가가 끔찍한 사건의 반대 모습, 즉 더 멋지고 현명하며 성취감 있는 삶을 살게 되었을까? 아주 아이러니하게도 처음 이 주제를 탐색하고 그 현상을 명명한 사람들은 전혀 다른 것을 관찰하다 이 연구를 시작하게 되었다.

1980년대 초 어느 겨울날, 노스캐롤라이나 대학교 샬럿 캠퍼스의 심리학 교수인 리처드 테데스키Richard Tedeschi와 로렌스 캘훈Lawrence Calhoun은 학회 참석을 위해 조지아의 애틀랜타로 가고 있었다. 캘훈은 이미 정년을 보장받은 교수였으며, 머지않아 테데스키도 정년을 보장받을 예정이었다. 이 승진은 상당한 자유를 의미했다. 다시 말해, 좀 더 이례적이고 관심 있는 연구를 수행할 수 있기 때문이다.

캘훈은 강단 있고 에너지가 넘친다. 그는 목소리에 힘이 있고 열성적이며 소년과 같은 열정이 있다. 그는 주로 사람들이 어떤 형태의 역경에 어떻게 반응하는지에 관심을 두었다. 그것은 항상 그의 관심을 끄는 주제였다. 캘훈은 "나는 장기적인 심리치료에 전혀 관심이 없었어요." 하고 말했다. "나는 단기적인 해결책을 원했어요. 나는 정신병 환자를 대상으로 연구하는 것보다 내가 변화시킬 수 있고 바로 그 변화를 볼 수 있는 사람들을 대상으로 연구하고 싶었죠." 테데스키가 정년보장을 받을 무렵, 캘훈의 연구 동료가 떠나서 그는 함께 연구할 사람을 찾던 중이었다.

활기찬 캘훈과 달리, 테데스키는 냉철하다. 단정한 콧수염과 풍성한 회색 머리의 테데스키는 신중하고 부드럽게 말한다. 그는 심리학자에 대한 사람들의 선입견에 딱 맞는 사람이다. "그래서 당신은 어떤 기분이 드나요?" 하면서, 공정하고 객관적으로 말하는 그가 쉽게 상상된다. 이렇게 잘 안 맞을 법한 두 사람은 서로 잘 지냈으며, 더욱 중요한 건 그들이 공통의 관심사를 가졌다는 점이다. 당시에 테데스키도 우울이나 불안과 같은 병리학이 아닌 새로운 연구 분야를 찾던 중이었다. 그들은 4시간 동안 드라이브를 하면서 함께 연구할 기회와 연구 주제에 대해 이야기했다. 캘훈은 "노인들과 이야기를 나누며 '당신이 인생에서 깨달은 유용한 것 중 다른 사람들에게 꼭 전하고 싶은 게 뭐죠?' 하고 묻는 게 정말 매력적이지 않나요?" 하고 했던 말이 기억난다. 머지않아 그들은 바로 그 일을 시작했다.

그들은 미망인 집단과 이야기하는 걸로 연구를 시작했다. 그들은 정교한 질문지, 심리척도 혹은 심리모델도 없이 시작했다. 그들은 그냥 개방형 질문을 했고, 그들의 말을 경청했다. 50~80세 사이의 여성들은 남편의 죽음을 슬퍼했다. 그들 중 다수가 밤마다 울었다. 캘훈은 남편이 문에 열쇠를 꽂는 소리에 한밤중에 깼다는 한 여성을 아직도 기억한다. 이윽고 그녀는 남편이 세상을 떠났음을 깨닫고 또 다시 울음을 터뜨렸다. 그러나 동시에 그들은 남편의 죽음으로 인해 자신이 얼마나 강한지를 알게 되었다고 말했다. 일부는 친구들과 더 어울리게 됐고 또 일부는 자녀들과 더 가까워졌다. 운전을 해 본 적이 없던 여성들이 면허를 따서 새로 독립한 경우도 있었다.

이어서 테데스키와 캘훈은 사고나 질병으로 장애를 갖게 된 사람들과 이야기를 나눴다. 그들이 만났던 한 여성은 장애인의 권리를 옹호하면서, 자신의 장애를 삶의 새로운 구심점을 찾고 다른 사람들을 도울 기회로 삼았다. 또 다른 사람은 자동차 사고로 하반신이 마비된 전직 음악가이자 마약 중독자였다. 그들은 그의 태도에 놀랐다.

캘훈은 "그 전직 음악가는 '그 사고가 나에게 엄청난 충격을 주었어요. 나는 우울하고, 예전의 껍데기에 불과해요.'라고 말하지 않았어요." 하고 말했다. 오히려 정반대였다. 음악가가 입원해 있을 때, 의사는 신체마비로 자신의 처지를 힘들어하는 다른 환자들과 이야기를 나누라고 했다. 테데스키는 "그는 거기에서 상당한 만족을 얻었어요." 하고 말했다. "결국 그 일이 그에게 필생의 업이 되었죠." 그 남자는 대학원에 가서 석사학위를 받았고, 장애인을 위한 재활센터를 운영하기 시작하였다. 테데스키와 캘훈은 그런 현상을 다룬 그들의 첫 번째 책 서문에서 그 남자의 말을 다음과 같이 인용했다. "그 사고는 내 삶에서 일어나야 할 일이었으며, 아마도 나에게 일어난 최고의 일일 것이다. …… 내가 이 사고를 겪지 않았다면, 오늘의 나는 없었을 것이다. …… 그 일을 또 다시 겪는다면, 지금과 똑같이 일어나길 바란다."

이 두 연구자들은 그들의 연구결과를 뒷받침하고 그들이 기록한 긍정적 변화의 배경이 될 다른 연구들을 찾으려고 심리학 저널을 샅샅이 뒤졌다. 그 일은 정말 힘들었다. 그들은 이름도 없는 현상을 찾고 있었다. 그러던 중 마침내 그들은 자신들이 들은 내용을 입증해 줄 연구 한 편을 발견하였다. 캘훈은 그 일이 사금 채취과정과 같았다고 말했다.

그들은 정신과 의사인 윌리엄 슬레지William Sledge의 연구를 발견했다. 현재 예일대학교 의과대학 교수이자 예일-뉴헤이븐 정신병원 원장인 슬레지는 베트남전의 포로 비행사들을 연구했다. 베트남전이 끝난 1970년대 중후반, 슬레지는 북베트남군에 잡혀 하노이 힐튼이라는 별명을 가진 감옥 등에서 끔찍한 생활을 겪은 미국 공군 비행사들을 진단하려고 배치된 젊은 정신과 의사였다. 미국의 상원의원 존 맥케인John McCain과 제임스 스톡데일James Stockdale 제독도 함께 있었다. 슬레지는 사전에 포로 전체를 분류한 보고서를 볼 수 있었기 때문에 그들을 만나기 전에 그들이 겪은 일을 상세히 알고 있었다. 일부는 작은 독방에 수 년간 감금되어 있었고, 일부는 사슬에 함께 묶여 있었다. 그들은 구타와 고문을 당했으며, 음식과 의료혜택을 박탈당했다.

슬레지는 이들과 이야기를 시작하면서, 자신이 들은 내용에 매우 놀랐다. 슬레지는 "처음에 나는 내가 잘 못 들었나 하는 생각이 들었어요. 그들이 나에게 한 말을 이해할 수가 없었죠." 하고 말했다. "그들은 힘든 시간을 보냈고 그걸 잘 알고 있었죠. 그런데 그들은 자주 이런 말을 했어요. '약간 그립기도 하죠. 강렬한 경험이었어요. 거기서 많은 걸 배웠어요.'"

슬레지에게 역경이 사람을 더 강하고 회복력 있게 만든다는 생각이 낯설진 않았다. 그는 미국 최남단에서 자라던 시절에 그걸 목격했기 때문이다. 그 당시 그의 아버지가 변호사라서 그의 가족은 비교적 부유했으나, 그 작은 마을 사람들은 아주 어려운 환경에서 정말 열심히 일했다. 그는 "비극, 죽음, 질병, 알코올중독이 정말 많았어요." 하고 말했다. "그때 나는 품위와 위엄을 잃지 않고 어려움을 극복하면 거기서 뭔가 배울 거라는 생각을 했었죠. 내 생각에 그건 심리적 문제가 아니에요. 그냥 인간의 본성인 거죠." 그러나 전쟁 포로들이 겪은 상황은 너무 가혹했기 때문에 그는 그들이 어떻게 그런 경험에서 긍정적 측면을 찾았는지가 이해되지 않았다.

그는 이에 대해 좀 더 알아볼 연구를 수행하고 싶었다. 공군에서는 그에게 나이, 계급, 동남아에서 지낸 시간이 그 전쟁 포로들과 비슷한 참전용사들을 만날 기회를 주었다. 유일한 차이는 이 참전용사들은 포로로 잡힌 적이 없다는 점이었다. 그들은 전쟁 포로들과 비교 가능한 완벽한 통제집단이었다.

1976년 가을, 슬레지는 두 집단에 포로일 때나 임무 중에 겪은 문제, 제대 후에 직면한 문제, 전쟁경험의 이점이나 문제점 등을 묻는 질문지를 보냈다.

질문지를 회수했을 때, 슬레지는 인터뷰에서 그들이 말했던 것들을 지지해 주는 근거를 발견했다. 전쟁 포로 집단의 61%는 포로생활을 겪은 후 유익한 변화를 경험했다고 하였다. 그에 비해 통제집단에서는 30%가 그런 식으로 보고하였다. 게다가, 가장 오랫동안 가혹한 취급을 받은 전쟁 포로들이 그 기간이 짧았던 포로들보다 긍정적 변화를 보고하는 경향이 훨씬 더 높았다. 이점을 보고한 이들은 더 낙관적이고, 자기 자신과 자신의 동기에 대해 더 통찰했으며, 삶에서 무엇이 중요한지를 잘 알 뿐만 아니라, 자신이 다른 사람들과 더 잘 지낸다고 느꼈다. 일부는 감금 이후로 삶을 더 즐기게 되었다고 말할 정도였다. 그들은 풀려난 지 몇 년 후에 진정한 이점을 느끼고 있었다.

슬레지는 이런 비행사들이라면 그런 변화가 이해된다고 말했다. 전투기 조종사와 부조종사인 포로들은 최고의 엘리트였다. 그들은 똑똑하고, 고등교육을 받았고, 자신만만하고, 젊고, 호기가 넘쳐 성찰과는 거리가 먼 사람들이었다. 하지만 그들은 감금, 박탈, 학대로 수년 동안 하는 일 없이 성찰하며 시간을 보냈고, 그것도 죽음의 위협이 뇌리를 떠나지 않는 상태에서 그렇게 했다. 슬레지는 "이들은 자신에 대해 생각하거나 반성하거나 성찰해 본 적이 없던 사람들이었는데, 이제는 다른 사람을 못 만나는 수용소에 갇혀 몇 시간이고 마냥 생각하는 거죠." 하고 말했다. "그들은 그들의 생각을 소중히 여기게 된 거죠."

이 청년들을 도와준 것은 강한 동지애였다. 포로들은 대부분 각 방에 격리되어 있었으나, 그들은 모스 부호와 비슷한 방식으로 벽을 두드리며 소통했다. 다른 포로들은 사슬에 함께 묶여 방에 갇혀 있었다. 그들은 서로에 대해 친밀하고 깊은 이해가 생길 수밖에 없었다. 슬레지는 "그들은 '귀향하면 기분이 어떨까?' 하는 희망을 나눴지요. 그들은 가족 이야기를 나누고 서로 조언했죠. 그건 정말 아주 강렬한 경험이었을 거예요." 하고 말했다.

1980년, 슬레지의 그 연구 논문이 출판되었다. 현장의 일부에서는 그 연구가 주목을 끌어 연구자들이 베트남전 참전용사들을 괴롭히는 많은 외상 후 스트레스 장애에 대한 당시의 관념을 바꿀 거라고 생각했다. 슬레지는 콘퍼런스의 공개토론에서 미국 최고의 몇몇 외상 연구자와 함께 겪었던 일을 떠올렸다. 주최자는 300명을 수용할 수 있는 강당을 예약했다. 그러나 막상 토론이 시작되었을 때, 슬레지는 휑뎅그렁한 강당에 앉은 15명 정도의 청중을 바라봤다. 더구나 그들 중 반은 참전용사였다. 그의 동료인 정신과 의사들은 그의 발견에 별 관심이 없었다. 이후 슬레지는 다른 주제를 찾았고, 이 주제에 대한 그의 연구는 무시된 듯했다.

테데스키와 캘훈이 없었더라면, 슬레지의 연구는 서가에서 사라졌을지도 모른다. 그들에게는 이 연구가 귀한 금덩어리와 같았다. 이유인즉, 그 연구는 그들이 제대로 가고 있음을 뒷받침하는 논문이었기 때문이다. 캘훈은 슬레지의 연구에 대해 "이 현상을 관찰했던 연구들 중 하나죠." 하고 말했다. "그 연구는 놀라울 정도로 영향이 컸죠. 왜냐하면 우리는 그 덕분에 다른 맥락에서 다른 사람이 발견한 실재하는 뭔가를 확인했다는 자신감을 갖게 되었거든요. 우리가 나아갈 작은 토대가 되어 주었기 때문에 우리는 다음에 뭘 해야 할지 예측할 수 있었어요."

슬레지와 마찬가지로 테데스키와 캘훈은 임상가였다. 그들에게는 외상경험을 겪은 환자들이 많았다. 그들은 그 환자들과의 긴 대화를 통해 슬레지가 참전용사들에게 들었던 것과 똑같은 이야기(즉, 그들의 개방형 질문에 대한 응답에 반영된 감정)를 들었다. 즉, 표면상 불쾌하고 심지어 끔찍한 사건들이 이 생존자들의 삶에서 긍정적 변화를 자극했던 것이다.

그들은 더 많은 사람들과 이야기를 나누면서, 외상경험이 확실히 고통을 유발하는 것은 맞지만 고통이 외상경험으로 인한 변화의 끝이 아님을 깨닫기 시작했다. 사실, 고통은 훨씬 더 큰 경험의 일부이며, 사람들이 자기 삶의 새로운 의미를 찾도록 자극하는 일종의 기폭제임이 증명되었다. 테데스키와 캘훈은 이들이 정확히 어떻게 변화하는지를 확인하기 위해 표적 연구를 시작했다. 기존 연구를 조사하고 600명 이상의 외상 생존자들과 인터뷰하면서, 어떤 패턴이 보이기 시작했다. 그들은 그 반응들 간의 상관을 구하는 동시에, 유사한 응답과 다른 응답을 분류하였다. 마침내 그들은 사람들이 외상을 겪은 후 다음의 다섯 가지 영역 중 한 가지 이상의 긍정적 변화를 보고한다는 사실을 발견했다.

- 내면의 힘 증가
- 삶의 새로운 가능성에 대한 개방성
- 친구 또는 가족과 더욱 친밀하고 깊은 관계 형성

- 삶에 대한 감사 증가
- 영성 강화

테데스키와 캘훈은 그 당시의 다른 연구자들과 매우 다른 접근을 했기 때문에 이런 현상을 발견하고 그 징후를 대부분 파악할 수 있었다. 캘훈은 "우리는 인생이 끝장난 처지에 있는 사람들에게 그것이 어떤 건지, 그리고 우리가 그걸 어떻게 이해할 수 있는지를 생각했어요. 임상가로서 알고 있는 걸 고려하면서요." 하고 말했다. "이 주제를 연구하는 연구자들 중 내가 대화를 나눴던 일부 연구자들은 치료상황에서 생존자들과 함께 지낸 적이 없어요. 그 연구자들은 생존자들과 대화하는 게 아니라 평가만 하죠."

이러한 긍정적 변화를 상세히 설명한 그들의 첫 번째 논문은 1989년에 출판되었으며, 그들이 대화를 나눈 미망인들의 경험에 초점을 두고 있었다. 논문은 그들이 사용한 연구방법(저널리스트가 묻는 것처럼 개방형 질문을 하는)과 같은 질적 연구 학술지에 발표하였다. 동시에 그들은 이 접근에 한계가 있음을 깨달았다. 다른 심리학자들의 연구를 촉구하고 대규모 외상 연구자 모임에서 수용하려면 그들이 발견한 변화를 수량화할 수 있어야 했다. 외상 생존자들에게 들은 것을 바탕으로, 그들은 개인이 각 유형의 변화를 얼마나 보고했는지를 측정하는 표준화된 질문지를 개발하기 시작했다.

그러나 테데스키와 캘훈은 이 현상 혹은 이 새로운 양적 척도의 이름이 떠오르지 않았다. 그들은 새로운 질문지를 '지각된 이점 척도perceived benefit scale'라고 불렀다. 캘훈은 "하지만 그건 정말 궁색한 이름이었어요." 하고 말했다. 두 사람은 노스캐롤라이나 대학교 샬럿캠퍼스에 있는 심리학과 건물의 작은 연구실을 오가며 다른 아이디어를 주고받았다. 마침내 어느 날, 테데스키가 캘훈의 연구실에 불쑥 들어왔다. 캘훈은 "그는 '한참 어쩌고저쩌고 하다가 외상 후 성장Post-traumatic Growth' 하고 긴 이름을 적었어요." 하고 회상했다. "내가 그걸 훑어보고 말했죠. '아, 바로 이거네.'"

1996년 학술지에 처음 출판된 그들의 외상 후 성장검사Post-traumatic Growth Inventory에서는 피험자에게 다섯 가지 영역의 성장에 속하는 문항에 응답하도록 한다. 참가자는 0점(아무 변화가 없다)에서 5점(위기로 인해 큰 변화를 겪었다) 척도의 각 문항에 평정함으로써 변화 정도를 측정한다. 문항은 "나는 새로운 관심사가 생겼다." 혹은 "나는 종교적 신념이 강해졌다."와 같이 간단하고 직접적이다.

그들이 연구를 수행하고 다른 사람들의 연구들을 검토하면서, 그들은 외상 후 성장 경험이 몹시 흔함을 알고 놀랐다. 외상 생존자 중 절반 이상이 긍정적 변화를 보고했다. 그 결과, 실제로 더 많이 알려지고 훨씬 더 연구된 외상 후 스트레스 장애보다 성장이 더욱 흔한 것으로 나타났다. 연구자들이 일생 동안 미국인의 8%에게 영향을 미치고 베트남전 참전용사와 같은 특정 집단에서 최대 30%에 이를 것으로 보는 외상 후 스트레스 장애보다 말이다.

평범한 수준의 고통으로는 삶을 극적으로 바꾸는 이러한 종류의 성장이 일어나지 않는다. 그렇게 되려면 테데스키가 지진seismic event이라고 일컫는 큰 사건이 필요하다. 그것은 델프를 마비시킨 사고가 그를 근본적으로 변화시킨 것처럼, 구심점을 뒤흔드는 외상이다. 테데스키는 "성장은 당신 자신과 세계에 대해 재고하는 재평가입니다. 당신에게 여전히 모든 게 이해된다면 성장을 겪을 필요가 없죠." 하고 말했다. "만약 당신이 지진을 견딜 정도로 높은 기준에 맞게 건축된 건물과 같다면, 지진이 와도 건물은 여전히 서 있을 테고, 당신은 멀쩡하겠죠. 하지만 건물이 피해를 입으면 다시 지어야 할 테고, 그것이 곧 성장인 거죠."

외상경험을 한다고 해서 누구나 성장하는 건 아니다. 하지만 성장한 사람들은 외상의 공포와 고통이 변화의 문을 연다는 사실을 알 수 있었다. 델프가 사고와 마비로 인해 예전의 삶을 빼앗긴 후에 완전히 새로운 삶을 시작할 기회를 가졌음을 본 것처럼 말이다. 테데스키는 "여기서 과제는 이러한 지진으로 생긴 기회를 볼 줄 아는 거지요. 지진이 일어난 후에 더 나은 건물을 짓는 게 어떨까요? 그냥 잔해 밑에서 살지 말고, 전처럼 형편없는 건물을 짓지도 말고요." 하고 말했다.

잭슨빌의 어느 금요일 저녁, 델프 부부는 밴을 타고 복잡한 4차선 도로 옆 번화가 상가에 위치한 큰 볼링장인 '보울 아메리카'로 갔다. 안에는 25~30명 정도의 사람들이 레인의 반가량을 차지하고 있었다. 몇 명은 휠체어에, 몇 명은 전동 의자에 앉아 있었으며, 몇 명은 목발을 짚고 걸었고, 또 몇 명은 친구의 도움을 받아 뻣뻣한 자세로 천천히 걸었다. 델프는 지나가는 모든 사람에게 손을 내밀어 악수했고, 멈춰서 농담도 했다. 그는 거기에 있는 사람들을 대부분 알고 있었다. 그는 무릎에 13파운드짜리 볼링공을 놓고 경사면으로 휠체어를 움직여 볼링 레인으로 갔다. 그는 거기에서 잠깐 멈춰 볼링을 하고 있던, 척추뼈 갈림증이 있는 '두 아이의 엄마'와 이야기를 나눴다. 공을 잡을 수 없는 사람들은 공을 굴릴 때 경사로가 있는 기둥 위의 금속 트랙을 사용하는데, 이것은 델프의 친구가 그 볼링장을 위해 특별히 만든 것이었다. 델프는 자신의 레인으로 휠체어를 굴렸고, 거기서 파킨슨병이 있는 남자와 그의 아내를 만났다. 델프는 여름 동안 마인주州에 있는 그 부부의 오두막에서 그들과 함께 몇 주를 보낼 계획이었다. 델프의 옆에는 출근길에 차가 가드레일에 부딪혀 심각한 뇌 손상을 겪은 젊은 남자가 볼링을 하고 있었다. 델프는 그가 일어서서 걷고 공을 잡을 수 있다는 사실이 믿어지지 않을 정도라고 말했다. 델프는 자기 반대편에서 볼링을 치는 사람을 가리키며, "내가 병원에서 저 남자를 봤을 때, 그는 손가락 하나도 움직일 수 없었어요. 그는 지붕에서 떨어졌어요."라고 말했다. 그런데 이제 그는 일어서서 볼링을 치고 있었다.

또 다른 친한 친구는 2011년에 뇌졸중에 걸린 척 프랭크Chuck Frank로, 델프와 함께 볼링을 쳤다. 프랭크는 "그가 얼마나 많은 사람을 도와줬는지 모를 거예요. 사람들을 차로 태워다 주고, 데리러 가고, 내려 주고. 다 도와줘요." 하고 말했다. 델프와의 우정 덕분에 그는 심신을 약화시키는 뇌졸중 후유증을 견딜 수 있었다. 프랭크는 "그는 내가 많은 일에 대해 웃게 해 줘요." 하고 말했다. "정말 많은 걸 잃었지만, 앞으로 나아가 나보다 더 많은 걸 해낸 분이에요. 저는 그를 따라갈 수 없어요."

볼링을 친 후, 20명 정도는 밴드가 연주하고 20여 대의 클래식 카가 전시된 근처 음식점의 주차장으로 갔다. 델프는 소란한 음악 너머로 친구들과 대화하면서, 휠체어로 주차장을 돌아보며 빛나는 차 엔진과 소박한 빈티지 인테리어를 구경했다. 그리고 나서 그들은 모두 식당 안으로 들어갔다. 그 무리는 50년대 분위기의 식당에서 뒤편에 있는 테이블 너덧 개를 차지하였다. 모두 이야기하고 먹으며 즐거운 시간을 보냈다. 델프는 무리 중앙의 테이블에 앉아 있었고, 그의 앞에는 클럽 샌드위치가 있었다. 삶을 바꾸는 사고 전에는 전혀 몰랐던 새로운 친구들에게 둘러싸인 그는 웃고 있었고, 자신도 그 사람들과 마찬가지로 행복해 보였다.

델프의 극적 변화는 바로 테데스키와 캘훈이 오랫동안 연구해 온 것이다. 그는 끔찍한 사건 후에 자신을 재발견하고 삶에서 새로운 의미와 가치를 찾은 사람이다. 그는 그들의 연구에서 그들이 도우려 했던 사람이기도 하다. 캘훈은 "'내가 경험한 이런 걸 일컫는 이름 혹은 이것에 대해 내가 생각한 방식'이 존재한다고 말할 수 있다는 게 중요하죠." 하고 말했다. "우리는 희망을 가지고 이 사람들이 경험한 걸 포착하려고 했어요. 이제 그들은 그게 뭔지를 알죠."

테데스키와 캘훈이 그들의 첫 번째 책과 성장 측정을 위해 개발한 척도에서 제시한 기본 원리들은 놀라우리만큼 정확한 것으로 입증되었다. 그들과 이후의 많은 연구자들은 기존 이론을 별로 수정하지 않고도 성장의 미묘한 차이, 성장이 어떻게 일어나는지, 어떤 사람이 성장 가능성이 있는지, 그것을 촉진하려면 어떤 도움이 필요한지에 대해 더 많은 걸 알게 되었다. 테데스키는 "오랜 세월이 지났음에도 그것이 입증된 이유는 우리가 그런 사건을 겪은 사람들의 이야기를 그냥 경청했기 때문이기도 해요." 하고 말했다. "우리는 그들이 우리에게 가르치는 대로 내버려 뒀어요. 우리는 자신을 어떤 분야의 전문가라고 생각하는 사람들처럼 접근하지 않았죠. 우리는 우리가 배워야 할 점이 많다는 걸 알고 있었어요. 그것에 대해 궁금했었고요. 우리가 대화했던 사람들의 이야기에 학문적 관점을 좀 부여한 것뿐이죠. 그런 작업을 통해 이론이 나왔고, 그러기 때문에 이론이 그처럼 잘 맞는 거죠."

테데스키와 캘훈이 외상 후 성장에 대한 첫 번째 책을 출간한 지 20년이 된 지금, 전 세계의 많은 연구자가 이 현상을 연구하고 있다. 중국, 일본, 터키, 이란, 이탈리아, 영국, 호주, 이스라엘 등의 심리학자들은 성장을 조사하는 연구를 수행해 왔다. 그들은 암 생존자들과 그들의 배우자, 전쟁 포로, 이민자, 자연재해 생존자 등을 연구했다. 그들 역시 외상 생존자의 반 이상이 성장함을 거듭 발견했다. 성장은 어디에 있는 외상 생존자들의 경험에서든 나타나고, 세계 곳곳의 문화에서 전해 오는 이야기(옛이야기든 요즘 이야기든)에서도 나타나는 보편적인 현상으로 보인다.

02

외상 후 성장은 어디에나 존재한다

죽음의 수용소에
있었던
빅터 프랭클

테데스키와 캘훈은 노스캐롤라이나 대학교 샬럿캠퍼스 심리학과에 위치한 볼품없는 상자 모양의 60년대 벽돌 강의실에서 연구했다. 어느 겨울날 아침, 대학원생으로 구성된 그들의 연구팀 회의가 창문도 없고 빈 책상들만 즐비한 강의실에서 열렸다. 캘훈은 테데스키가 '좋은 강의실' 신청을 깜빡했기 때문이라고 말했다. 한 대학원생이 컴퓨터를 활용한 조사에 관한 연구프로젝트를 아주 상세히 발표했지만, 2년 전의 보수공사 때문에 실험실 컴퓨터 사용이 불가능하다는 사실만 일깨울 뿐이었다.

수년간 테데스키와 캘훈이 거둔 획기적 성과에도 불구하고, 지원은 쇄도하지 않았다. 그나마 상황이 예전보다는 훨씬 나았다. 테데스키는 "우리가 연구를 시작할 때에는 지원이 없었어요. 뭘 출판하기조차 어려웠죠." 하고 말했다. 그들이 그 연구에 착수할 무렵, 테데스키와 캘훈은 주류 심리학과 부딪혔다. 아무도 외상이 긍정적 변화를 가져온다는 사실에 귀 기울이지 않았다. 당시의 주요 관심은 외상의 역기능과 그 '치료' 방법이었다. 하지만 그것이 항상 심리학계의 전통이었던 건 아니다.

1942년, 빅터 프랭클Viktor Frankl은 빈에서 성공한 젊은 신경학자이자 정신과 의사였다. 그는 유대인 병원 신경과에 근무했으며 1년 전에 결혼했다. 그러나 그 해 9월 그와 그의 아내는 나치군에 체포되었다. 그의 가족, 즉 프랭클, 그의 아내 그리고 그의 부모까지 검거된 후 기차에 실려 오늘날의 체코 땅인 테레지엔슈타트 강제수용소로 끌려갔다. 1944년 가을, 그의 아내와 어머니는 다른 기차에 실렸다. 이때 그들은 아우슈비츠로 끌려갔다. 프랭클은 가족과 분리된 직후 또 옮겨졌다. 그의 가족은 수용소에서 다 죽었으나, 어쨌건 프랭클은 살아남았다. 수년간의 상상할 수 없는 괴로움, 고통 및 공포가 프랭클을 변화시켰는데, 누구도 그걸 상상할 수 없을 것이다.

전쟁이 끝나고 몇 개월 후 출판된 그의 책 『삶의 의미를 찾아서 Man's search for meaning』에서, 프랭클은 수용소의 끔찍한 생활, 즉 나치가 포로들을 패고 죽도록 일을 시키며 얼마나 치밀하게 인간성을 말살했는지와 자신의 육체적·심리적 생존투쟁을 적고 있다.

> 인간의 의지를 빼앗고 인간을 전멸대상으로 삼으며(그러면서도 처음부터 인간의 육체적 자원을 깡그리 착취하려고 계획한), 더 이상 생명의 가치와 인간 존엄성을 인정하지 않던 세계에서 마침내 인격적 자아는 가치 상실을 겪었다. 만약 강제수용소의 그 남자가 자신의 자존심을 지키려는 마지막 보루로 그에 저항하지 않았다면, 그는 독립된 개체로서의 느낌, 즉 마음, 내면의 자유, 그리고 개인적 가치를 지닌 존재로서의 느낌을 상실한 것이다. 그 당시 그는 자신을 거대한 대중의 일부에 불과하다고 생각했고, 그의 존재는 동물과 같은 삶으로 전락했다.

그러던 어느 날 저녁, 프랭클은 우연히 자기 삶을 구해 줄 뭔가를 발견했다. 그날 저녁 작업반에서 행군해 돌아오면서, 그는 끔찍한 고통을 느꼈다. 그의 발은 온통 상처투성이였고, 신발은 닳아 구멍 나 있었다. 코끝을 에는 차가운 바람이 불어오자, 그는 살아남기 위해 자신이 해야 할 아주 사소한 것들에 사로잡혔다. 소시지 하나를 주면, 그걸 빵과 바꿔야 하나? 숨겨둔 담배 한 개비를 수프 한 그릇과 바꿔야 하나? 신발 끈으로 사용할 철사를 어떻게 찾지? 어떻게 해야 자신을 더 가까운 작업반으로 보내 줄 경비병과 잘 지내지? 살아남기 위해 이렇게 머리를 굴리고 있을 때, 그에게 이미지 하나가 떠올랐다. 그는 전쟁 후 '강제수용소에서의 심리'를 강의하고 있는 자신을 섬세하고 또렷하게 보았다. 그것은 그가 주변의 모든 것을 바라보는 방식을 바꾸었다. 프랭클은 "그 순간 나를 억압하던 모든 것이 객관화되어 거리를 둔 학문적 관점에서 보였다. 그로 인해 나는 그 상황과 당시의 고통에 초연해질 수 있었다."고 썼다.

그는 자기 아내에 대해서도 생각하게 되었다. 자기 아내에 대한 사랑이 커져 결국 자신을 지탱하고 하루하루, 매 시간 생존투쟁할 의미를 찾게 되었다. 그는 내면세계, 존엄, 그리고 행위에 대해 수없이 생각했다. 그는 "살아야 할 이유가 있는 사람은 어떻게든 견뎌낼 수 있다."던 니체를 떠올렸다. 그것은 의미를 찾으라는 정도가 아니라, 강력한 요구였다. 의미는 프랭클에게 사치가 아니라, 생사를 가르는 것이었다.

『삶의 의미를 찾아서』는 1946년 출판 후 천만 부 이상 팔렸으며, 프랭클은 병적 측면, 즉 고통, 외상 및 심리적 후유증에 대해 현대 심리학과 전혀 다른 시각을 제시했다.

프랭클에게 외상으로 인한 고통, 즉 우울, 불안 및 기타 많은 증상은 아픈 목이나 부러진 다리와 달리, 항상 치료해야 할 질병이 아니다. 오히려 그것들은 내적 혼란의 주요 지표로, 극히 정상적이다. 프랭클은 오히려 그것들을 성취로 보았다. 이러한 문제들은 주의를 기울여서 근본적인 내적 갈등을 해결해야만 치유될 수 있다. 그의 관점에서 보면, 많은 경우에 대중요법은 질병을 연장시킬 뿐이다. 그는 다음과 같이 썼다.

> 고통이 항상 병리적 현상은 아니다. 고통은 신경증의 증상이라기보다 어쩌면 인간적 성취일 것이고, 그 고통이 존재론적 좌절감에서 나온 것이라면 더 그렇다. 나는 누군가가 자신의 존재에 대한 의미탐색 또는 심

지어 자신의 존재에 대한 의심마저도 어떤 질병에 기인하거나 질병을 가져온다는 생각을 단호히 거부한다. 존재론적 좌절감 그 자체는 병리적인 것도 아니고 병을 유발하지도 않는다. 삶의 가치에 대한 인간의 걱정, 심지어 절망조차도 존재론적 고통이며, 결코 정신질환이 아니다. 의사가 존재론적 고통을 정신질환으로 보면, 당연히 그는 환자의 존재론적 고통을 안정제 더미에 묻을 것이다. 오히려 의사의 과제는 환자가 존재론적 위기를 넘어 성장하고 발달하도록 안내하는 것이다.

나아가 프랭클은 개인의 삶, 특히 고통에서 의미를 찾는다는 개념에 초점을 둔 완벽한 심리치료를 정립하기에 이르렀다. 그는 이를 의미치료logotherapy라 명명했으며, 의미를 건강한 삶의 주요 원동력으로 중시하였다.

프랭클의 책이 출판되기 몇 년 전, 미국의 심리학자 에이브러햄 매슬로Abraham Maslow가 욕구위계라는 개념을 제시한 논문을 출판했다. 그는 인간의 행복을 높임으로써 인간의 동기가 유발되며, 인간은 자아실현, 즉 도덕성, 창의성 및 문제해결과 같은 특성을 추구한다고 주장하였다.

매슬로는 알베르트 아인슈타인Albert Einstein, 프레더릭 더글라스Frederick Douglas, 엘리노어 루스벨트Eleanor Roosevelt 등 크게 성공한 몇몇 사람의 생활사를 연구했다. 매슬로는 이처럼 성공한 인물들을 연구하면서, 그들의 가장 중요한 학습경험은 종종 비극이나 외상이었으며, 그로 인해 그들이 새로운 시각으로 바라볼 수밖에 없었음을 발견했다.

1940년대 이후, 매슬로는 성공을 더 검토하려고 연구하고 노력했던 인본주의 심리학자이다. 1971년 인본주의 심리학자 집단이 샌프란시스코에 세운 세이브룩 대학교 교수인 루이스 호프먼Louis Hoffman은 "그들은 인간의 잠재력을 이해하려 하지 않고 잘못된 점에만 초점을 두던 심리학계에 환멸을 느꼈지요." 하고 말했다.

그러나 1980년대 무렵, 인본주의 심리학의 인기가 사라지기 시작했다. 인본주의 심리학자들에 대한 관심이 높았을 때에도 줄곧 병리적 측면에 관심을 가져왔던 심리학계는 성공에 대한 그간의 일시적 관심에서 멀어지기 시작했다. 그 기여요인 중 하나는 아마도 베트남전이었을 것이다. 제대한 많은 병사가 심한 정신건강 문제를 겪고 있었기 때문이다. 오늘날에 와서는 외상 후 스트레스 장애post-traumatic stress disorder가 흔한 용어지만, 그 용어는 사실 정신질환 진단의 바이블인『정신질환의 진단 및 통계 편람Diagnostic and Statistical Manual Disorders: DSM』에 처음 등재된 1980년에야 비로소 진단명으로 인정받았다. 하지만 역사가 시작된 이래, 당연히 병사들은 끔찍한 전쟁 후유증을 언급해 왔다. 기원전 8세기에 쓴 호머Homer의『일리아드Iliad』에서, 아킬레우스Achilles는 친구인 파트로클로스Patroclus의 죽음에 고통과 분노를 느낀다. 미국남북전쟁의 병사들은 전쟁과 관련된 심장장애인 흥분심soldier's heart을 겪은 것으로 전해 내려온다. 제1차 세계대전에서는 장기적인 전투 참가로 인한 전쟁신경증shell shock이 있었고, 제2차 세계대전에서는 오랫동안 전쟁을 치른 병사들이 보이는 전투 피로증battle fatigue이 있었다.

뇌가 외상사건을 처리하는 독특한 방식 때문에 모든 소리, 냄새 및 경험은 그 끔찍한 사건에 대한 기억을 떠오르게 한다. 그 기억이 떠오르면, 몸과 뇌는 개인이 다시 외상을 심하게 겪고 있는 것처럼 반응해서 다시 생존투쟁을 한다. 이런 기억은 개인을 소진시키고 압도해서 그 개인은 우울하고 불안해하며 기능장애를 겪고, 결국 자기 파괴적인 행동, 심지어 자살행동까지 한다.

외상과 해로운 후유증은 전장경험에만 국한되지 않는다. 갑작스런 가족 상실, 암이나 생명을 위협하는 기타 질병, 자연재해나 테러리스트의 공격, 폭력이나 성폭행 피해, 심지어 심각한 재정적·직업적 손실도 외상일 수 있다. 연구자들은 일생 동안 사람들의 약 75%가 외상사건을 경험할 것으로 추정한다.

1980년대 북아일랜드 출신의 심리학과 대학원생이었던 스티븐 조셉Stephen Joseph은 여객선 사고 생존자들의 경험을 조사하면서 외상 연구를 시작했다. 1987년 어느 봄날 밤, 여객선인 헤럴드 오브 프리 엔터프라이즈호Herald of Free Enterprise가 영국을 향해 벨기에 항을 출발했다. 선수문이 제대로 닫히지 않아 출발 직후부터 배에 물이 차기 시작했다. 선장이 배를 돌리려 하자, 배가 이미 그쪽으로 기울어 있었다. 급기야 객실이 물에 잠기고 전기가 나갔다. 조셉은 "일부 사람들은 몇 시간 동안 어둠 속에서 차가운 물속에 있었어요. 시신들이 그들 주변에 떠다녔죠." 하고 말했다. "그건 굉장히 끔찍했어요." 약 600명의 승객과 승무원 중 193명이 사망했다. 조셉은 이후 3년간 생존자들을 연구하며, 그 외상에 대한 그들의 반응을 관찰했다.

조셉은 생존자들의 투쟁, 즉 우울, 외상 후 스트레스 장애, 알코

올과 약물 남용, 생존자 죄책감 및 불안에 초점을 맞췄다. 하지만 생존자들과의 대화에서 그는 다른 무언가에 주목했다. 그들 중 다수가 자기 삶의 긍정적 변화도 말하였다. 조셉은 그 이야기를 듣고 별로 놀라지 않았다. 사실, 외상 후 스트레스 장애는 1980년대에 등장한 새로운 개념이었지만, 그 당시 사회심리학 배경이 있었던 조셉은 이미 많은 이들이 긍정적 재구조화positive reframing 현상(부정적 사건에 대처하는 방법으로 부정적 사건에 긍정적 의미를 부여하는 현상)을 지녔음을 알고 있었기 때문이다. 사회심리학자들은 사람들이 힘든 상황을 잘 다루기 위해 이러한 재구조화를 활용한다고 보았다.

조셉은 긍정적 재구조화가 재난 생존자들에게 어떤 영향을 주는지에 관심을 가졌다. 그는 재난 후 3년 동안 생존자의 인생관이 긍정적으로 변했는지, 아니면 부정적으로 변했는지를 묻는 질문을 조사에 추가했다. 그가 약간의 긍정적 반응을 기대하긴 했으나, 조사 결과는 의외였다. 즉, 43%가 자신의 인생관이 보다 좋은 쪽으로 변했다고 보고한 것이다. 그들 대부분은 자신이 인간관계와 다른 사람을 더 소중히 여기고, 아주 충만한 삶을 누리며, 공감능력이 늘고, 심지어 더 성공하게 되었다고 말했다.

조셉은 "사람들의 이런 이야기를 들었던 게 진로를 막 시작하는 청년이었던 내 삶을 바꾸었어요." 하고 말했다. "그건 심리학자로서 내 삶의 전환점이었어요. 그들 대부분이 여전히 외상 후 스트레스 증상으로 투쟁하면서도 그것을 변혁적으로 극복하는 방식이 내가 뭘 연구해야 할지를 정해 주었죠." 조셉은 이 긍정적 재구조화가 단순한 대처기제는 아닐 거라고 생각하였다. 오히려 외상의 결과로 더 크고 심오한 뭔가가, 즉 성격과 전반적인 인생관 변화가 나타났을지도 모른다. 여객선 사고 생존자에 대한 조셉의 연구는 인본주의 심리학자들에 대한 그의 관심을 자극했다. 그런 관점이 대부분의 심리학자들에게 인기가 없었지만, 성장과 삶의 긍정적 변화에 대한 인본주의자들의 관점은 조셉 자신의 경험과 일치했다.

조셉은 영국 노팅엄 대학교 교수가 되었고, 테데스키 및 캘훈과 함께 외상 후 성장을 연구한 초창기 주요 연구자에 속한다. 그는 수십 편의 연구를 발표하고, 임상가로서 외상 생존자들을 연구하며, 『외상 후 성장의 과학What doesn't kill us』이라는 성장 관련 책을 집필했다. 그는 자신의 연구경력 내내 인본주의 심리학자들의 기본 신념을 오늘날의 주제에 적용하려고 노력해서, 인본주의 연구의 현대적 의미를 살리고 성공과 의미에 대한 그들의 접근과 관심을 자신의 연구에 통합해 왔다.

1990년대 펜실베이니아 대학교 교수인 마틴 셀리그먼Martin Seligman과 다른 심리학자들은 다음과 같은 몇몇 주제를 살펴보기 시작했다. 즉, 위대한 사람을 위대하게 만든 건 무엇인가? 행복이란 무엇인가? 그리고 우리는 어떻게 행복을 얻을 수 있는가? 1998년 셀리그먼이 미국심리학회 회장으로 선출되자, 그는 자신의 생각을 심리학계 주류로 밀어붙일 절호의 기회를 갖게 되었다. 셀리그먼은 자신의 회장 재임기간의 주제로 긍정심리학을 택했다. 그는 베스트셀러인 『진정한 행복Authentic happiness』을 비롯해 그 주제와 관련된 많은 책을 집필했다.

셀리그먼은 듣기 좋은 말을 해 주길 좋아하고, 학자들 중에서 특이하게 대중을 재미있게 할 줄 안다. 그는 집념이 대단한 기획자이기도 하다. 그는 몸소 진정한 열정으로 정치가나 고위 장교들과 어울리며 이야기를 긍정적으로 풀어낸다. 셀리그먼의 영향력이 대단하니 자기 이름을 밝히지 말라던 한 심리학자는 긍정심리학에서 셀리그먼은 서커스의 바넘P. T. Barnum과 같다고 말했다.

그 말이 그의 학문에 모욕이 될지 모르지만, 어떤 면에서 바넘은 긍정심리학과 실제로 긍정적 변화를 바라보려는 모든 시도에 꼭 필요하다. 긍정심리학은 촉진자, 기획자, 판매자가 필요한데, 그 이유는 긍정심리학이 전 분야의 초점을 정반대로 돌려야 하기 때문이다. 심리학은 오랫동안 인간의 행동과 정신과정을 이해하는 데 집중해 왔으며, 고통스러운 사람들을 돕는 데 초점을 두어 왔다. 즉, 우울과 같은 정신질환을 진단하고 사람들이 정신건강을 회복하도록 도우면서 말이다. 그러나 셀리그먼은 심리학이 그 이상의 것을 할 수 있다고 믿었다. 다시 말해, 절망의 늪에서 기본적인 기능을 할 만큼 사람을 끌어올리는 정도가 아니라 실제로 사람, 나아가 사회까지도 긍정적 변화와 성취로 이끌어 모든 사람이 더 나은 삶을 누리게 도울 수 있다는 것이다.

지지자들 중 일부가 외상 후 성장 연구에 기여하긴 했으나, 긍정심리학이 꼭 외상 후 성장에 관심을 갖지는 않는다. 그래도 긍정심리학 덕분에 다시 긍정적 변화를 조사하고 촉진하려는 전반적인 생각에 이르게 되었다. 온통 병리학 위주인 분야에서, 외상 후 성장을 연구하던 이들은 곳곳에서 긍정적 변화를 찾아내는 영향력 있는 동지가 있음을 발견하였다. 조셉은 "긍정심리학은 굉장히 성공적인 도구였죠." 하고 말했다. "긍정심리학과 외상 후 성장은 현대 심리학에서 인본주의 관점이 재부상하는 데 도움이 되었지요. 그것은 굉장한 성과죠."

외상 후 성장을 연구하던 테데스키와 캘훈은 처음부터 회의론에 부딪혔다. 성장은 너무 좋게 들려서 믿을 수가 없었다. 성장은 주류의 외상이론과 잘 안 맞았다. 그 이유는 주류의 외상이론에서는 사람들이 어떤 사건을 겪고, 어떤 외상 후 스트레스 증상을 보이며, 시간이 흐른 후 외상 후 스트레스 장애로 고통받는 소수 외에는 정상으로 회복된다고 보았기 때문이다.

코네티컷 대학교 교수인 하워드 테넨Howard Tennen과 같은 일부 학자는 성장이 실제로 존재할 거라고 생각하면서도, 성장을 측정하는 방식 때문에 골치가 아팠다. 외상 후 성장과 관련된 모든 연구에서는 외상사건을 겪은 사람들에게 그들이 어떻게 변화되었는지를 평가하라고 말한다. 그러나 이것은 문제가 될 수 있다. 그런데도 심리학자들은 여전히 사람들에게 그 사건 후 나타난 자신의 변화를 평가하라고 요청한다. 이때 피험자들은 자신이 극복한 외상과 증상을 정당화하는 수단으로 성장을 지어내는 오류를 범할 수 있다. 결국, 외상이 개인을 어떻게 변화시키는지를 이해하는 최선의 방법은 사람들에게 그렇게 평가하라는 요청을 피하는 것이다. 오히려 최선의 접근을 취하는 심리학자들은 기준선을 정하기 위해 외상사건 전에 개인을 평가한 다음, 사건 후에 재평가할 것이다. 또한 연구자들은 개인에게 자신이 어떻게 변했는지를 묻지 않고 객관적인 2회의 평가를 비교하여 무엇이 변했는지를 판단할 것이다. 이러한 연구를 할 때 당연한 문제점은 연구 도중에 외상사건을 경험할 사람을 찾기가 매우 어렵다는 점이다. 심리학자가 10,000명을 만난다 할지라도, 1~2년 동안 소수만 외상을 겪기 때문에 연구사례로는 부족할 것이다. 이런 연구는 정말 현실성이 떨어진다.

그래서 거의 모든 외상 후 성장 연구에서는 외상이 일어난 후 외상이 자신을 어떻게 변화시켰는지를 자기평가하게 한다. 테넨은 사람들이 스스로 얼마나 변화되었는지를 평가할 때 그들을 신뢰할 수 없음을 제시하는 심리학 연구가 있다고 말했다. 테넨은 "아마 긍정적으로 변화한 사람들이 많다는 점은 틀림없지만, 우리가 그것을 개념화하고 측정할 수 없어요." 하고 말했다.

테데스키와 캘훈을 비롯한 그 분야의 많은 학자들은 연구가 더 강화되고 더 나은 연구가 나와야 심리학자들이 그 현상을 더 이해할 거라는 데 동의한다. 그러면서도 그들은 외상 후 성장이 실재하며 측정될 수 있다고 단언한다. 테데스키는 "사실상 모든 심리학 연구는 기억에 의존하지요." 하고 말했다. "만약 기억을 신뢰할 수 없다고 판단해 버리면, 지금까지 심리학에서 출판된 것들을 다 폐기해야 할 거예요."

몇몇 연구에서는 이러한 문제점을 해결하려고 시도했다. 2008년 호주 브리즈번에 있는 퀸즐랜드 공과대학 부교수인 제인 셰익스피어-핀치Jane Shakespeare-Finch는 외상 후 성장척도를 사용해 61명의 외상 생존자 집단을 조사했다. 이어서 그녀는 동일한 척도로 가족

구성원 한 명에게 사랑하는 외상 생존자의 변화를 평가해 달라고 요청했다. 그녀는 외상 생존자들이 보고한 변화가 가족들의 보고로 입증되었다고 보고했다.

드디어 2008년 미군이 시작한 한 장기 연구가 이 논쟁을 멋지게 잠재웠다. 연구자들은 이라크 파병 전에 500명의 병사들을 선정해 기준선을 측정했다. 그 후, 그들은 병사들이 이라크에 있을 때와 제대한 지 약 6주 후, 그리고 제대한 지 1년 반 후에 재검사를 실시했으며, 후에 그들을 만나기로 했다. 이 연구가 아직 끝나지 않았지만, 연구를 시작할 당시 웨스트포인트의 미국육군사관학교에 근무하다가 지금은 웨이크포레스트 대학교에 근무하는 패트릭 스위니 Patrick Sweeney 대령은 그들과의 면담결과, 파병 후 전장에서 잠재적 외상사건에 노출된 병사들 중 반 이상이 모종의 성장을 경험했다고 말했다. 그들은 자기 능력에 대한 자신감이 커지고, 삶에 더 감사했으며, 우선순위를 강하게 인식하게 되었다고 말했다. 이미 이 연구는 실제로 성장이 없어도 마치 존재하는 것처럼 성장을 측정, 조사, 이해할 수 있다고 비꼬는 골수 비판자까지 설득할 정도의 성장 관련 객관적 자료로 부상하고 있다.

일부 연구자들은 성장이나 성장에 대한 인식이 문화의 영향을 받을 수 있다고 말했다. 특히 미국인에게는 역경을 통해 배우고 그로부터 이점을 찾아야 한다는 메시지가 많이 주어지기 때문에, 외상 생존자들이 문화적 규준에 부응하기 위해 자신이 성장했다고 다짐할 수 있다는 것이다. 사람들은 확실히 자신이 속한 문화의 영향을 받는다. 더구나 외상 후 성장 이야기는 고대사에서 종교에 이르는 어디에서나 유명인사들 대부분의 삶과 대중문화에 존재한다. 누구나 이런 이야기를 접해 왔고, 그런 이야기들은 가장 유명하고 영향력 있는 이야기이기도 하다.

외상 후 성장을 아주 간결하게 표현한 유명한 이야기는 1939년에 처음 등장했다. 그 이야기는 삽화가 포함된 겨우 두 페이지짜리로, 부모가 강도에게 무참히 살해당하는 모습을 목격한 어린 소년의 이야기다. 부모가 살해당한지 며칠 후, 침대 머리맡에서 이런 기도를 하는 소년이 보인다. "나는 부모님의 영혼을 걸고, 부모님의 죽음에 복수하기 위해 평생 모든 범죄자들과 싸우겠어요."

사실 그 어린 소년은 브루스 웨인Bruce Wayne으로, 그는 모든 방법을 동원해서 범죄와 싸우고 고담시를 지키려는 슈퍼히어로인 배트맨이 되었다. 앞의 만화에 묘사된 것처럼, 그는 부모의 잔혹한 살해를 목격한 직후 바뀌었다. 그는 '탁월한 과학자'가 되었고 신체적으로 강해지려는 동기가 유발되었을 뿐만 아니라, 범죄와 싸우고 타인을 보호하는 대승적이고 이타적인 목적을 위해 자신의 삶과 막대한 부를 바칠 동기가 유발되었다.

그 이야기가 등장한 후 70년 이상, 배트맨 시리즈 제작자들에게 이 이야기는 독자들을 감동시키고 팬들이 쉽게 동일시할 몇 가지 핵심 경험이 담겨 있는 게 분명했다. 1970년대와 2000년 사이에 그 시리즈를 몇 번 편집했던 데니스 오닐Dennis O'Neil에게 배트맨의 원작을 바꿀 기회가 있었다. 그는 "난 아니라고 했어요." 하고 말했다. "배트맨이 어렸을 때 자기 부모의 살해를 목격했다는 이 한 문장 안에 우리가 그에 대해 알아야 할 모든 게 담겨있어요. 그의 동기야말로 동기 그 자체죠. 모든 게 완벽해요."

배트맨이 상실로 인해 변화된 유일한 슈퍼히어로는 아니다. 스파이더맨 시리즈의 피터 파커Peter Parker는 삼촌의 비극적인 죽음 직후에 악과 싸우기 위해 자신의 능력을 활용하기 시작한다. 그린 랜턴Green Lantern은 비행기 사고로 아버지의 죽음을 목격한다. 플래시Flash의 엄마는 살해당했다. 상실과 변화는 끊임없이 거듭되는 주제이다.

이들 영화는 초능력과 환상적 요소 위주로 전개되지만, 그런 슈퍼히어로 이야기를 만든 사람들은 실제 인물에서 영감을 얻었던 것이다. 42년 동안 DC 시나리오를 쓰고 편집했으며 2002~2009년까지 회장을 역임했던 폴 레비츠Paul Levitz는 미국 대중문화의 이야기 제작에 큰 역할을 하였다. 그에게 외상 후 성장 이야기는 독자와 연결되는 매력적인 소재일 뿐만 아니라, 기본적으로 또 다른 유명인인 테디 루스벨트Teddy Roosevelt의 이야기에 기반을 두고 있다.

루스벨트는 영향력 있고 부유한 가족에서 태어났지만, 어려서 심한 천식을 앓아 유년기 대부분을 실내에서 지내야 했다. 그는 아버지와 특히 친밀해서, 그가 아플 때면 그의 아버지는 그의 곁에서 밤을 지샜다. 루스벨트가 대학교에 들어갈 무렵, 그의 아버지는 가족에게 숨겨 왔던 암으로 갑자기 세상을 떠났다. 루스벨트는 아버지를 기리기 위해 공익사업에 헌신했는데, 그것은 당시의 부유한 청년에게 이례적이었다. 루스벨트는 실현하려는 동기가 대단했다. 24살에 그는 이미 뉴욕주 의회 의원이었다. 2년 반 후인 1884년

2월, 그의 첫딸인 앨리스Alice가 태어났다.

이틀 후 비극이 일어났다. 루스벨트의 아내와 어머니가 몇 시간 사이로 세상을 떠난 것이다.

그 청년은 완전히 충격을 받았고, 일기에 "내 삶에서 빛이 사라졌다."고 적었을 정도였다. 루스벨트는 공직생활을 접고 갓난 딸아이를 여동생에게 맡긴 채 서쪽으로 가 노스다코타에서 목장생활을 했다. 그는 오두막을 짓고 소를 길렀다. 루스벨트는 회색곰과 그 밖의 큰 사냥감을 잡으려는 긴 사냥여행을 떠났다. 때때로 그는 영하의 눈보라 속을 며칠씩 홀로 사냥하면서, 자신을 신체적·심리적 극한으로 내몰았다. 그는 자신을 살해하려는 무장 강도들과 맞서고 소도둑을 추적하면서 놀라울 정도로 대담해졌다. 그러나 느슨해지면, 슬픔이 그를 압도했다.

마침내 루스벨트는 뉴욕으로 돌아와 뉴욕시 경찰위원회를 운영했다. 그는 직접 거리로 나가 순찰하며 경찰관들의 임무수행을 확인했다. 경찰의 부패를 폭로하고, 영향력을 남용한 부패 정치인들과 대립했다. 그는 폭로 기자들과 함께 도시를 순찰했다. 루스벨트는 그 후 대통령으로서 시행한 많은 개혁에 필요했던 변혁적 힘을 이미 그 위원회에서 길렀던 것이다.

배트맨의 원작이 간단한 두 쪽의 만화책으로 알려진 지 약 70년 후인 2008년, 일부 내용이 시어도어 루스벨트Theodore Roosevelt의 삶에 기반을 둔 배트맨 영화 〈다크 나이트The Dark Night〉를 감독한 크리스토퍼 놀란Christopher Nolan은 배우인 크리스찬 베일Christian Bale에게 루스벨트 전기를 읽으라고 권했다. 레비츠가 DC 시나리오 작업을 할 때 웨인의 이야기에서 영감을 얻은 것처럼, 놀란도 루스벨트의 이야기에서 영감을 얻었다. 그것은 다른 슈퍼히어로의 이야기, 다시 말해 어떻게 역경이 슈퍼히어로를 변화시킬 수 있는지를 관객에게 알리는 이야기 제작 기준이 되었다. 레비츠는 "역사 속에서 사람들은 멋지게 극적으로 성공하지요." 하고 말했다. "그거야말로 영웅적 여정이 뭔지에 대한 영감을 주죠."

대부분의 옛 이야기에서 전형적인 영웅의 여정의 핵심에는 외상 후 성장 이야기가 있다. 세계 문화에 담긴 신화를 연구한 조셉 캠벨Joseph Campbell은 이런 이야기에 공통 주제가 숨어 있음을 발견했다. 가장 흔한 이야기에 속하는 전형적인 영웅 신화는 주인공이 집을 떠나거나 가정이 파괴되면서 시작된다. 영웅은 일련의 도전, 종종 외상사건이나 폭력사건, 때로는 암흑가 여정에 직면한다. 여정이 끝날 무렵, 영웅은 돌아와서 범죄를 소탕하고 완전히 달라진 현명한 리더가 된다.

캠벨과 함께 널리 여행한 적이 있고 지금은 조셉 캠벨 컬렉션Joseph Campbell Collection이 위치한 퍼시피카대학원연구소에서 신화연구프로그램을 담당하는 에반스 랜싱 스미스Evans Lansing Smith는 외상 후 성장이라는 주제가 호머의 『오딧세이Odyssey』, 성배Holy Grail를 찾는 기사들의 이야기, 단테Dante의 『지옥Inferno』, 4천 년 전의 수메르 신화, 그리고 현대의 샤머니즘 문화에서 발견된다고 말했다. 그 주제는 배트맨을 거쳐 오늘날의 슈퍼히어로에게도 계속 이어진다. 성장 이야기는 인간의 아주 오랜 역사만큼이나 오래되었으며, 어디에나 존재하는 것 같다.

이러한 성장 이야기들은 확실히 우리 문화에 영향을 미친다. 하지만 그 이야기들은 실존 인물들의 삶에 근거를 두고 있다. 시어도어 루스벨트의 인생경험, 즉 그의 상실과 슬픔이 그에게 영향을 미친 부분은 수십 년 동안 만화 주인공의 이야기를 구성하는 데 도움이 되었다. 결국 그 주인공들은 모든 사람이 역경, 변화 및 자신의 잠재력을 생각하는 방식에 영향을 주었다. 그래서 사람들은 확실히 문화의 영향을 받으며, 자신이 외상에 어떻게 반응해야 하는지에 대한 기대를 갖는다. 하지만 그 문화 또한 실제의 심리적 과정을 겪은 실존 인물의 영향을 받는다. 사람들이 성장할 때도 있기 때문에 캐릭터들도 성장한다. 그렇게 만들어진 이야기들은 성장을 반영한다. 결국 우리의 신화는 환상으로 만들어진 게 아니다.

외상, 성장 및 변화와 같은 개념들은 결코 서구문화의 산물이 아니다. 롱아일랜드대학교 포스트캠퍼스의 사회복지학과 부교수 치피 바이스Tzipi Weiss는 그녀가 공동 편집한 책인 『외상 후 성장과 그 문화적 반영: 전 세계에서 얻은 교훈Posttraumatic growth and culturally competent practice: Lessons learned from around the globe』에서 문화가 외상 후 성장에 어떤 영향을 주는지를 조사했다. 바이스는 서로 다른 12개 이상의 문화에서 출판된 외상 생존자 연구들을 검토했다. 그녀는 테러리스트의 공격에서 살아남은 이스라엘 사람들과 이스라엘 감옥에 갇힌 팔레스타인 사람들, 터키의 지진 피해자들과 중국의 유방암 생존자들 및 세계 곳곳의 여러 구성원들이 외상 후 성장을 보고한 연구들을 찾았다. 그녀는 "외상 후 성장이 보편적 현상인 건 꽤 분명해요." 하고 말했다.

아마 그거야말로 테데스키와 캘훈의 연구가 인기를 얻는 이유일 것이다. 전 세계의 연구자들이 수십 개 문화에서 성장을 다각도로 연구하고 있다. 사실, 성장은 외상을 그저 질병을 유발하는 사건이나 일시적 좌절이 아니라, 완전한 변혁적 경험으로 보는 아주 새로운 방식이라고 할 수 있다. 그래서 성장은 사람들을 심리적으로 변화시키며, 그들의 뇌 기능 방식까지도 바꾼다. 테데스키와 캘훈이 수십 년 전에 이론화한 것처럼, 다양한 분야의 연구자들은 외상이 근본적 변화를 가져온다는 사실을 발견하였다. 테데스키와 함께 시작한 전반적인 연구에 대해 캘훈은 "정말 상상도 할 수 없는 일이죠." 하고 말했다. "우리는 하버드나 프린스턴은커녕 채플힐(노스캐롤라이나 대학교의 본 캠퍼스)도 아니에요. 정말 기분이 좋아요."

03 외상으로 뇌가 변한다

**외상의
신경과학적 영향과
외상경험자의 성향**

1968년 4월, 맥스 클리랜드Max Cleland는 베트남 유일의 제1기병사단 헬리콥터 부대에 소속된 젊은 대위였다. 훗날 조지아주 상원의원이 된 클리랜드는 전투를 체험하고 싶어, 그의 복무기간을 1년 연장해 전투에 참여하였다. 하지만 거기에서 10개월을 지냈으나, 그는 고작 경박격포light mortar 공격에 참여했을 뿐이다. 그건 그가 다소 순진하게 바랐던 영혼을 시험할 정도의 전투는 아니었다.

　이제 클리랜드는 막 제대명령서를 받은 상태였고, 몇 주 안에 귀향해야 했다. 그때 그의 부대는 케산Khe Sanh에서 북베트남군 2천 명에 포위된 5천 명의 미 해군을 도와 출전하라는 명령을 받았다. 클리랜드의 상관은 그에게 곧 제대할 예정이니 남아 있어도 된다고 했다. 그러나 클리랜드는 가겠다고 나섰다. 하지만 날짜가 다가오고 구체적 미션을 알게 되자, 190cm의 낙하산병은 슬슬 겁이 났다. 그의 부대는 대규모 지상병력 지원을 위해 케산을 둘러싼 언덕 꼭대기에 낙하할 예정이었다. 그러나 그들은 북베트남군 대포의 사정거리 안에 있었다. 병사들은 쭈그리고 앉아 있는 것 외에 할 일도 없이 자신이 폭파당하지 않기만 바랄 뿐이다. 그는 상관에게 마음이 바뀌어 가기 싫다고 말했다. 하지만 철회하기엔 너무 늦었다. 공격 날짜가 다가오자, 그가 할 수 있는 일은 두려움을 다스리는 것뿐이었다.

　클리랜드가 헬리콥터에서 지정 위치로 날아가는 자기 부대를 내려다보았을 때, 그는 뜻밖의 지표면, 즉 미군의 폭격으로 생긴 큰 구덩이를 보았다. 그것은 북베트남군이 숨을 곳을 없애려다 생긴 것이었다. 물론, 그 폭격은 미군의 목숨도 앗아갔다. 클리랜드와 그의 전우들은 헬리콥터에서 내려 큰 구덩이에 들어가 기다렸다. 첫날밤 로켓들이 그의 주변에 발사할 것처럼 쌩쌩 날아다녔다. 양측이 서로를 전멸시키기 위해 총력을 다하자, 하늘이 대낮처럼 밝았다. 다음 날 아침 해가 떴을 때, 클리랜드는 죽은 병사 4명을 봤는데, 그들의 몸은 로켓 폭발과 박격포 공격으로 엉망이 되어 있었다.

전투는 4일 동안 계속되었다. 그의 부대에서도 200명이 죽었으나, 드디어 북베트남군을 무찔렀다. 클리랜드는 전투에서의 총격을 보고 겪었고, 곧 집으로 돌아갈 것이다.

그와 몇몇 동료들은 야전기지에서 새로운 소통장비를 가져오려고 헬리콥터에서 뛰어내렸다. 동료들 중 한 명은 전에 본 적이 없는 사람이었다. 헬리콥터가 착륙했을 때, 클리랜드는 마지막에 내렸다. 그는 헬리콥터의 회전하는 날개깃을 지나 자세를 낮추고 달려 나갔다. 그때 그는 수류탄을 보았다. 수류탄은 지면 위에 그대로 놓여 있었다. 클리랜드는 그가 그것을 투하해야 한다고 생각했다. 그는 왼손으로 자신의 M-16 소총을 등 뒤로 민 후 수류탄을 잡으려고 오른손을 뻗었다. 그가 뻗은 손가락이 수류탄을 잡으려는 순간, 수류탄이 폭발했다.

그는 흰 섬광을 봤다. 폭발은 강력했고, 그는 공중으로 튀어 올랐다. 그는 두개골 안으로 눈이 빨려들어가는 느낌을 받았다. 클리랜드는 땅 위에 세게 떨어졌다. 소리가 귀청을 울렸다. 눈을 떴을 때, 그는 오른팔이 있던 곳에서 부러진 뼈 토막을 보았다. 한쪽 다리는 사라졌고, 다른 쪽은 완전히 돌아가 있었다. 그의 바지는 피에 흠뻑 젖어 수증기가 피어올랐다. 그는 소리를 지르려 했으나, 공기가 새는 소리만 들렸다. 그의 기관이 완전히 찢겨 있었다. 압박대로 지혈한 위생병의 신속한 처치가 아니었다면, 그는 틀림없이 사망했을 것이다. 고통에 휩싸인 클리랜드는 사투를 벌이고 있었다.

클리랜드는 수류탄을 향해 손을 뻗었을 때 자신이 위험에 처했음을 몰랐다. 하지만 산산조각 난 상태로 땅 위에 누워 있던 그는 자신을 바라보는 사람들의 얼굴, 심장이 뛸 때마다 약해지는 박동을 통해 죽음이 가까워짐을 알았다. 그는 수술을 위해 병원으로 이송되는 동안, 의식을 유지하려고 애썼다. 그는 의식과 생명을 유지하기 위해 온갖 노력을 다했다.

이처럼 누군가의 생명이 위협받는 일이 일어날 때, 그들의 몸과 뇌는 아예 개인의 통제범위를 벗어나 일련의 작용-반작용을 겪는다. 가령, 어떤 사람이 횡단보도를 건너다 가까이 다가오는 차를 보면, 그 시각 정보는 중계소 역할을 하는 시상이라는 뇌 부위로 간다. 거기에서 정보는 2개의 다른 경로로 전달된다. 신속한 개략적 정보는 바로 정서 반응, 특히 투쟁-도피 반응fight or flight response을 담당하는 뇌 부위인 편도체로 간다. 동시에 훨씬 더 상세한 일련의 정보는 그 사건에 대해 더 정교한 이미지를 구성하는 시각피질로 간다. 편도체가 초기에 폭발한 고통 정보를 받자마자, 편도체는 시상을 자극하여 교감신경계를 활성화한다. 아드레날린, 코르티솔, 노르에피네프린이 교감신경계에 쇄도한다. 처음에 근육이 수축되고, 마침내 그 사람은 어떤 일이 생길 거라고 예측한 나머지 얼어붙는다. 많은 포식자들이 움직이는 걸 물색한다는 점에서 부동자세는 유리한 위험대처 방법일 수 있다. 이어서 심박동수뿐만 아니라, 호흡수도 늘어난다. 근육의 혈류량이 증가한다. 지방은 신속하게 연료를 공급할 준비가 되어 있다. 동공이 확장되어 빛을 더 많이 흡수한다. 이러한 모든 변화 덕분에 그 사람은 지각한 위험에 맞서거나 도망칠 수 있다. 즉, 차가 달려오는 길 밖으로 뛰어나간다. 그것은 당장의 위험이나 위험한 기미에 직면했을 때 흔히 땀을 흘리고 숨이 가쁘며 심장이 쿵쾅대는 이유이다.

　동시에, 시각피질에서는 위협적인 감각정보에 대해 더욱 상세한 이미지가 구성된다. 그 사람이 어디에 있고 주변에서 어떤 일이 일어나는지와 같은 맥락정보를 모두 결합하여 해마로 보낸다. 최종적으로 그 정보는 편도체로 전달된다. 편도체의 기능 중 한 가지는 위협 여부를 판단하는 것이다. 뉴욕대학교 신경과학과 교수인 조셉 르두Joseph LeDoux는 최근 출판한 책『불안: 두려움과 불안을 이해하고 다루는 뇌 사용법Anxious: Using the brain to understand and treat fear and anxiety』에서 자극-위협 연합(수십 년의 실험실 검사에서, 종소리나 빛과 전기충격)이 편도체의 일부인 외측핵lateral nucleus에 부호화되어 저장된다고 하였다. 그 부위에서는 그런 자극-고통 연합을 활용해서 어떤 것이 투쟁-도피 반응을 활성화시키는지를 판단한다. 종소리-전기충격 연합을 학습함으로써 충격이 있든 없든 사람과 동물은 종소리만 듣고도 투쟁-도피 반응을 보일 것이다. 실험대상에게 충격을 주지 않고 소리만 반복적으로 제시하면, 그런 반응이 사라질 수도 있다. 편도체와 연결된 다른 뇌 부위는 반응의 강도를 판단하고 자극-위협 연합의 차단에 기여한다.

　시상에서 편도체로 가는 초기의 애매한 정보가 먼저 폭발하여 실수로 투쟁-도피 반응이 일어날 때도 있다. 그러나 개인에게 돌진하던 흐릿한 차 이미지가 속도를 줄이거나 개인이 있는 곳에서 멀어지면(시각피질과 다른 맥락정보에서 온 더욱 상세한 정보 덕분에 판단 가능한 도로 폭이나 차와의 거리 등) 편도체는 위험하지 않다고 판단할 것이고, 결국 투쟁-도피 반응도 사라질 것이다. 이처럼 애매한 정보가 빠르게 폭발하면, 우리 몸이 생명을 지키려는 노력을 시작해서 빠른 조치를 하기 때문에 죽음이나 부상을 피할 것이다. 설사 실수로 그런 반응이 일어날지라도, 적어도 잃는 것은 없다.

이때 분비되는 호르몬은 몇몇 급격한 변화를 유발하고 생명유지에 기여한다. 그런 호르몬 덕분에 당면한 비상사태에 필요한 모든 자원을 동원할 수 있다. 이러한 사건 중에 편도체는 작동기억 및 장기기억과 관련된 영역을 비롯한 여러 뇌 부위에 신호를 보내어 당장의 위협에 집중하도록 한다.

이러한 유형의 외상을 겪은 많은 사람들은 시간이 느려진다고 말한다. 클리랜드는 공중에 튀어 올랐다가 땅에 세게 떨어진 걸 기억한다. 그는 폭발음을 듣느라 다른 소리를 전혀 못 들었다. 그는 폭발력으로 인해 눈이 안와 쪽으로 빨려들어 가는 걸 느꼈다. 이 모든 상세한 정보를 폭발이 일어난 순간에 파악하기는 불가능해 보인다.

그 현상은 베일러 의과대학의 신경과학자인 데이비드 이글맨 David Eagleman이 어린 시절에 공사 중인 지붕에서 떨어진 이래 줄곧 그에게 미스터리였다. 이글맨은 떨어지면서 '이건 확실히 앨리스 Alice가 토끼 굴에 떨어지는 것과 같다.'고 생각했던 걸 기억한다. 그는 아래의 벽돌들, 지붕의 가장자리 등 사소한 세부사항까지 의식했다. 나이가 들어서야, 그는 그런 추락이 겨우 0.8초(정말 뭔가를 생각하거나 의식하기에는 부족한 시간) 걸린다는 사실을 알았다. 그는 이 기억이 그처럼 생생한 이유가 궁금했다. 왜 그는 그 추락이 그처럼 오래 걸렸다고 인식했을까? 사람들이 생명을 위협하는 상황에서 시간을 다르게 인식하거나 다른 뭔가가 작동할까?

이글맨은 생명을 위협하는 순간적인 상황에서 살아남은 사람들의 이야기를 400편 이상 모았는데, 그들 모두가 어떤 식으로든 시간이 느려짐을 묘사했다. 그것은 보편적인 경험으로 보였다. 그래서 그와 공동 연구자들은 이러한 상황에서 정확히 어떤 일이 일어나는지에 대한 통찰을 주는 실험 하나를 고안했다. 참가자들은 90피트 높이의 탑에서 그물 위로 떨어졌다. 떨어지면서, 그들은 사람들이 인식 불가능한 속도로 정보를 급송하는 손목시계를 보았다. 만약 그들이 땅에 떨어지면서 시간을 다르게 인식한다면, 그들은 시계의 메시지를 읽을 수 있어야 한다.

참가자들은 추락이 실제보다 더 오래 걸렸다고 생각했지만, 시계에서 깜박이는 메시지를 읽은 사람은 없었다. 결국 이글맨과 다른 연구자들은 이처럼 생명을 위협하는 사건에서 사람들이 시간을 달리 인식하지 않는다는 사실을 확인했다. 오히려 그들은 그 사건을 전혀 다르게 인식했다. 그는 "본질적으로 모든 시스템이 당면 문제에 집중되죠." 하고 말했다. "일반적으로 뇌는 수십 가지의 다양한 활동에 관여해요. 점심으로 뭘 먹을지, 당신의 일이 잘 되어 가는지 등이죠. 하지만 생명을 위협하는 상황에서는 어마어마한 양의 주의가 갑자기 한 곳에 집중되죠. 우리는 평소에 부호화되지 않던 사소한 모든 세부사항들, 즉 고밀도 기억을 축적하죠." 우리가 후에 이런 기억들을 상기할 때, 그 기억들이 아주 상세해서(다른 어떤 기억보다 훨씬 더) 우리는 그 사건이 오래 걸렸다고 해석하는 것뿐이다.

이처럼 생명을 위협하는 이러한 사건에 자꾸 노출되거나 스트레스만 받아도 사실상 뇌에 큰 변화가 일어난다. 메사추세츠공과대학의 맥거번 뇌연구소McGovern Institute for Brain Research의 연구자인 키안 구슨스Ki Ann Goosens는 공포와 스트레스가 쥐의 뇌에 미치는 영향을 연구해 왔다. 그녀는 동물들에게 스트레스를 가하기 위해 제빵사들이 케이크에 아이싱할 때 사용하는 튜브 끝의 꼭지쇠와 같은 천 튜브에 동물들을 넣었다. 동물들을 억지로 튜브에 밀어 넣어 코만 튀어나와 있어서 동물들은 숨을 쉬거나 냄새를 맡을 수는 있으나, 움직이거나 볼 수는 없었다. 구슨스는 하루에 약 4시간씩 쥐들을 똑바로 앉아 있게 했다. 그렇게 하는 게 쥐들에게 해를 끼칠 정도는 아니지만, 쥐들은 그걸 무척 싫어하고 그로 인해 심한 스트레스를 받았다.

이 쥐들의 뇌를 검사했을 때, 그녀는 놀라운 걸 발견했다. 매일 받은 스트레스로 인해 뇌의 공포센터에서 일어난 모든 활동이 편도체를 변화시켰다. 스트레스를 받은 쥐들의 편도체는 스트레스를 받지 않은 쥐들에 비해 더 컸다. 또한 그녀는 이전에 알려지지 않았던 스트레스와 그렐린ghrelin의 관계를 발견했다. 그렐린은 사람들이(쥐들도) 허기를 느끼게 하는 호르몬으로 알려져 있다. 그러나 그렐린이 편도체의 성장도 촉진했다. 구슨스는 몸에서 스트레스를 받으면 그렐린을 분비하는데, 공포상황에서 분비되는 코르티솔이나 아드레날린과 달리, 스트레스 사건이 발생한지 한 달 후까지도 그렐린 수치가 높음을 발견했다. 이 연구는 예비 단계이지만, 그녀는 스트레스로 인해 분비되는 그렐린이 편도체의 활성화에 영향을 줄 것이라고 말했다. 또한, 편도체의 모든 활동은 외상 생존자들이 사건을 기억하는 방식, 심지어 외상 이후에 그들이 생각하고 행동하는 방식을 변화시킨다.

수술 후, 클리랜드는 워싱턴 D.C에 있는 월터 리드 육군의료센터로 이송되었다. 거기서 그는 수술과 힘든 물리치료를 더 받았다. 그때 그는 자신과 마찬가지로 삶을 바꾸는 부상을 당한 장교들을 발견하였다. 그들은 모두 같은 종류의 문제로 투쟁 중이었고, 서로 의지하며 하루하루를 견디고 있었다. 그들의 방 한가운데에는 마룻바닥에 뱀 그림이 있었다. 그들은 그것을 뱀 구덩이라고 불렀다. 클리랜드는 "우리는 모두 뭔가를 잃었어요." 하고 말했다. "우리는 밤에 울었고, 하루하루를 견디기 위해 서로 도왔으며, 모두가 나아지려고 투쟁했어요. 40년 이상이 지난 현재까지도 나는 그들 중 몇몇과 연락해요. 그 집단은 내게 가장 강력한 지지집단이었고, 아무도 그걸 인식하지 못했지만, 우리는 정말 함께라서 살아남은 거죠."

하지만 한 명씩 퇴원하면서 그 지지집단은 유야무야되었다. 그 당시에는 부상병을 위한 어떤 집단치료나 정신건강 서비스가 없었다. 그들은 무작정 퇴원했으며, 대개 재활을 위해 재향군인관리국 Veterans Administration에 보고하였다.

뱀 구덩이의 친구들, 그리고 월터리드에서 익숙해진 지지와 일상이 사라지면서, 클리랜드는 화가 났고, 억울해했으며, 때로는 우울했고, 심지어 자살충동을 느꼈다. 그는 굳이 갈 필요가 없는 임무에 자원한 데다 부주의로 자기 수류탄의 핀까지 빠지게 한 자신에게 화가 났다. 몇 년 후, 그는 그 수류탄이 헬리콥터에 있던 그 낯선 신병의 것이었음을 알게 되었다. 그 신병은 수류탄을 보관할 때 핀을 구부려 놓으라는 훈련지침을 따르지 않았던 것이다. 그는 군대와 재향군인관리국에 화가 났다. 그는 자신이 잃어버린 삶에 집착했고 그에 압도되었으며, 항상 실현 불가능한 미래를 꿈꿨다.

클리랜드는 오랫동안 정치와 공익사업에 관심을 가져 왔다. 하지만 이제 그것은 환상처럼 보였다. 그에게서 여유와 열정이 사라졌다. 그는 영영 여자 친구를 사귀거나 결혼을 하거나 가정을 꾸리지도 못할 것이다. 그는 자신에게 왜 이런 일이 일어났는지를 곰곰이 생각했다. 그는 술을 마셨다. 대개 술에 취해 잠드는 게 그가 편안해지는 유일한 방법이었다. 그러나 그가 곯아떨어졌을 때의 악몽이 깨어 있을 때보다 더 끔찍할 때가 많았다. 그 후 수년 간 그는 자신이 위험에 처해 있다고 생각하고 현관 자물쇠와 오븐 손잡이를 강박적으로 확인했는데, 이는 그의 강박신경증이 심해진다는 신호였다. 결국 그는 뭔가 끔찍한 일이 닥칠 것이고 그걸 멈추기 위해 자신이 할 수 있는 일이 전혀 없다는 두려움이 심해져 고통스러웠다. 그 후 두려움과 무력감이 수시로 밀려와 마치 사투를 하던 베트남으로 돌아간 듯했다.

어떤 의미에서든 클리랜드는 확실히 외상 생존자이다. 그가 한참 후에야 알게 되었지만, 그 끔찍한 폭발은 삶을 바꾸는 부상 외에 외상 후 스트레스 장애도 일으켰다. 그러나 1968년까지도 외상 후 스트레스 장애는 아직 알려지지 않았으며, 그 후 12년 후에야 그 진단명이 『정신질환의 진단 및 통계 편람』에 올랐다. 그 후 뇌 영상 기술이 도래하면서, 연구자들은 사람들이 외상에 어떻게 반응하는지에 대한 연구를 놀라울 정도로 많이 수행해 왔다. 그들은 사람들이 외상사건을 겪고 나서 그냥 회복되는 게 아님을 알게 되었다. 오히려 외상 생존자 자신과 주변 세계에 대한 이해, 정체감, 심지어 뇌 기능 방식까지도 외상에 의해 완전히 변화된다.

그로 인해 대부분의 외상사건 생존자들은 맥락이나 단서만으로도 외상경험을 하게 된다. 가령, 우리는 자신이 차 사고를 당했더라도 우리가 보는 모든 차가 치명적 위협이 아니라는 사실을 안다. 하지만 외상 생존자 중 일부는 그렇지 않다. 미국인 중 약 8%가 일생 동안 외상 후 스트레스 장애를 경험하고 참전용사들의 경우에는 유병률이 더 높은데, 어떤 전쟁에 참가했는가에 따라 약 10~30%에 이른다. 이들에게 문제의 근원은 대개 과잉 활성화된 편도체로, 편도체가 작동하면 여러 뇌 부위가 오로지 지각한 자극에만 집중하게 된다. 결국, 감각피질의 일부인 작동기억 및 주의집중과 관련된 인지처리시스템이 관여해서, 그 사람의 모든 감각은 다른 정보를 무시한 채 위협에만 집중한다. 동시에 인간이 타당한 위협 여부를 판단하는 데 기여하는 시스템(잠재적 위협을 둘러싼 맥락을 이해하는 데 도움을 주는 해마)이 손상된다. 결국, 그로 인해 투쟁-도피 반응을 완화시키거나 차단하기 힘들고 어떤 것이 위협이 아닌지도 모른다. 특정의 자극-피해 연합을 소거하는 능력도 손상된다. 외상 후 스트레스 장애를 겪는 사람들은 종종 자신에게 그 사건을 상기시키는 상황을 다 피하는데, 이는 밀려드는 끔찍한 기억과 투쟁-도피 반응의 촉발을 피하기 위해서이다. 불행하게도 그로 인해 그들은 그러한 반응을 억제할 수 있는 새로운 맥락정보(가령, 전장이 아닌

곳에서 큰 소리는 더 이상 치명적 위협이 아님을 아는 것)를 얻을 기회를 박탈당한다.

외상 후 스트레스 장애 환자들의 과잉 활성화된 편도체로 인해, 투쟁-도피 반응이 일어난다. 그런 압도적 반응이 예측 불가능하게 바로 일어나, 그들은 심한 불안을 느끼게 된다. 나아가 그 불안은 편도체를 더 각성시킨다. 반응할수록 개인은 더 불안해지고 투쟁-도피 반응도 더 강해진다. 1996년 출판된 르두의 책『정서 뇌: 신비한 정서 반응의 기반The emotional brain: The mysterious underpinnings of emotional response』에서는 그런 현상을 다음과 같이 설명한다. "뇌가 정서적·인지적으로 흥분하는 악순환에 빠지고, 그 속도는 탈주하는 기차처럼 더 빨라질 뿐이다."

임상심리학자이자 컬럼비아 의과대학의 외상 및 외상 후 스트레스 장애 프로그램 연구자로, 외상 후 스트레스 장애의 뇌기제를 연구하는 에렐 슈빌Erel Shvil은 기본적으로 외상 후 스트레스 장애를 공포장애로 보았다. 외상 후 스트레스 장애 환자들은 외상사건을 반복해서 재경험한다. 그들은 외상사건과 관련된 기억, 가령 쉽게 가늠하고 통제할 수 없는 큰 소리나 상황을 피하려 한다. 몇몇 참전 용사는 월마트를 '외상마트traumamart'라고 부르는데, 그 이유는 가게가 너무 크고 혼란스럽기 때문이다. 외상 후 스트레스 장애 환자들은 과민해서 아주 사소한 자극에도 항상 비상경계 태세를 취한다.

이상의 증상은 외상사건 동안 뇌가 어떻게 기능하는지와 직접 관련된다. 삶을 위협하는 사건 속에서 뇌는 비상경계 태세에 들어간다. 외상 후 스트레스 장애 환자들은 이러한 상태가 잘 일어난다. 그들은 그 사건과 조금이라도 관련되어 보이는 것에 접하면 바로 외상기억들이 쇄도하여 그 외상을 자꾸 재경험한다. 몇 달이나 몇 년 후에도 그 체계가 여전히 외상에 반응하기 때문에 그들은 불면증에 시달리고 사소한 위협에도 과잉 반응한다. 편도체는 과잉 활성화되는 반면, 편도체의 적색경보를 억제하는 해마와 전두엽 피질은 제기능을 못한다. 실제로 심한 스트레스가 해마 부위를 위축시키는 것으로 나타난 바 있으며, 만성적인 스트레스는 해마를 영구적으로 손상시킬 수 있다. 일반 기억은 시간이 지나면서 사라지지만, 외상기억은 일상기억과 정반대로 작동하기 때문에 증폭될 수도 있고 심지어 그 기억을 촉발하는 사건이 변하거나 늘어나기도 한다.

클리랜드가 자신의 회고록 『애국자의 가슴: 나는 베트남, 월터 리드, 그리고 칼 로브에서 살아남을 용기를 어떻게 찾았는가Heart of a patriot: How I found the courage to survive Vietnam, Walter reed and Karl rove』에서 언급한 것처럼, 그를 불구로 만든 사건에 대한 기억은 수십 년 후에도 여전히 다음과 같이 그를 괴롭히고 있다.

내 머릿속에서 수류탄 폭발이 자꾸 반복되었다. 헬리콥터의 날개깃 소리에 몸을 수그리고 허리를 굽힌 후 손을 뻗는다. 곧이어, 쾅! 그 순간이 아무리 많이 떠올라도, 항상 같은 방식, 즉 완전한 참사로 끝난다. 지금도 그 기억은 여전히 가슴속에 있고, 나의 오래된 '파충류의 뇌'에 깊이 남아 있다. 목숨이 붙어 있는 동안 그 기억은 나를 괴롭히고 계속 가슴속에 남아 아무 때나 의식될 것 같다. 어둡고 조용한 순간이나 극심한 스트레스를 받을 때마다 그 기억이 떠올라 곧바로 나는 죽어가던 그 언덕으로 돌아간다.

슈빌은 외상 후 스트레스 장애 환자들이 공포 반응을 유발하는 것과 그렇지 않은 것을 구분하기 힘들다고 말했다. 만약 어떤 병사가 폭발로 부상을 입었고 그 폭발에서 기억나는 것 중 한 가지가 불이라면, 어떤 불이든 불은 다시 그 기억이 쇄도하게 할 수 있다. 그런데 고밀도 정보로 가득차고 정서가 강한 이 기억들은 일반 기억보다 훨씬 더 강력하다. 그 기억들은 그저 공포기억을 불러일으키는 정도가 아니라, 그 사람이 사건을 한창 겪고 있는 것처럼 실제로 공포를 자아낸다. 클리랜드가 말한 것처럼, 수십 년이 흘렀음에도 그 기억 때문에 그는 사투하면서 공포와 무력감으로 가득 찼던 그곳으로 돌아간다.

이런 문제가 비단 외상기억에만 국한되지 않는다. 슈빌은 자신의 연구에서 하버드 대학교의 유명한 실험, 즉 외상 후 스트레스 장애 환자들이 여타의 무관한 위협자극과 무해한 자극마저 구분하기 힘들다는 실험을 반복 연구했다. 그의 실험에서 슈빌은 외상 후 스트레스 장애 환자 31명과 그 장애가 없는 외상경험자 25명을 연구대상으로 삼았다. 그는 두 집단에게 사무실 사진 한 장을 보여 주며 여러 뇌 부위를 측정하는 기능적 자기공명영상fMRI과 공포를 비롯한 스트레스 반응을 측정하는 땀 감지기로 그들의 상태를 측정했다. 사무실 안에는 램프 하나가 있었다. 램프에 노란 불이 들어올 때는 아무 일도 일어나지 않았다. 반면에, 파란 불이 들어올 때에는

60%의 참가자에게 전기충격을 가하여 파란 불과 고통을 연합시켰다. 즉, 그들에게 파란 불에 대한 공포를 훈련시킨 것이다. 이어서 그는 배경을 도서관으로 바꾸고 참가자들에게 전기충격 없이 파란 불과 노란 불을 제시했다. 그 실험의 목표는 도서관에 전기충격이 없다는 새로운 정보로 파란 불-전기충격 연합을 없애는 것이었다.

24시간 후에 참가자들이 돌아왔다. 이때 그는 그들에게 안전한 환경인 도서관과 불빛을 제시했다. 땀과 뇌 활동 측정을 통해, 그는 외상 후 스트레스 장애가 없는 참가자들은 전기충격이 또 주어질지를 개의치 않았다고 말할 수 있었다. 그 이유는 그들이 하루 전에 이 환경에서는 전기충격이 제시되지 않음을 이미 익혀서 기억하기 때문이다. 그들은 공포 반응이 일어나기 전에 그 환경에 있던 단서의 의미를 파악했다. 예측한 대로, 다른 뇌 부위들이 뇌의 비상벨인 편도체의 작동을 막았다.

하지만 외상 후 스트레스 장애 환자들의 반응은 달랐다. 파란 불이 들어오자, 그들은 땀을 흘리기 시작했고 심지어 안전한 도서관에서도 전기충격을 받을까 봐 두려워하였다. 편도체는 저절로 강하게 활성화되었다. 맥락 이해에 기여하는 뇌 부위인 해마는 외상 후 스트레스 장애가 없는 사람들과 마찬가지로 작동하지 않았다. 그들은 이전의 공포기억(파란 불은 사무실에서 그들에게 전기충격을 줄 것이다)을 새로운 정보(파란 불은 새로운 환경인 도서관에서는 전기충격을 주지 않을 것이다)로 지울 수 없었다. 그들의 뇌는 외상사건 기억과 관련된 환경단서를 파악하지 못한 것처럼, 맥락의 중요성도 파악하지 못했다. 그건 원래의 하버드 실험에서도 나타난 연구결과였다. 반복연구에서 슈빌은 다른 뭔가를 발견했다. 여성과 남성의 반응이 다른 점이었다. 외상 후 스트레스 장애가 있는 여성은 남성에 비해 맥락신호를 더 잘 알았지만, 외상 후 스트레스 장애가 없는 사람들만큼 잘하지는 못했다. 슈빌은 "외상 후 스트레스 장애가 있는 사람들은 공포를 과일반화하여 다른 것들도 같은 것처럼 보기 때문에 중요한 차이를 놓치게 되죠." 하고 말했다.

오늘날 외상 생존자들의 외상 후 스트레스 장애는 대게 고통 관리 기법을 활용하는 인지행동치료로 치료하며, 거기에는 생존자들이 그 경험에 둔감해지고 그 사건과의 공포연합을 없애도록 해당 경험을 반복해서 말하는 과정이 포함된다. 그 방법을 활용할 경우, 기억은 절대 사라지지 않지만, 시간이 흐르면서(그리고 반복 노출을 통해) 외상 후 스트레스 장애로 고통받던 사람들이 특정 장소, 냄새 혹은 소리와의 연합을 차단하게 된다.

클리랜드는 자신의 분노와 고통을 다스리는 방법을 찾을 수 있었다. 우울과 불안을 겪은 후, 그는 그냥 투쟁하면서 서서히 나아가기로 다짐했다고 말했다. 그는 자신이 남은 일생 동안 부모님 집에서 빈둥거릴 수 없음을 알았다. 그는 뭔가를 해야 했고, 마침내 해냈다. 28살에 그는 조지아에서 최연소 주 상원의원이 되었다. 그는 "그 직책은 신체장애를 극복한 참전용사인 나에게 힘을 줬어요." 하고 말했다. "주 상원의원 선거에서 졌다면, 부모님이 나에게 어떻게 했을까요, 다시 베트남에 보냈을까요? 나는 더 이상 잃을 게 없었죠." 1976년, 지미 카터Jimmy Carter가 조지아 주지사에서 백악관으로 자리를 옮기자, 클리랜드는 자신이 바라던 재향군인관리국 국장으로 임명되었다.

클리랜드는 "고통받는 사람들을 도울 기회를 가졌다는 게 나에게 정말 소중했어요." 하고 말했다. "어쨌거나 온갖 허드렛일이 나름 어떤 의미가 있다는 강한 확신을 얻게 되었죠." 1996년, 클리랜드는 조지아주 상원의원이 되었다. 그것은 두 다리와 한 팔을 잃고 수십 년 동안 자력으로 사는 것마저 상상 못할 남자가 아닌, 누구에게든 주목할 만한 성취였다. 당시에 클리랜드는 잘 몰랐지만, 최악의 사태는 그때부터였다.

2002년, 클리랜드는 재선거에서 패했다. 어떤 정치가에게든 선거에서의 패배는 확실히 치명타이다. 그런데 그 또한 업무에 속한다. 그러나 클리랜드에게 그 패배는 파국이었다. 클리랜드는 "그건 내가 베트남에서 제대했을 때보다 더 끔찍했어요." 하고 말했다. "폭격을 당했을 때, 나는 생존본능이 있었어요. 생존을 위해 죽을힘을 다해 버텼죠. 하지만 선거에서 패배하자, 그건 단순한 패배가 아니었어요. 내가 지켜 온 삶이 사라진 거였죠. 직원들이 있고, 나를 도와준 사람들이 있고, 수입이 있고, 친구들이 있고, 그리고 전성기가 있었죠! 그러나 패배하자, 더 이상 아무것도 없었어요."

클리랜드는 온 세상을 빼앗겼다는 느낌으로 상원을 떠났다. 집중하고 직분을 다하며 성공하기 위해 그가 공들여 쌓아 온 모든 버팀목이 사라졌다. 남은 건 뇌 깊숙이 도사리고 있는 베트남에서의 외상뿐이었다. "취약하다는 강렬한 느낌, 즉 압도적이고 강력하며 극심한 우울을 느꼈어요. 그동안 눌러왔던 외상 후 스트레스 장애가 촉발되면서 불안이 심해지기 시작했죠." 순식간에 그는 또 헬리콥터 날개깃 아래의 땅 위에 누워 피를 흘리며 죽어가고 있었다. 클리랜드는 나락으로 떨어졌다. 그는 집에 죽치고 앉아 죽음과 전쟁을 생각하며 시간을 보냈다. 그는 언제라도 끔찍한 일이 일어날 것 같았고, 그 상황을 벗어나기 위해 자신이 할 수 있는 일이 전혀 없다고 생각했다. 그의 머리는 작동을 멈췄다. 그는 희망도 미래도 없이 망가져 자기 인생이 끝장났다고 느꼈다.

클리랜드에게 가장 큰 외상은 나뒹굴던 수류탄에 팔과 다리를 잃은 그 명시적 외상이 아니라, 상원의원 자리를 잃은 직업적 좌절이었다. 그것을 외상사건으로 여기는 사람은 거의 없다. 하지만 그에게는 가장 큰 외상이었다. 외상을 일으킨 사건으로, 외상을 정의하기는 쉽지 않다. 사실, 외상의 정의는 미국정신의학회American Psychiatric Association에서 정신질환 매뉴얼을 새로 출판할 때마다 바뀌었다.

1980년 외상 후 스트레스 장애가 『정신질환의 진단 및 통계 편람』에 처음 소개되었을 때에는 어떤 종류의 외상이 장애를 유발할 수 있는지에 대한 정의가 엄격했다. 즉, 외상은 일반적인 경험의 범위를 벗어난 사건으로, 대부분의 사람에게 고통을 야기할 것이다. 그러나 시간이 흐르면서 외상사건이라는 단어에서 외상은 사건 그 자체보다 사건에 대한 개인의 지각과 더 밀접하다는 게 이 분야의 많은 학자들에게 분명해졌다. 사별은 외상 후 스트레스 장애의 주원인이지만, 사실 죽음은 보편적인 경험이다.

끔찍한 사건에서 입은 부상이 꼭 심한 고통을 야기하는 외상의 필수요건도 아니다. 뉴욕에서 일어난 9·11 테러 공격 후, 많은 거주자들이 외상을 겪었다. 그러나 그들 중 실제로 신체적 부상을 입은 사람은 거의 없었다. 드물게나마 예외는 있지만, 그 공격으로 신체적 피해를 입을 정도로 가까이 있었던 사람들은 생존하지 못했다. 그러나 남부 맨해튼에 살던 사람들, 그날 그 지역 근처에 있던 사람들, 사망자들의 친구와 친척 및 응급대원들(친구와 동료를 잃고 시신을 찾느라 몇 개월 동안 그라운드 제로에서 고생한)에게 외상 후 스트레스가 만연했다. 남부 맨해튼의 캐널 스트리트 남단에 거주하는 이들 중 약 20%가 외상 후 스트레스 장애로 추정된다.

외상, 좀 더 정확히 말해 사람들이 외상으로 지각하는 것은 주관적이다. 모든 사람은 어떤 사건과 그 의미를 조금이라도 다르게 지각한다. 새내기 경찰관에게는 깜짝 놀랄 끔찍한 사건이 베테랑에게는 무덤덤해 보일 수 있다. 그건 병사들도 마찬가지다. 아프가니스탄을 네 번 다녀 온 병사들은 처음 파병된 병사들이 압도적이라고 느끼는 폭력에 이미 적응했을지도 모른다. 아니면 그처럼 경력이 많은 병사들이 전장에서 수년 동안 경험한 외상이 쌓여 훨씬 더 고통스러울 수도 있다.

테데스키와 캘훈은 그들의 임상연구에서 외상을 바로 이런 각도로 보게 되었다. 사건이 뭔지는 그리 중요하지 않다. 성장을 촉진하는 사건이 되려면 그 사건이 개인의 핵심을 흔들었는지가 중요하며, 그것은 아주 다양한 방식으로 일어날 수 있다. 테데스키는 "우리는 외상을 특정 사건이 아니라 개인에게 미치는 영향으로 정의했어요." 하고 말했다. "우리는 사건의 충격에 대한 주관적 평가가 그것이 어떤 유형의 사건인지보다 그 영향을 훨씬 잘 설명할 거라고 생각해요."

이러한 관점에서 봤을 때, 모든 사건은 외상이 될 가능성이 있다. 심지어 어떤 경우에는 다른 사람에게 발생한 일이라도 말이다. 암 생존자들의 배우자들이 외상 후 스트레스와 외상 후 성장, 즉 일종의 대리 외상과 성장을 보고하고 있다. 사람들은 가장 행복한 상황인 출산에 의해서도 외상을 겪을 수 있다. 한 연구에서는 출산 후 약 9%의 산모가 완전한full-blown 외상 후 스트레스 장애를 보였으며, 18%는 일부 증상을 보였다. 또 다른 연구에서는 조사대상 산모의 절반 이상이 출산 후 약간의 외상 후 성장을 경험한 것으로 나타났다. 우리는 일반적으로 출산처럼 평범하고 행복한 것을 외상으로 여기지 않지만, 어떤 사람들에게는 다른 많은 생활 사건들과 마찬가지로 출산 역시 심각한 금전적 손실일 수 있다.

2008년, 버나드 매도프Bernard Madoff의 650억 달러 폰지 사기 기사가 나온 후, 롱아일랜드에 있는 록빌센터Rockville Center의 임상치료사인 오드리 프레시맨Audrey Freshman은 그 피해자들을 위한 지원집단을 구성했다. 그러자 점점 더 많은 사람이 자신의 이야기를 털어놓고 도움을 청하려고 연락을 취하기 시작했다. 그들 중 대부분이 노인이었는데, 퇴직을 앞두고 평생 모은 돈을 한 번에 잃었던 것이다. 더구나 많은 사례에서 정부는 다른 희생자들에게 자금을 상환하기 위해 이 노인들이 그동안 인출했던 자금을 회수하려고 그들을 추적했다. 그들은 모든 것을 잃었고, 그 손실은 톱 뉴스가 되었다. 게다가 많은 평론가들은 그 피해자들이 매도프 폰지 사기의 악덕을 모를 리 없다고 의심했다. 그러자 피해자들은 당황했고, 그들은 자신의 곤경에 대해 거의 공감받지 못했다.

프레시맨은 치명적 금전손실로 인한 외상 연구가 없음을 알고 놀랐다. 1929년 주식시장 붕괴 이후, 은행가들이 창밖으로 뛰어내렸다는 말을 누구나 들었을 것이다. 그녀는 매도프 피해자들을 연구하기로 했다. 매도프가 체포된 지 9개월 후, 프레시맨은 외상 후 스트레스 장애뿐만 아니라, 우울장애와 알코올 및 약물 남용을 측정하는 표준의 검진도구로 170명의 피해자에게 검사를 실시했다. 그녀는 조사대상 중 무척 높은 55.7%가 외상 후 스트레스 장애의 기준에 부합함을 발견했다. 프레시맨은 "이들 중 일부는 모든 걸 잃었고, 노후에 지불능력을 잃었으며, 자유, 행복감 및 미국 정부에 대한 신뢰를 잃었어요." 하고 말했다. "그들은 자신이 실패했다고 느꼈어요. 그들은 수치스러워하고 창피해했죠."

고통스럽게 1년 정도를 지낸 후, 맥스 클리랜드는 월터 리드의 한 치료사에게 치료를 받기 시작했다. 그는 그녀의 사무실에서 울기만 할 때도 있었다. 그는 자신이 외상 후 스트레스 장애를 치료한 적이 없음을 깨달았다. 오히려 외상 후 스트레스 장애가 안에서 곪아터졌지만, 공직으로 쌓아올린 업적과 지지체계에 완전히 가려 있었던 것이다. 직업을 잃자, 그런 지지가 사라지고 끔찍한 상처가 다시 보였던 것이다. 그러나 증상관리를 위한 2년 이상의 집단치료와 약물치료 덕분에, 그는 자신의 외상 후 스트레스 장애를 어느 정도 통제하고 새로운 삶의 의미를 찾기 시작하였다.

클리랜드는 삶에서 큰 고통을 겪었다. 그러나 그는 큰 변화도 겪어서 내적 강인함, 의미 있는 일 및 친밀한 관계를 발견했다. 외상에 대한 그의 심각한 반응이 변화를 자극하는 데 도움이 되었다. 그러나 외상의 심각성과 성장 수준의 관계가 항상 간단치는 않다.

많은 연구에서는 개인이 겪은 외상이 약할수록 성장이 적은 것으로 나타났다. 그러나 그들은 가장 심한 외상(외상의 영향에 대한 개인의 평가 또는 일부의 경우에는 외상 후 스트레스 장애의 심각성으로 측정한)을 겪은 사람들도 더 낮은 수준의 성장을 보고했음을 발견했다. 연구자들이 발견한 것은 ∩자 모양의 그래프였다. 중간 정도의 외상을 보고한 사람들(∩자 모양의 꼭대기 부분)이 가장 큰 성장을 보였다. 양 극단의 사람들은 가장 적은 성장을 보고했다.

테데스키는 스펙트럼의 극단에 있는 사람들, 예를 들어 대량학살 생존자들의 경우에는 그들의 세계가 산산 조각나 온통 외상에 둘러싸여 있기 때문에 재건할 힘이 거의 없을 거라고 말했다. 그들이 설사 재기능을 할지라도, 의미 있는 성장이 일어날 것 같지 않다. 또한 가벼운 외상을 경험한 사람들은 꼭 변해야 할 만큼 세계와 자아 인식이 혼란스럽지 않을 것이다.

대부분의 연구에서 성장 가능성을 가장 높게 보고한 것은 중간 정도의 외상경험이다. 그 중간 범위가 꽤 넓어서, 심각한 외상 후 스트레스 장애로 고통받는 사람들과 약간의 외상 후 스트레스 증상만 보이는 사람들을 모두 아우른다. 심지어 외상을 직접 겪지 않았으나, 외상 생존자들 곁에 있는 사람들도 포함한다. 이스라엘 바르일란 대학교Bar-Ilan University의 사회복지학과 교수인 레이첼 데켈

Rachel Dekel이 이스라엘에서 전직 전쟁포로의 배우자를 대상으로 수행한 연구에서는 병사들이 외상 후 스트레스 장애를 더 심하게 겪을수록 배우자가 경험한 고통과 성장 수준이 더 높은 것으로 나타났다. 그녀는 "부부는 '우리가 해냈어, 우리는 함께였어.'라고 느껴요. 어려움을 극복해 가는 공동의 투쟁, 싸움, 여정이 모두 어떤 의미를 주죠." 하고 말했다.

척도의 반대편 끝에 있는 사람들, 즉 가장 큰 고통을 겪은 이들의 경우에는 외상 후 스트레스 장애가 성장의 방해요인이 아니다. 테데스키에 따르면, 사실 외상 후 스트레스 장애는 종종 성장에 필요한 고통과 재평가의 기반이 된다. 어떤 사람이 외상 후 스트레스 장애를 겪으면, 그때가 바로 외상을 이해하려는 노력을 시작하는 시점이며, 자신의 외상경험을 일상에 통합하고 자아인식을 재구성하려 한다. 그 사람이 일단 외상 후 스트레스 장애의 일부인 공포를 어느 정도 통제하면, 자신의 경험에 대한 의미형성 과정이 시작된다. 스스로 그 사건에 긍정적으로 반응할 수 없음을 발견한 것은 아주 극단적인 외상을 경험한 사람들과 아주 심한 외상 후 스트레스 장애를 겪은 사람들뿐이다.

그럼에도 불구하고, 탁월한 사람들outliers이 있다. 소수의 연구에서는 아주 심한 외상이나 아주 심한 외상 후 스트레스를 겪은 사람들이 거의 혹은 전혀 성장하지 않는다는 관점에 도전하였다. 2012년, 이스라엘 연구자들이 발표한 한 연구에서는 17년간 3회에 걸쳐 전직 포로들에게 그들의 외상에 대한 스트레스 반응과 성장을 묻는 조사를 실시하였다. 연구자들은 1999년에 외상 후 스트레스가 심하다고 보고한 병사일수록 2003년에 성장을 더 크게 보고하였음을 발견했다. 마찬가지로, 2003년에 외상 후 스트레스 장애가 심하다고 보고한 병사일수록 2008년에 보고한 성장 수준이 더 높았다. 그 연구의 대표 저자이자 하버드 의과대학교 심리학 교수인 샤론 데켈Sharon Dekel은 "우리는 시간이 흐르면서 외상 후 스트레스 장애가 단지 성장과 상관된 정도가 아니라 성장을 예측함을 발견했어요." 하고 말했다(앞에서 언급한 바르일란 대학교의 레이철 데켈과는 전혀 무관한 연구자임). 그녀의 연구결과는 30년 전에 윌리엄 슬레지가 발표한 결과를 지지한다. 이와 마찬가지로, 북베트남군에게 잡힌 미 공군에 대한 슬레지의 연구에서도 그들의 포로 기간이 길고 끔찍한 대우를 받을수록, 긍정적 변화를 더 보고한 것으로 나타났다. 일부 사람들의 경우에는 고통을 받을수록 더 성장하는 것처럼 보인다.

현재 클리랜드는 미국전쟁기념비위원회American Battle Monuments Commission의 사무총장으로, 자기 삶에 만족한다고 말했다. 그는 정신적·심리적 회복을 위해 매일 수련하고 집중한다. 외둥이인 클리랜드는 언제나 매우 독립적이었다. 그러나 그는 자신이 다른 사람들을 필요로 한다는 걸 배웠고, 자기 친구들을 새로운 방식으로 존중한다. 클리랜드는 "내가 다른 사람들을 필요로 한다는 걸 알게 된 게 성장이죠." 하고 말했다. "혼자서는 이렇게 할 수 없다는 걸 알아요." 그는 자신의 삶을 돌아보고, 자신의 강점을 인정하며, 자신의 필생의 업에서 찾은 의미에 감사할 수 있었다. 그는 "나는 상당히 행복해요. 여전히 인간이고요. 하지만 상처가 있어요. 그래서 매

순간 상처와 함께 살아가죠. 그것은 절대 나에게서 사라지지 않을 거예요. 나는 그걸 다스려야 해요. 그건 당신이 결코 상상할 수 없는 강렬한 감정을 일으키죠." 하고 말했다. 동시에 그는 "지금 하고 있는 나의 작은 일에 대해 신께 감사드려요. 친구들에게 감사하고, 하루를 즐기고 잘 지낸 나 자신에게도 감사해요. 나는 감사하죠. 내 삶이 얼마나 좋은지 믿을 수가 없어요." 하고 말했다.

클리랜드의 삶, 즉 그의 신체적·심리적 상처와 상흔은 복잡하다. 삶을 바꾸는 순간인 그 폭발의 공포와 두려움은 뇌리에 남아 그가 자랑스러워하는 성취, 생존, 봉사하는 삶, 의미 있는 목표 도달, 계속되는 정신적·신체적 도전과 혼재되어 있다. 질서정연한 시간 흐름을 따르지 않고, 이처럼 복잡하고 때로는 모순된 설명은 실제로 외상, 외상 후 스트레스, 그리고 외상 후 성장을 바라보는 가장 정확한 방식일지도 모른다. 마운트시나이 의과대학의 외상 스트레스 연구단장인 레이철 예후다Rachel Yehuda에 따르면, 오랫동안 연구자와 임상가들은 신체와 마음이 외상에 의해 스트레스를 받아도 일정 기간 후에는 정상으로 회복된다고 여겨 왔다는 것이다. 사실, 외상의 생리가 그런 식으로 지각되기 때문에 그들은 그렇게 생각했었다. 가령, 스트레스 동안 몸에서 분비되는 가장 흔한 외상 지표인 아드레날린은 바로 사라진다.

예후다는 "인간의 생리가 그렇기 때문에 우리는 사람들이 정상으로 돌아갈 거라고 기대해 왔어요." 하고 말했다. 그 후 심리학자들은 어떤 사람들은 아프고 어떤 사람들은 그렇지 않다는 모델을 이용해 질병의 관점에서 외상 후 스트레스 장애를 보기 시작했다.

그러나 그것 또한 석연치 않았다. 우리가 예전에 생각했던 것과 달리, 생리상태가 항상 정상으로 회복되지는 않음을 알게 된 것이다. 깜빡이는 빛을 활용한 슈빌의 실험에 따르면, 외상 후 스트레스 장애 환자들의 뇌는 외상이 일어나고 한참 지난 후에도 그 장애가 없는 사람들과 다르게 작동하는 것으로 나타났다. 한 연구자는 외상 후 스트레스 장애 환자들의 뇌가 다른 사람들의 뇌와 크게 달라서, 뇌 영상을 약 90% 정확도의 외상 후 스트레스 장애 진단도구로 사용할 수 있음을 발견했다. 쥐를 대상으로 한 키 구슨스의 실험들은 스트레스를 받는 동안 몸에서 분비되는 호르몬이 아주 오랜 동안 높은 수치를 유지하며, 시간이 흘러도 여전할 정도로 뇌를 바꿀 수 있음을 보여 준다.

오늘날 우리는 외상경험 극복을 아주 다른 의미로 이해하게 되었다. 예후다는 "외상은 변화를 가져와요. 그 변화가 어떻게 나타나는지에 대해서는 의견이 분분하지만, 당신도 변하는 건 당연하죠. 정말로 그건 기막힌 생각이죠." 하고 말했다. "당신은 어떤 식으로든 회복하지만, 그 회복이 사실 처음으로 돌아가는 걸 의미하진 않아요. 그건 새로운 걸 향한 재보정을 의미하는데, 외상 후 스트레스 장애는 그걸 매우 부정적 관점에서 보는 방식이고, 외상 후 성장은 매우 긍정적 관점에서 보는 방식인 거죠."

누구나 외상을 통해 성장하는 건 아니지만, 우리 대부분에게 기회는 존재한다. 연구자들은 어떤 사람이 성장 가능성이 가장 높고 어떤 행동과 상황이 외상 후 성장을 가장 촉진하는지를 수십 년간 연구해 왔다.

PART 2

성장을 위한 방법

외상을 긍정적 변화로 전환하는 여섯 가지 요소

PART
2

성장을
위한
방법

04

이야기는
왜
성장을 좌우하는가

어느 봄날 오후, 아일랜드 서부에 위치한 골웨이기술대학 주차장 중앙의 잔디 깔린 로터리 주변에서 학생들이 점심을 먹고 있었다. 이 대학은 큰 고등학교만 한 한 동짜리 노후건물에 있었으며, 주차장 중앙의 녹색 로터리는 대학의 사각형 안뜰과 근접해 있었다. 몇몇 학생은 근처에 위치한 건물의 정문 옆 '출입구 흡연금지'라는 팻말 아래에서 담배를 피우며 서 있었다. 셰인 멀린스

Shane Mullins를 제외한 모두가 배기팬츠, 티셔츠, 그리고 후드를 걸치고 있었다. 그는 감색 정장에 깃이 있는 편안한 스타일의 연분홍색 셔츠를 입고 있었다. 그의 빨간 머리카락은 짧았으며 젤로 잘 손질된 상태였다. 멀린스는 멈추거나 별로 개의치 않고, 서 있는 학생들 곁을 힘차게 걸었다. 그의 오른쪽 다리가 왼쪽 다리보다 훨씬 더 느리고 뻣뻣해서 다리를 저는 게 눈에 띄었지만, 들어오면서 출입구에 있는 흡연자들 곁을 지날 때, 그는 의욕에 넘쳐 목적지로 직행하는 것처럼 보였다.

몇 년 전만 해도 그는 그런 학생들과 다를 게 없었다. 다시 말해, 그가 16살에 고등학교를 그만둔 걸 생각하면, 예기치 못한 사건의 반전이다. 오늘 그는 자기 삶에 대한 놀라운 이야기와 끔찍한 사고 후에 그 이야기가 어떻게 변했는지를 들려주려고 오는 길이다.

중퇴 후, 멀린스는 아일랜드의 건축 광풍 속에서 아버지를 따라 공사판의 벽돌공으로 일을 시작했다. 그는 자신이 자란 시골 마을인 모니베아의 가족 농장에서도 일했다. 그의 엄마인 로즈 멀린스 Rose Mullins는 "그 애는 전형적인 10대였어요." 하고 말했다. 그는 럭비와 축구를 즐기며 친구들과 시간을 보냈다. 또한 아일랜드의 많은 10대와 마찬가지로, 술집에서 많은 시간을 보냈다. 멀린스는 "나는 무절제한 청년이었고, 항상 싸웠어요." 하고 말했다. 하지만 그 와중에도 일은 열심히 하였다. 멀린스는 "나는 열심히 일해서 농장을 소유할 정도였죠. 사실, 삶에 대해서는 생각하지 않았어요. 그 주에 버는 돈에 대해서만 생각했죠." 하고 말했다. 17살의 여름 무렵, 멀린스는 차를 구입할 돈을 모았다.

약 6개월 후, 멀린스는 광란의 밤을 보내고 있었다. 그와 그의 친구는 오후부터 술을 마시기 시작해 저녁에 파티에 갔다. 그들은 쫓겨날 때까지 술집에 죽치고 앉아 술을 마셨다. 그 후, 그들은 멀린스의 차에 탔다. 그가 겨우 300m 정도 운전했을 무렵, 차가 도로를 벗어나고 말았다. 차가 전복된 것이었다. 차가 뒤집힐 때, 돌기둥이 차 천장을 관통한 후 멀린스의 머리를 때려 그는 의식을 잃었다. 병원에 도착했을 때, 그는 혼수상태였다. 그의 상태가 너무 절망적인 나머지, 의사는 그의 부모에게 장기기증을 고려하라고 말할 정도였다.

멀린스는 4일 후에야 깨어났다. 그는 뇌출혈이 심해서 머리가 ET처럼 부풀었다고 농담하곤 한다. 그는 우측 시력을 잃었다. 그의 우반신은 거의 마비되어 팔다리를 거의 움직일 수 없었다. 그는 끔찍한 항생제 내성 세균 감염에 시달렸다. 그는 세 달 동안 급식튜브를 사용했다. 그의 가족은 시종 그의 곁을 떠나지 않았다. 세 달 후, 그가 재활치료를 위해 더블린으로 가려고 휠체어에 앉아 퇴원할 무렵, 그의 체중은 겨우 44kg였다.

여러 손상이 심각했지만, 멀린스를 가장 심하게 괴롭힌 것은 뇌 손상이었다. 외상성 뇌 손상은 이라크와 아프가니스탄 전쟁 특유의 손상으로, 대개 급조 폭발물에 의한 충격적 폭발로 나타난다. 하지만 뇌 손상은 많은 민간인, 특히 끔찍한 자동차 사고 생존자에게도 발생한다. 각 손상마다 서로 다르며, 일부 손상은 시간과 노력으로 치유된다. 그러나 어떤 손상은 잘 호전되지 않아서 피해자들이 언어와 운동능력 손상부터 기억 장애는 물론 의사결정, 충동 조절 및 인지능력과 관련된 문제까지 겪는다.

그날 밤, 차 천장을 관통한 돌기둥이 멀린스의 소뇌, 즉 언어능력뿐만 아니라 균형과 협응을 돕는 뇌 부위를 손상시켰다. 멀린스는 휠체어에 의지할 수밖에 없었는데, 우측 다리를 움직이기 어렵다는 이유도 있었지만, 사실 균형감각을 거의 잃어 일어나려 할 때마다 넘어지기 때문이었다. 그가 입을 열면 의도와 다른 말이 나왔다. 가끔 그는 정말 악담을 퍼부었는데, 그 순간이 항상 최악인 것처럼 보였다. 그는 자기 입에서 어떤 말이 나올지 전혀 예측할 수 없었다.

더블린에서 수개월 동안 강화훈련을 받은 후, 그는 다시 균형을 돕는 목발을 짚고 걷기를 배웠다. 시간이 지나면서, 연습과 치료 덕분에 그의 말도 나아졌다. 그는 집에 도착하자마자, 자기가 잘 회복되고 있다고 생각한 나머지, 일반인처럼 행동했다. 다시 예전 생활로 돌아갔던 것이다. 그는 친구들과 술집에 드나들기 시작했다. 멀린스는 "그들이 나를 '흔들리는 불안종자wiggly-wobbly wonder'라고 불렀죠." 하고 말했다. "내가 흔들리며 드나들었고, 그다음엔 집에 어떻게 갈지를 불안해wonder했기 때문이죠." 그는 알코올이 자신의 손상된 뇌에 치명적임을 바로 알았다. 그는 "나는 술을 1파인트만 마셔도 취했어요. 소뇌가 손상되어 균형을 잃었기 때문이죠." 하고 말했다. "두 발자국도 못 걸었어요. 심지어 화장실에도 갈 수 없었죠. 술을 마시면 어지러웠어요. 그래도 술을 마시며 내 고통을 잊었어요."

그의 오랜 친구들, 그리고 서로 가까운 작은 마을에서 그가 알고 있던 모든 이들이 그를 가엾게 여겼다. 그가 똑바로 걷지도 못하고 말도 제대로 할 수 없었기 때문에 사람들이 그를 지적장애가 있는 것처럼 대하자, 그는 화가 났다. 한때 대단한 지지를 보였던 그의 가족은 이제 그를 술집에서 데려와 보살피는 데 진저리를 내고 있었다. 멀린스는 자살을 기도한 적도 있었다. 그는 "거의 모든 게 나를 우울하게 했어요, 그래서 술을 마시게 된 거죠." 하고 말했다.

그는 자신이 뭔가를 해야 한다는 사실을 깨달았다. 예전의 삶을 되찾고 싶지만, 그럴 수 없다는 것도 분명했다. 그는 뇌 손상으로 인한 힘겨운 상황에 맞게 새로운 방향으로 변해야 했다. 그의 생각에, 첫 단계가 금주였다. 그래서 그는 뇌 손상자 전문 입원시설이 있는 더블린으로 돌아갔다.

금주는 쉽지 않았다. 그는 고통스럽고 화가 났다. 다른 사람들은 자신과 달리, 아무런 어려움 없이 각자의 삶(음주도 하기)을 잘 살아가는데, 자신은 금주해야 한다는 사실이 불공평하게 느껴졌다. 그러나 멀린스는 금주를 이어갔고 곧 정신을 차렸다. 더블린에 있을 때, 그는 자신의 뇌 손상에 대해 좀 더 알고 싶어 강의를 듣기 시작했다. 또한 그는 자신이 두려워하고 피해 왔던 치료사를 만나야 했다. 그러나 그는 자신에게 도움이 필요하다고 생각하지 않았다. 사실은 두려웠던 것이다. 그는 자신의 감정에 대해 누구에게도 솔직히 말한 적이 없었다. 첫 상담에서 멀린스는 아무 말도 하지 않았다. 대신 그는 치료사가 말하게 내버려 두었다. 그러나 곧 그는 마음을 열고 있는 자신을 발견했고, 때로는 정해진 시간을 넘길 정도였다. 그는 "나는 상담이 나에게 정말 유익함을 알았어요. 정말 믿을 수 없어요." 하고 말했다. "그건 내 삶에 정말 많은 도움이 됐어요."

정신 차리고 치료를 받는 동안, 그는 자신에게 큰 변화가 필요하다는 생각이 들었다. 그는 마침내 예전의 삶으로 돌아갈 수 없다는 힘겨운 진실을 수용했다. 그래도 다른 삶을 살아갈 방법이 있을 거라고 생각했다. 멀린스는 어머니께 대학에 가고 싶다고 말했다. 그는 "엄마는 웃기 시작했고 나도 웃었죠. 상상하기도 힘든 일이었어요." 하고 말했다. 그렇지만 그 고등학교 중퇴자는 시도해 보기로 결심했다. 그는 2010년 골웨이기술대학에서 시작했다. 그의 동기가 대단했지만, 그는 그게 무리임을 알았다. 그가 또 실패했다고 생각하며 중퇴를 고려하고 있을 때, 다행히 그는 그에게 큰 영향을 준 2명의 강사를 만났다. 그들 중 한 명은 성공 가능성을 높이려면, 수업을 줄여 두 강좌에만 집중하라고 권했다. 또 다른 강사는 커뮤니케이션 수업을 담당했다.

사고 후 수년 동안, 멀린스는 자신의 치유, 치료 및 금주에 대해 효과적인 것과 그렇지 않은 것을 적어 왔다. 그 결과, 그는 D'MESS라는 체계를 고안했다. 그는 그 핵심 원리가 사고 후 자기가 직면한 모든 걸 극복하는 데 도움이 되었다고 말했다. D'MESS는 결정Determination, 동기Motivation, 정서적 지지Emotional Support, 사회생활Social Life을 상징하는 두문자어이다. 커뮤니케이션 강사인 매리 맥기니스Mary McGuinness는 멀린스가 그 사고와 그로 인한 여파, 즉 그가 어떻게 금주를 하고 새로운 생활을 추구하기 시작했으며, 이 체계가 어떻게 도움이 되었는지를 상세히 설명하는 파워포인트를 준비하도록 도왔다. 졸업 후, 멀린스는 아일랜드 전역의 청년단체, 학교 및 기타 단체에서 강연했다. 그는 TV와 라디오 쇼에 출연했고, 그에 대한 기사가 신문에도 실렸다. BBC는 그에 대한 라디오 다큐멘터리를 방영했다.

골웨이 기술대학에서 멀린스는 자신이 그 강의를 개발했던 커뮤니케이션 반을 대상으로 강의했다. 약 20여 명의 학생과 그 2명의 강사, 그의 어머니와 여동생은 그가 강의하는 모습을 지켜봤다. 그는 병원에서 휠체어에 앉아 있던 사진과 술집에 만취해 있던 사진을 보여 주며 자신의 이야기를 들려주었다. 그는 금주를 위한 투쟁과 자살충동 때문에 정신병원에 있었던 기간에 대해 허심탄회하게 말했다. 그는 폭음, 정신건강, 삶의 선택, 결정, 성격 등에 대해 멋진 유머를 곁들여 말했다. 그는 결코 설교하거나 잘난 척하지 않았다. 그는 사람들에게 "대학 진학은 내 생각이었어요. 나는 내 삶의 주도권을 잡았죠. 힘들었냐고요? 완전히요. 하지만 나는 계속했어요. 계속 그렇게 했죠. 나는 새로운 취미와 관심사를 발견했어요. 이제 나는 전국 곳곳에 있어요. TV와 라디오 프로그램에도 출연했어요. 이건 정말 즐거운 일이죠." 하고 말했다. 멀린스는 자신의 성취가 다른 사람들에게 도움이 되기를 바란다고 말했다. "내가 여러분에게 영감을 주고 동기부여할 수 있기를 바랍니다. 누구나 삶에서 약간의 도움이 필요하니까요."

강연 중에 그가 다른 뭔가를 하고 있다는 것도 명료해졌다. 그는 자기가 어떻게 지금의 새 사람이 되었는지를 자세히 공개적으로 설명하고 있었다. 그는 차가 돌기둥으로 돌진하기 전의 자신으로 절대 돌아갈 수 없음을 안다. 그날 과거의 그는 죽은 것처럼 확실히 사라졌고, 그는 자신을 바꿀 수밖에 없었다. 이 강연은 그 자신을 세상에 재등장시키는 방법이었다.

누군가를 평생 투쟁하게 만든 심각한 사고가 반드시 사람을 긍정적으로 변화시키는 건 아니다. 음주운전 사고만으로 고등학교 중퇴자인 벽돌공이 정장을 입고 강의하는 사람으로 탈바꿈하지는 않는다. 어쨌든 그것은 멀린스의 이야기이다. 그 프레젠테이션은 그의 이야기를 들을 사람들에게 설명하는 그 나름의 방식이다. 그는 강의에 앞서 "사고가 아니었더라면, 나는 이런 변화들을 겪지 않았을 거예요. 그 어떤 것도요." 하고 말했다. "나는 사람들을 더 존경해요. 모두가 나름의 전장에서 싸우는 것처럼 보여요. 나는 더 많은 싸움과 투지가 있었죠. 나는 새로운 나에 매우 만족해요. 삶에 대한 관심사가 완전히 변했고, 옳은 길도 찾았죠. 내 목표를 향해 일하고 있어서 기분이 좋아요."

물론 모든 게 완벽할 수는 없다. 멀린스에 따르면, 그는 달라진 그를 이해하지 못하는 가족과 마을 사람들로 인해 힘들었다고 한다. 그는 뇌 손상, 즉 균형과 피로 및 한쪽 눈의 실명으로 인해 농장에서도 일할 수 없었는데, 농장에서는 시간 조절을 못하면 심각한 부상으로 이어질 수 있기 때문이었다. 멀린스는 한때 옆에서 함께 일했던 아버지가 그의 부상으로 인한 제약과 변화를 잘 이해하지 못했다고 말했다. 멀린스는 "물론 나도 때로는 화가 나죠. 좌절하기도 하고요." 하고 말했다. "하지만 나는 옳은 길을 가고 있어요." 그가 바라는 길은 라디오나 TV 프로그램 진행자와 같은 진로로 나아가는 것이다. 어렵긴 하겠지만, 그는 재활센터에서처럼 옳은 방향으로 조금씩 나아가고 있다고 말했다. 그는 "나는 나 자신을 완전히 새 사람으로 바꿔 가고 있어요." 하고 말했다.

새로운 이야기 쓰기

멀린스는 스스로를 탈바꿈하고, 자신이 어떤 사람인지, 삶에서 뭘 기대하는지, 어떻게 새로운 비전을 이룰 것인지에 대해 완전히 새로운 이야기를 써야 했다. 사고와 그로 인한 뇌 손상이 기폭제가 되어, 그는 예전의 자신을 포기하고 새로운 자신을 수용하게 되었다. 그는 새로운 이야기를 찾아야 했다. 자신이 어떤 사람이며, 자신의 삶에서 할 수 있는 것과 할 수 없는 것에 대한 개인의 이야기는 매우 중요하다. 이야기는 개인을 더 이상 제 기능을 못하는 삶에 가둘 수도 있고, 새롭고 변혁적인 뭔가를 향한 문을 열 수도 있다. 외상사건은 개인의 이야기를 뒤흔들어, 개인 스스로 새롭고 더 나은 이야기를 찾는 기폭제가 될 수 있다.

매사추세츠 대학교 애머스트캠퍼스에서 10년 이상 외상과 변화를 연구해 온 로니 야노프-불먼Ronnie Janoff-Bulman은 특히 서양문화권 사람들은 외상경험과 양립할 수 없는 신념이 강하다는 이론을 제시했다. 그들은 세상이 우호적이고 의미 있고 공정하며, 자신이 선한 사람이라고 믿는다. 이러한 세계관에서는 선한 사람(특히 자신에게)에게 나쁜 일이 일어나지 않는다. 그래서 그들은 언제든 누구에게나 끔찍한 일이 일어날 수 있음을 머리로는 알지만, 자기에게는 그런 일이 일어나지 않을 거라고 비합리적으로 믿어 버린다.

이 개념은 매우 잘 알려져서 연구자들은 여기에 비현실적 낙관주의라는 이름을 붙였다. 그들은 그걸 수십 년간 연구해 왔다. 1996년 출판된 한 편의 멋진 연구에서, 3명의 영국인 연구자는 사람이 위험을 어떻게 지각하는지를 파악하려고 번지점프 장소에 갔다. 그들은 새내기 번지점퍼들에게 그들이 50m 높이의 자유낙하와 그 후의 고속반동으로 부상당할 확률이 '일반' 점퍼들보다 더 높을지 낮을지를 물었다. 그들은 점프를 지켜보려고 모인 친구나 가족에게도 같은 질문을 했다. 친구와 가족들은 분명히 합리적으로 말했다. 자기 가족의 위험이 '일반' 점퍼들과 똑같다고 말이다.

하지만 당사자인 번지점퍼들은 아주 다르게 응답했다. 그들의 경우에는 '일반' 점퍼들이 자기보다 부상 위험이 더 높을 거라는 반응이 압도적으로 많았다. 사실, 그 대답은 말이 안 된다. 분명히 위험은 똑같다. 하지만 그런 태도는 그들이 첫 번지점프를 시도할 자신감을 갖기에는 유익할 것이다.

이런 식으로 세상을 보면 기본을 넘는 정도가 아니라 그 이상으로 훨씬 확장된다. 사람들은 질병, 자연재해 및 기타 재앙에 대해서도 그처럼 왜곡된 사고방식을 가지고 있다. 이는 곧 캘리포니아 사람들이 지진에 대해 조바심을 갖지 않는 이유 중 하나이다. 자동차 사고, 보행자 사망 및 테러공격에도 불구하고 사람들이 여전히 외출해서 생활하는 까닭이기도 하다. 누구나 이런 사건들이 일어난다는 사실을 알지만, 그렇다 하더라도 재앙이 곳곳에 도사리고 있다고 생각하며 살 수는 없는 일이다.

야노프-불먼에 따르면, 사람은 자신이 살고 있는 도덕적 우주를 바탕으로 핵심 자아감을 갖는다. 그녀는 그것을 가정된 자아 assumptive self라고 하는데, 이는 자신이 선한 사람이고, 안전한 세계에 살고 있으며 선해서 보상받고 있다는 각자의 신념이다. 그것은 외상 후 성장 연구의 선구자였던 테데스키와 캘훈이 어떻게 외상이 정체성을 변화시키는지를 설명하면서 택했던 개념이다. 그러니 선한 사람에게 나쁜 일이 일어나면, 가정된 자아가 파괴된다. 이때 사람들이 직면하는 심리적 고뇌의 대부분은 그들이 평생 지녀 온 세계관 및 정체성 상실과 관련된다. 세계를 이렇게 보면, 누군가가 암에 걸리거나 지진으로 사랑하는 사람을 잃거나 번지점프 사고로 중상을 입을 때, "왜 하필 나야?" 하고 묻는 건 당연한 동시에 해결되어야 할 질문이다.

그 질문은 만족스런 답이 없는 막다른 골목일 수도 있다. 하지만 어떤 이들의 경우에는 그 질문에 답할 수 없음을 파악하고 이전의 가정된 자아를 바꾸는 지름길이 되기도 한다. 하지만 그건 매우 고통스러운 여정이다. 테데스키와 캘훈은 외상 후 스트레스로 인한 고통 중 일부는 이전의 가정된 자아와 외상사건으로 인한 새로운 실재 간의 불일치에 기인함을 발견했다. 외상은 자신이 사는 세상, 세상이 어떻게 돌아가는지, 그리고 그 안에서 자신의 위치에 대한 전반적인 생각을 완전히 바꿔 버린다.

노팅엄 대학교의 스티븐 조셉은 이전의 가정된 자아나 이야기를 포기하고 새로운 자아나 이야기를 개발하는 능력이 외상 후 성장을 일으키는 핵심 과정이라고 말했다. 그는 "사람들은 항상 스스로에게 이야기하죠. 그건 곧 우리가 자신에게 일어난 일의 중요성을 이해하는 방식이에요." 하고 말했다. "외상 후, 사람들은 정신적 좌절과 무력감에 대해 스스로에게 이야기하곤 하죠. 그들은 미래를 기대하며 상황을 유리하게 보면서 자신의 이야기를 다시 쓸 수 있어야 해요."

그렇게 하려면 개인이 새로운 외상경험을 자신의 삶에 통합할 수 있어야 한다. 발달심리학자인 장 피아제Jean Piaget의 인지이론에 따르면, 우리는 세계에 대한 기존의 이해방식에 맞게 새로운 경험을 바꾸는 식으로 새로운 정보를 동화assimilate시키는데, 이때 기존의 세계관은 그대로 유지된다. 조셉은 블록을 가지고 놀다가 자석을 건네받은 아이의 사례를 예로 들었다. 아이가 자석을 동화시키면, 아이는 자석이 마치 다른 블록인 것처럼 탑의 꼭대기에 쌓는다. 자석은 물체를 블록으로 보는 이 아이의 세계관에 수용된다.

그러나 아이가 자석이 금속을 끌어당긴다는 사실을 발견하고 그 물체를 자석용도로 가지고 놀기 시작한다면, 아이는 이 새로운 물체의 다른 특성을 고려하는 새로운 개념이 생겨 새로운 정보를 조절accommodate하고 있는 것이다. 마찬가지로 생존자들도 외상으로 인한 새로운 특성을 수용할 수 있도록 세계관을 재구성해야 한다. 그렇지 않으면, 그들은 그 사건에 대한 기억과 연상, 그리고 그들이 잃어버린 모든 것에 계속 분노와 좌절로 대처할 것이다. 그들은 자석을 블록처럼 사용하면서 탑을 더 높게 쌓으려고 계속 시도(그리고 실패)할 것이다. 하지만 그들이 외상경험은 새로운 세계관을 필요로 한다는 사실을 깨닫고 외상경험을 수용한다면, 외상이 새로운 자기이해 방식의 토대가 되어 완전히 새롭고 더 나은 삶의 출발점이 될 것이다. 결국 자석을 가지고 블록으로 할 수 없는 많은 것을 할 수 있다.

셰인 멀린스는 바로 그런 상황에 처해 있었다. 처음에 그는 그 사고가 자신에게 영향을 끼치지 않아서, 굳이 변화될 필요 없이 중단된 예전의 삶을 찾을 수 있는 것처럼 행동했다. 하지만 뇌 손상이라는 현실은 그를 내버려 두지 않았다. 음주가 자신을 파괴하고 있음을 깨달을 무렵, 그가 견뎌 왔던 모든 고통과 좌절이 밀려왔다. 금주 후, 그는 자신의 삶을 위해 새로운 길을 찾아야 함을 확실히 알았다. 그는 예전의 삶은 이미 흘러갔지만, 이제 새로운 삶을 살아갈 기회가 있음을 알았다. 사고, 뇌 손상, 그의 변화와 한계 등 직면한 현실을 수용함으로써, 그는 거침없이 새로운 방향, 새로운 목표, 그리고 완전히 새로운 자기이해 방식을 찾아 나섰다.

멀린이 그런 변화를 향해 나가는 데 도움이 되었던 아주 중요한 한 가지(변화가 가능함을 알고 스스로 자기 삶을 재고할 영감을 준)는 특이하게도 블록버스터 영화였다. 사고가 일어나기 전인 1995년, 그는 역사적 서사영화인 〈브레이브하트Braveheart〉를 봤는데, 그 영화는 13세기 후반 영국에 맞서 스코틀랜드 반란군을 이끌었던 윌리엄 월리스William Wallace를 다룬 영화다. 관람 당시에는 그 영화가 그에게 별 의미가 없었지만, 사고 후 그의 머릿속은 온통 그 영화 생각뿐이었다.

멜 깁슨Mel Gibson이 감독하고 출연한 그 영화에서, 월리스의 삶은 그를 더욱 더 중요한 역할로 이끄는 일련의 외상사건들로 점철되어 있다. 월리스가 철부지였을 때, 그의 아버지와 형은 영국군에게 살해당했고 월리스는 망명했다. 성인이 된 후, 그는 스코틀랜드로 돌아와 소꿉친구와 결혼했으나, 그녀는 영국군에게 붙잡혀 처형된다. 월리스는 근처를 점거한 수비대를 공격해 무찔렀다. 월리스가 이끄는 스코틀랜드인들이 일어나 영국군을 무찌르고, 여러 도시를 점령했으며, 영국까지 쳐들어갔다. 그때 월리스는 동포들에게 배신을 당해 영국군에 넘겨졌다. 자비를 구하면 빠른 죽음을 맞을 수 있었지만, 그는 거절했다. 아주 끔찍한 고통에도 불구하고, 그는 영국의 제안을 수용하지 않았다. 오히려 그는 죽기 전에 고문자들에게 저항하며 "자유!"를 외쳤다.

멀린스는 사고 후, 우울하거나 격한 감정이 일 때마다 그 영화를 봤다. 그의 엄마 로즈는 "그가 우울하면, 〈브레이브하트〉가 그를 다시 북돋아 주곤 했어요." 하고 말했다. "그는 그 영화에서 많은 영감을 얻었죠."

그는 지금도 그 영화를 계속 본다. 그는 골웨이에서 강연 전에 "오늘 저녁에 〈브레이브하트〉 이야기를 할 거예요." 하고 말했다. "나의 투지와 동기를 윌리엄 월리스에게서 얻었어요. 상황이 힘들어질 때마다, 그는 상황을 통찰하고 더 열심히 싸웠어요. 그건 곧 내가 했던 일이기도 하죠. 상황이 나에게 힘들어질 때마다, 나는 그를 생각하며 계속해서 좀 더 열심히 투쟁했죠."

그 영화와 월리스의 인생 이야기는 멀린스에게 어떤 일이든 투지로 극복할 수 있고, 외상을 거꾸로 생각하면 더 나은 것을 위한 발판이 될 수 있음을 보여 주는 역할모델을 제시해 주었다.

캘훈은 "성장을 위해서는 역할모델의 존재가 중요해요." 하고 말했다. 몇몇 연구에서는 이것이 사실임을 보여 주었다. 수십 개의 문화에 걸쳐 성장을 연구했던 롱아일랜드 대학교 포스트캠퍼스 조교수인 치피 바이스Tzipi Weiss의 연구에서는 72명의 유방암 생존자를 조사했다. 암 생존자들 중 일부는 성장을 보인 다른 생존자와 유대를 유지하고 있었다. 바이스는 성장한 누군가와 유대를 유지하는 게 외상 후 성장을 예측하는 가장 큰 요인 중 하나임을 발견했다. 또한 성장한 누군가를 알고 있는 여성들이 그렇지 않은 생존자들보다 높은 긍정적 변화를 보였다.

바이스는 역할모델이 얼마나 큰 도움이 되는지를 체험했다. 1995년, 그녀는 독성 화학물질에 노출되어 병이 났다. 그녀는 너무 아파 때때로 침대에서 일어날 수 없을 정도로 심한 고통을 겪었다. 병원의 약은 전혀 도움이 안 되었다. 간호사는 그녀에게 긍정적 감정을 느끼는 아주 짧은 순간이라도 기록해 보라고 했다. 그녀는 아이들이나 남편을 바라보는 것만으로도 자신이 얼마나 행복한지에 주목했다. 그녀는 빅터 프랭클의 『삶의 의미를 찾아서』를 읽었다. 그녀는 끔찍한 질병을 극복한 다른 누군가를 발견했는데, 그의 이야기가 그녀에게 모델이 되었다. 마침내 그녀는 간 독성 진단 후 치료를 받고 건강이 좋아졌다. 이제 그녀는 자신이 가족이나 친구와 더 가까워졌으며, 이전과 달리 자신의 삶에 감사하고, 스스로를 더 강하고 유능하게 생각한다고 말했다.

바이스에게는 역할모델의 존재가 매우 중요했다. 그녀는 "특정 인물의 회복 이야기일 필요도 없어요." 하고 말했다. "그것은 예술작품, 은유, 동화나 신화, 심지어 자연의 요소일 수도 있어요. 중요한 건 당신이 고통에서 뭔가를 얻을 가능성을 보는 거예요. 일단 그런 모델이 생기면, 뭔가를 더 추구하게 되죠."

멀린스는 〈브레이브하트〉 이야기를 알고 있었고, 사고 후 그 영화의 고무적인 메시지를 유리하게 활용할 수 있음을 알았다. 멀린스는 "월리스가 영국의 근거지에서 영국을 공격할 거라고 말했을 때, 그의 동료인 스코틀랜드인들이 모두 그를 비웃기 시작했어요." 하고 말했다. "그는 바로 대승하였고, 나아갔어요. 나도 마찬가지죠. 뇌 손상이 있지만 그걸 이겨 내고 싶고, 그렇게 하고 있어요. 남들은 비웃을지 모르지만, 나는 해낼 거예요. 누가 마지막에 웃을까요? 당연히 그건 나겠죠."

성찰할 시간

멀린스는 스스로 새로운 이야기를 찾을 수 있었다. 하지만 어떻게 찾았을까? 어떤 과정이 그를 새로운 이야기로 이끌고 외상 후 그가 스스로를 새롭게 정의하는 데 도움이 되었을까?

외상경험 후, 집착에 이를 정도로 사건에 대해 생각하는 건 흔한 일이다. 생존자들은 종종 침습적 사고intrusive thinking(경고 없이 떠올라 엄청난 불안을 야기하는 사건이 담긴 이미지)로 고통받는다. 사람들은 그런 이미지와 기억을 미연에 막기 위해 그 사건을 아예 생각하지 않으려 할지 모르지만, 연구에서는 일정 기간의 침습적 사고가 실제로 회복과정의 건강하고 필수적인 부분임을 시사한다.

그러나 그 과정이 거기에서 멈춘다면, 이런 유형의 회피는 결국 치유와 성장을 방해한다. 사건이 담긴 이미지를 생각나게 하는 촉발제를 아무리 피하려 해도, 그런 이미지들은 생존자를 계속 괴롭힐 것이다. 더구나 부정정서에 장기간 젖어 있으면, 쇠약해지고 변화에도 방해가 된다. 따라서 테데스키와 캘훈이 의도적 반추deliberate rumination라고 언급한 게 필요하다.

의도적 반추는 다른 종류의 사고과정으로, 외상이 아니라 사람에 의해 이루어진다. 그것은 젖어 있거나 집착하는 게 아니다. 누군가가 문제를 의도적으로 반추할 경우에, 그는 그 사건이 자신에게 어떤 영향을 미쳤고, 자신에게 어떤 의미이며, 어떻게 그로 인한 도전에 맞설 것인지를 적극적으로 생각한다. 외상 생존자는 의도적 반추를 할 때 외상이 가정된 세계에 불러온 도전을 적극적으로 해결한다. 의도적 반추는 개인 스스로 재건을 시작하는 방법이다.

2013년 출판된 한 연구에서, 웨이크포레스트 의과대학의 사회과학 및 보건정책학부 부교수인 수잔 던호어Suzanne Danhauer는 테데스키 및 캘훈과 팀을 이루어 급성 백혈병 환자들의 성장을 연구했다. 이 환자들은 진단을 갑자기 수용해야 하는 경우가 많았고, 오랜 병원생활과 강력한 화학요법 치료에 직면해야 했다. 그들은 낮은 백혈구 수치로 인해 감염이 심각할 수 있다. 화학요법 치료로 입안과 위장기관의 염증, 탈모, 구역질, 체중감소, 피로가 나타날 수 있다. 급성 백혈병 치료를 받는 환자들은 우울, 재발 불안, 불면에 시달릴 수 있다. 연구자들은 이러한 환자들이 성장을 보였는지, 그리고 성장을 보고한 사람들 중 테데스키와 캘훈이 기술한 의도적 반추과정을 겪었는지를 밝히고 싶었다.

던호어, 테데스키 및 캘훈은 이 66명의 백혈병 환자가 그들의 문제에 대해 얼마나 의도적 반추를 했으며, 그들이 침습적 사고로 인해 얼마나 괴로웠는지를 측정했다. 그들은 진단 직후에 치료를 받고 있던 이 집단에서도 의도적 반추가 성장과정에 중요함을 확인하였다. 일반적으로 치료기간이 경과하면서 외상 후 성장은 증가한 반면, 고통은 줄어서 화학치료가 진행될수록 그들은 성장을 더 보고한 반면, 고통을 덜 보고했다. 그들은 핵심 신념에 대한 도전(이 환자들의 가정된 세계가 진단에 의해 얼마나 산산조각났는지)과 성장 사이에도 높은 상관이 있음을 발견하였다. 그들은 의도적 반추와 성장 간의 정적 상관도 발견했다.

성장을 보고한 사람들은 백혈병과 투병생활로 인해 그들의 세계관이 더 나은 쪽으로 변했음을 인식했다. 그 병에 대해 생각하고 성찰하며 미래를 고려하는 성향이 성장경험에 기여하는 핵심 요소였다. 던호어는 "변화를 가져오는 것은 실제 외상이 아니에요." 하고 말했다. "사람들이 성장을 경험하게 된 건 그들이 일어난 일을 어떻게 해석하는지, 그리고 자신과 삶 및 세계에 대한 신념이 어떻게 바뀌었는지에 대한 것이지, 외상 그 자체는 아니에요."

백혈병 진단 및 치료나 심각한 신체적 손상을 경험한 사람들은 병원 침대에 누워 아무것도 안 하거나 치유나 치료를 받는 동안 많은 시간적 여유가 생긴다. 그들은 많은 고통을 겪고 심각한 신체적·심리적 투쟁을 하긴 하겠지만, 어쨌든 시간이 많다. 그 덕분에 그들은 의도적 반추를 하게 된다.

조지 니켈George Nickel은 그런 휴가를 받아 자신의 삶을 재고하고 스스로를 완전히 바꾸었지만, 그런 일이 병원 침대에서 일어난 것은 아니었다.

니켈은 오하이오 주 영스타운에 위치한 고등학교를 졸업한 직후인 1989년에 입대했다. 그는 더 이상 군사도시를 전전할 수 없어 8년 동안만 복무했다. 1997년, 그는 제대한 후 아이다호주의 보이시로 가서 교도관으로 일했다. 2006년, 한 친구가 그에게 예비대가 이라크에 파병된다고 말했다. 당시 35살이었던 니켈은 다시 입대하기로 결심했다. 6개월간의 훈련 후, 그는 길에서 사제폭발물IED을 찾아 제거하는 팀원으로 이라크에 파병되었다. 그 일은 신경이 곤두서는 위험한 일이지만, 보람도 있다. 니켈은 "우리가 찾아낸 모든 폭탄은 다른 호송대와 다른 부대가 타격을 입지 않는다는 의미죠." 하고 말했다. "그건 즉각적인 보상입니다."

니켈은 대개 도로가 텅 빈 저녁에 선두차량에 탔는데, 순찰은 더 용이했으나 시야가 좋지 않았다. 그는 먼지로 뒤덮인 도로나 포장도로에서 최근에 뭔가가 묻힌 흔적이 있는지를 유심히 살폈다. 반군이 휴대폰으로 그 차를 폭발시키는 걸 막으려고 그 차에서는 무선통신 방해 신호를 내보냈다. 그 팀이 뭔가를 발견하면, 트럭의 버팔로 앞발(포크처럼 끝이 갈라진 굴착기 팔 같은 장치)로 폭발물을 땅 밖으로 파내었다. 땅에서 파낸 사제폭발물은 바로 폭발했다.

물론 중무장한 트럭이 사제폭발물 위를 지나 폭발로 심하게 흔들리기 전에 그의 부대가 항상 사제폭발물을 찾아낸 건 아니었다. 사실 트럭 자체는 보호가 잘되어 있지만, 폭발의 충격이 병사들에게 허리부상과 골절을 남겼다. 일부는 그 당시에 아무도 몰랐던 문제, 즉 뇌 손상과 관련된 특정하기 힘든 문제를 겪게 되었다. 니켈은 "그건 상자 안에서 갑자기 온통 얻어맞는 것 같아요." 하고 말했다. "그건 당신을 들어서 아무데나 내동댕이치는 것과 같거든요. 깡통 캔 속에서 나뒹구는 셈이죠."

2007년 2월, 반군은 팔루자 북쪽에서 헬리콥터를 격추시켰다. 시신은 사고 직후에 바로 찾았다. 니켈이 속한 부대는 헬리콥터도 찾을 수 있도록 다음 날 도로를 치우러 파견되었다. 병사들이 그쪽으로 올 게 확실하기 때문에, 격추지로 가는 길은 제1의 목표물이었다. 니켈이 탄 트럭이 모퉁이를 돌아 포장도로에 묻힌 대형 폭발물 위를 지나자, 트럭이 공중에 내던져졌다. 포병과 팀장은 즉사했고, 운전병은 수송 헬기 안에서 사망했다.

니켈은 월터리드육군의료센터에서 깨어났다. 그는 10일간 기억을 잃었다. 그는 한쪽 다리, 두 대의 갈비뼈, 어깨뼈, 광대뼈가 골절되었고 폐 허탈 및 경미한 뇌 손상을 겪었다. 의료팀은 그가 다시 걷게 하고 뼈 골절을 치료하는 데 집중했다. 그러나 그들은 그의 단기기억 문제가 분명했음에도 뇌 손상을 치료하지 않았다. 그는 생각나지 않는 약속을 위해 휠체어를 타고 병원을 헤맸고, 심지어 어떤 활동을 하면서도 자신이 뭘 하고 있는지 모른 적도 있다. 심리학자와 한 회기 상담을 한 후, 그는 신경안정제와 졸로프트Zoloft를 받고 보이시로 돌아왔다.

집에 돌아온 니켈은 종종 어디에 가려고 했는지 혹은 왜 차를 탔는지 모른 채 차를 몰고 마을을 돌아다녔다. 폭발은 의사결정 및 기타 고등기능과 관련된 그의 전전두피질을 손상시켰다. 현재까지 그는 계속 그 문제로 고통받고 있다. 그는 "나는 어떤 것에 대해 의사결정을 할 수가 없어요." 하고 말했다. "나는 내 앞에 놓인 선택지들을 몇 시간 동안 보고 있어도 선택을 못해요." 다행히 그는 자동차 사고 생존자들의 뇌 손상을 치료하는 시설에서 물리치료를 시작했다. 치료 덕분에 뇌 기능 중 일부가 나아졌다. 6개월 후, 군대에서는 그를 의료관리대상에서 해제하였다. 니켈은 다시 전투임무에 참가하려고 했다. 그는 "나는 마무리를 하고 싶었죠. 내가 시작했던 일을 끝내고 싶었어요." 하고 말했다. 하지만 그는 부상과 한계 때문에 거절되었다. 니켈은 그것을 총체적 거절로 여겼다. 그는 '전투에 배치될 수 없다면 나는 쓸모가 없어.' 하고 생각했다.

다시 교도관으로 일하기 시작했으나, 니켈은 자신의 많은 동료병사들을 죽인 이라크의 그 공격과 절대 타협하지 못했다. 그는 "나는 동료들을 잃었다는 사실을 받아들이지 못했어요. 무슨 일이든 회피하려 했어요. 분노문제가 있었어요." 하고 말했다. "퇴근하면 기절할 때까지 술을 마셨어요."

니켈의 음주는 한동안 심해졌다. 2009년 7월 어느 날 밤, 모든 게 극에 달했다. 그는 사흘 동안 거의 안 자고, 셋째 날 혼자서 맥주를 한 박스나 마셨다. 그 후, 그는 자기 개가 사라졌음을 알았다. 니켈은 아파트 건물에 사는 누군가가 개를 훔쳐갔다고 확신했다. 그는 AR-15 라이플 권총과 90발의 탄환을 집어들었다. 그는 총으로 이웃집의 현관문을 열려고 했다. 누군가가 911에 신고했고, 곧 니켈은 경찰과 대치 중인 자신을 발견하였다. 경찰들은 무장한 취중의 참전용사를 향해 12발의 총을 발사했고, 모두 빗나갔다. 그는 경찰에게 총을 한 발도 안 쏘고 항복했다. 그는 여섯 가지 중죄로 기소되었다.

니켈은 교도관으로 근무했었기 때문에 안전을 위해 독방에 감금되었고 하루 한 시간의 운동을 위해서만 방에서 나왔다. 처음에 그는 신세한탄을 했다. 하지만 마침내 그는 그걸 극복했다. 니켈은 "나는 정말 혼자 있게 되자, 아무런 방해도 받지 않고 내 삶에서 무슨 일이 일어나고 있는지를 돌아보게 되었어요." 하고 말했다. 그는 자신의 진로에 대해 진지하게 성찰하기 시작했고, 자신이 다시 참전할 수 없는 실패자가 아니라 군 경력에서 많은 걸 얻었음을 깨달았다. 멀린스와 마찬가지로, 그 역시 뇌 손상의 한계를 직시하기 시작해서 항상 기억과 의사결정 문제가 있을 것임을 알고, 그런 문제가 없는 척하지 않았다. 결국 그는 이라크에 있을 때 자기 곁에서 죽은 이들을 애도했다. 그는 "그 모든 과정은 내가 냉철해지고 원하는 것에 집중하는 데 정말 도움이 되었어요." 하고 말했다.

니켈은 재판을 준비하는 동안 극단적으로 다른 두 가지 결과에 직면했다. 한 가지 결과는 그의 군 복무와 주에서의 근무가 고려되고 아무도 피해를 입지 않았으므로 이미 복역한 기간과 보호관찰로 가볍게 넘길 수 있다는 것이었다. 다른 극단적 결과는 그가 재판을 받고 모든 혐의에 대해 유죄판결을 받으면 15년가량의 징역형을 받을 수 있다는 것이었다. 수감 중에 그는 친구, 직장 동료, 군대 동료의 지원이 쇄도하는 걸 보고 놀랐다. 일부는 격려 편지를 썼다. 다른 이들은 영치금을 넣어 줘 그가 매점에서 물건을 구입할 수 있었다. 그들은 그의 사건에 대한 지지를 모으기 위해 페이스북을 개설했다.

독방에서 8개월 동안, 니켈은 자신의 미래와 과거의 삶을 생각하는 것 외에 할 일이 없었다. 그는 의도적 반추를 활용해 자신이 어떤 사람이 될지 생각해 보았다. 니켈은 "내가 나가기만 하면, 스스로를 완전히 바꿀 거라고 결심했죠." 하고 말했다. 그는 재향군인회 사회복지사들과의 모임을 즐겼으며, 자기처럼 고생하는 다른 참전용사들을 돕는다는 생각이 매력적으로 다가왔다. "내가 거기서 나올 수 있다면, 변화의 기회가 주어진다면 나는 나가서 다른 참전용사들이 나처럼 최악의 상태에 이르기 전에 돕겠다고 결심했어요."

니켈은 기회를 얻었다. 검찰은 니켈에게 보호관찰형을 내리자는 관대한 감형거래에 합의해 주었다. 그는 인근에 있는 재향군인병원의 물질남용 프로그램과 입원환자 대상 외상 후 스트레스 장애 프로그램도 이수해야 했다. 그 프로그램들을 다 마친 후, 그는 금주의 집으로 이사해 보이시 주립대학교에서 강의를 듣기 시작했다. 그는 학사학위를 받았고, 이제 사회복지 석사과정을 시작했다. 최근 니켈은 법집행단체와 함께 일하면서, 제대 후 시민사회에 재통합되기 힘든 참전용사를 지원하고 있다.

모든 게 쉬웠다고 말할 수는 없다. 학교는 하나의 도전이었다. 그는 뇌 손상으로 기억문제가 있었다. 그는 학업수행을 위해 친구들보다 훨씬 더 많은 시간을 투자해야 했는데, 그의 친구들은 그가 집중을 유지하도록 독려해 주었다. 그의 새로운 진로는 총을 들고 개를 찾으러 가기 전과는 완전히 다른 세계로, 정말 의미 있었다. 그는 자신이 겪은 일을 소재로 대중강의도 했다. 그는 "나에게 일어난 일과 내가 지닌 문제에 대해 다 열어 놓고 준비하는 게 내 문제를 다루는 데 도움이 되었어요. 이제 나를 모든 사람이 다 알고 있어요." 하고 말했다. "나는 그게 좋아요. 그건 대단한 보상이었죠."

니켈처럼 독방에 갇혀 외상과 삶을 생각해야 하는 사람은 거의 없다. 그의 사례는 어떻게 격리(어떤 사람들에게는 그 자체만으로 정신적 피폐를 가져올 수 있는)가 성장에 필요한 성찰을 가져올 수 있는지를 보여 주는 극단적인 예이다. 하지만 그런 종류의 의도적 반추를 위해 독방감금을 할 필요는 없다. 멤피스 대학교 심리학과 교수인 로버트 니메이어Robert Neimeyer는 슬픔과 개인의 이야기를 연구한다. 니메이어는 이처럼 고통스런 경험이 성찰할 수밖에 없게 만드는 촉진제라고 말했다. 어떤 면에서 개인이 해결책을 찾으려 하기 전에는 계속 비참할 뿐이다. 니메이어는 "고통은 전환점이 될 수 있어요." 하고 말했다. "사람들은 고통을 벗어날 해결책을 찾으려는 시점에 다시 삶을 받아들이죠."

오클라호마시의 재향군인병원에 근무하는 심리학자 파멜라 피셔Pamela Fisher는 그곳의 외상 후 스트레스 장애 담당부서에서 수십 년 동안 근무했다. 그녀는 니켈처럼 무력감을 느끼고 전투 중에 발생한 동료병사의 사망에 대해 죄책감을 느끼는 많은 환자들을 대상으로 일했다. 다른 많은 참전용사와 마찬가지로, 니켈의 죄책감은 그가 삶에서 나아가는 것을 막고 과거에 얽매이게 했다. 과거의 그는 보이시에 있어서는 안 될 사람이었다. 피셔는 병사들이 사건을 더 냉정하게 바라보고 의지할 긍정적 측면을 찾으며 인식한 결점에 대해 스스로를 용서하도록 도왔다. 니켈이 자신의 군 복무에 대해 자긍심을 발견할 수 있었던 것처럼 말이다. 그녀는 사건에 대해 숙고하는 의도적 반추를 통해 외상 생존자들이 자신과 세계에 대해 새로운 관점을 가질 수 있다고 말했다. "그들이 죄책감, 자기혐오 및 비판으로 과거를 돌아보는 대신, 외상을 겪은 자신을 이해하면 자기비난에서 수용으로 나아갈 수 있죠."

의도적 반추는 성장의 핵심이다. 그것은 외상 생존자들이 그들의 삶에 대한 새로운 이야기, 그들의 강점과 가능성에 대한 새로운 이해방식, 그리고 보다 의미 있는 생활방식을 찾아가는 중요한 과정이다.

05 다른 사람들에게 의지하다

공동체와 지지는 변화에 필수적이다

117

2006년 12월 1일 늦은 밤, 25살의 영국인 텔레마케터 마리암 데이비스Mariam Davies는 그녀의 생일을 축하해 주려는 10여 명의 직장 동료와 클럽에 가는 길이었다. 그들이 런던 남부의 투팅브로드웨이 역에서 지하철 열차를 기다리는 동안, 잘 모르는 직장 동료 구스타프 클라센스Gustav Claassens가 그녀를 안아서 들어올렸다. 그는 그녀를 둥글게 한 바퀴 돌렸다. 그때 그는 데이비스를 꽉 잡은 채 균형을 잃고 넘어졌다. 열차가 굉음을 내며 역 안으로 막 들어올 무렵, 그 둘은 지하철 선로 위로 떨어졌다.

순간 데이비스는 자신이 얼굴을 세게 얻어맞았다고 느꼈다. 그녀는 "초등학교에 다닐 때 얼굴을 맞은 적이 있어서, 그 순간 그 이미지가 떠올랐어요. 마치, 빌어먹을, 또 '맞았군!' 하는 것처럼 말이에요." 하고 말했다. 그때 그녀는 열차 밑에 있었고, 플랫폼과 그녀 위에 있는 열차 사이의 틈 쪽으로 움직이려고 하였다. 그녀는 "누군가가 내 손을 잡고 있었고, '난 여기서 나가야 해.'라는 느낌이 또렷이 기억나요." 하고 말했다. "사람들이 나에게 눈을 뜨라고 말했던 거랑, 내가 의식을 유지하게 하려고 그들이 나에게 계속 말을 걸었던 게 생각나요. 내 코트를 걱정했던 느낌도 기억나는데, 그건 내가 제일 좋아하는 옷이기 때문이죠." 그다음에 그녀는 자신이 죽을 거라는 느낌이 들었다. "나는 눈을 감고, 어릴 때 배웠던 기도문을 암송했어요. 그 후엔 이상하게 평화로운 느낌이 들었어요."

데이비스와 클라센스가 추가 부상을 당하지 않고 열차 밑에서 나오자마자, 그들은 인근 병원에 옮겨졌다. 그러나 얼마 지나지 않아 클라센스는 부상으로 사망했다. 데이비스의 부상도 끔찍했다. 그녀의 골반은 완전히 반으로 갈라졌는데, 의사들이 '책을 편 듯한 골절'이라고 부르는 심각한 골절이었다. 좌측 다리 몇 군데가 부러졌고, 여러 대의 갈비뼈가 부러져 폐에 천공이 생겼으며, 우반신의 신경손상을 포함한 기타 내부손상이 있었다. 의사들은 그녀가 다시 걸을 수 있을 거라는 확신이 없었다. 그녀는 인공호흡기를 달았고, 모르핀을 맞았으며, 혼수상태에 빠졌다. 모르핀이 이상한 환각을 일으켰다. 그녀는 "나는 팔다리가 사방에 널린 채로 숨 쉬려 하면서 병원 침대 위에 있었죠. 눈을 감으면 죽을까 봐 두려워하면서요." 하고 말했다. "기억나는 것 중 가장 끔찍한 건 구스타프가 나에게 걸어오는 거였어요. 그의 머리는 온통 붕대에 감겨 있었고, 나는 그에게 '너는 내 곁에 있어야 하잖아.' 하고 말하며 소리쳤어요. 그는 '미안해. 미안해.' 하고 말했죠. 너무 생생했어요."

데이비스의 부모님은 7개월 동안 매일 그녀를 문병하러 왔다. 그녀의 어머니는 그녀가 병원 음식을 거의 안 먹는 걸 알고 도시락을 싸 왔다. 그녀의 전 남자친구인 존 데이비스John Davies는 그 소식을 듣자마자 병원으로 달려왔다. 두 사람은 3년간 함께 지냈으나, 사고가 일어나기 1년 전에 헤어졌었다. 데이비스가 혼수상태에서 깨어난 후, 그녀는 가족들이 보여 준 지지에 놀랐다. 그것은 예상치 못한 일이었다. 지난 10년 간 그녀는 부모님과 거의 남남처럼 지냈다.

데이비스는 불안한 환경에서 힘든 유년기를 보냈다. 그녀는 자신이 태어날 때 고작 18살이었던 젊은 엄마와의 관계가 힘들었다. 데이비스는 15살에 가출했으며, 공부를 계속 하고 싶었으나 중퇴하는 것 외에 선택의 여지가 없다고 생각했다. 그녀는 곧 일련의 폭력 사건에 휘말렸고, 술을 마셨으며, 호기심에 마약을 했다. 그녀는 뭔가를 이루고 싶다는 생각 없이 여러 직업을 전전하였다. 그녀는 "나는 세상에 깊이 분노하였고 당시의 나를 받아들일 수 없었어요." 하고 말했다.

둘 다 20대 초반일 때, 존은 데이비스를 만났고, 그녀가 투쟁 중임을 알았다. 존은 "그녀는 자신의 정체성을 찾으려 하면서도 어떻게 해야 한다는 부담이 있었어요." 하고 말했다. "그녀가 이끌어 가고 싶은 삶이 있고, 또 가족의 삶이 있죠. 한 사람이 서로 다른 두 목표를 지향할 때 정체성을 찾기가 어렵죠." 되돌아보면, 데이비스는 자신에게 너그럽지 않았다. 그녀는 "내가 16살 때부터 사고가 일어날 때까지 저는 정말 엉망이었어요. 외출하고 파티하고 마약을 하면서 신나게 지냈고, 정신상태는 엉망이었죠." 하고 말했다. "철부지처럼 분별이 없었죠."

검은 곱슬머리에 가린 진한 눈의 데이비스는 강한 매력이 있어서 그녀가 파티나 장래성 없는 직업과 같은 목적 없는 삶에 실망했다는 말이 바로 믿어졌다. 그녀는 중퇴했지만, 항상 착실한 학생이었다. 그녀는 학생이 아닐 때에도 계속 독학했다. 그녀는 인생에서 더 많은 걸 할 수 있음을 잘 알면서도 옳은 길을 찾는 방법에 대한 확신이 없었다. 그녀는 "나는 저널리스트가 될 멋진 계획과 정말 멋진 아이디어가 많았는데, 그중 하나도 해내지 못했다는 사실이 저를 괴롭혔어요." 하고 말했다.

20대 초반, 그녀가 존을 만나면서 상황이 나아졌다. 마침내 그녀는 긍정적이고 따스한 관계를 찾았고, 그 덕분에 자신이 겪어 온 일들을 정리하기 시작했다. 오랜 혼란이 지나고, 마침내 그녀는 치유되고 있었다. 그 후, 그녀는 자전거를 타다 버스에 치였다. 팔꿈치가 부러졌으며, 여러 번의 수술 후에야 제기능을 회복하였다. 그녀는 우울했으며, 낮은 자존감 때문에 힘들었다. 그녀는 정서적으로 폭발하곤 했다. 그녀는 존과 헤어졌고, 자신의 길을 찾는 데 도움이 될 거라 여겼던 해외여행을 떠났다. 하지만 사실 그녀는 자신의 문제를 회피하고 있을 뿐이었다. 돌아왔을 때, 그녀는 더 갈피를 못 잡았다. 그녀는 "나에게 어떤 변화가 필요하다는 건 알았지만, 방법을 몰랐어요." 하고 말했다. "나는 이 생활을 벗어날 어떤 일이든 일어나길 바랐죠."

그 어떤 일은 12월의 끔찍한 저녁에 일어났다. 그녀는 "이 일이 내가 기다려 온 거라는 강한 느낌으로 병원에서 깨어났을 때를 기억해요." 하고 말했다. 병원에서 상황이 변하기 시작했다. 그녀는 가족과 친구들에게 둘러싸여 있었다. 그녀가 존에게 다시 결합하자고 제안하자, 그도 응하였다. 그녀와 나이가 비슷해서 그녀를 환자라기보다 친구로 대했던 간호사들도 지지의 원천이었다. 그녀는 "나는 고립되거나 외롭거나 창피한 적이 없어요. 나는 수용되고 사랑받는다고 느꼈죠." 하고 말했다. "그게 핵심 요소예요. 일련의 사건과 그 사건들이 일어난 방식이 내게는 얼마나 행운인지 몰라요."

다른 사람들의 지지가 중요하다

데이비스는 운이 좋았다. 연구에서는 외상사건 생존자들의 치유에 이런 유형의 사회적 지지가 결정적임을 제시하고 있다. 캘리포니아 대학교 샌프란시스코 의과대학 부교수이자 샌프란시스코 재향군인병원 임상가인 시라 마구엔Shira Maguen은 외상 생존자들에게 가까운 사람들의 지지가 필수적이라고 말했다. 마구엔은 "관계의 질은 그들의 외상 극복에 정말 도움이 되죠." 하고 말했다. "외상 후에는 기본적 욕구를 충족시키는 것마저 정말 많은 에너지와 자원이 소모되죠. 가까운 가족과 친구들의 지지가 아주 유익해요."

사회적 지지는 외상 후 생존자들의 외상 후 스트레스 증상과 외상 후 스트레스 장애를 극복하는 데 유익한 핵심 요소로 거듭 제시되었다. 허리케인 카트리나가 지나간 지 5년 후, 뉴올리언스의 엄마들을 대상으로 한 연구에서는 강력한 사회적 지지망이 있는 사람들이 외상 후 스트레스 증상을 덜 보인 것으로 나타났다. 2001년 9월 11일, 뉴욕 시에서 테러공격의 영향을 받은 사람들에 대한 연구에서는 사회적 지지를 덜 받은 사람들이 외상 후 스트레스 장애 증상을 더 많이 보고하는 경향을 보였다. 보스니아 전쟁으로 외상을 겪은 여성들에 대한 연구에서는 친구의 사회적 지지가 외상 후 스트레스 장애의 발생을 좌우하는 핵심 요인인 것으로 밝혀졌다.

하지만 이런 종류의 지지는 영원하지 않다. 그런 지지가 그들이 앞으로 나아가는 데 필요한 기반을 많이 제공하는 만큼, 그 부재는 대단히 충격적일 수 있다. 데이비스도 병원에서는 잘 이겨 냈다. 그러나 병원은 일종의 보호거품이었다. 병원에서 그녀는 가족과 친구에게 둘러싸여 지지받았으며, 생각할 시간, 즉 외상경험에 대해서나 어떻게 자신의 변화를 위해 그 경험을 이용할 것인지에 대해 의도적으로 반추할 시간이 있었다. 하지만 7개월 후 데이비스가 퇴원하자, 그녀의 문제가 심각해졌다. 그녀는 험한 현실에서 자신의 부상에 직면해야 했다. 그녀는 휠체어 신세를 지고 있었다. 그녀는 외출을 하고 약속을 하거나 물리치료를 받고, 심지어 쇼핑하러 나갈 때마저도 존이나 아버지에게 완전히 의존한다는 느낌이 들었다. 그녀는 "나는 극도로 독립적이었다가 남은 삶 동안 의존하게 될 거라는 느낌이 강하게 들었어요. 그걸 곱게 받아들이기가 힘들었죠." 하고 말했다.

의존할 가능성이 그녀의 걱정을 자아냈지만, 그녀는 점점 더 혼자라는 기분도 들었다. 친구와 가족의 방문도 거의 없었다. 일단 그녀가 퇴원하자, 마치 비상사태가 해제된 것 같았고 이제 모두가 그들의 일상으로 돌아갔다. 그녀는 다 알아서 하라고 내팽개쳐졌다는 느낌이 들었다. 그녀는 "내가 우울증이었는지 모르지만, 나는 확실히 힘겨웠어요. 멀리 떨어져 있었기 때문에 엄마와 아빠가 나를 위해 정기적으로 방문하기는 어려웠죠. 그 느낌은 14~15살에 가출했을 때와 비슷했어요." 하고 말했다. "나는 25살이었고, 모든 게 사라졌으나 다시 회복될 거라 믿었어요. 나는 빨리 집중할 필요성을 느꼈죠."

데이비스는 7월에 퇴원해서 8월까지 의료 서비스에 대한 사이버 대학 강의를 들었다. 그녀는 뭔가에 빨리 집중할 필요가 있음을 알았다. 입원해 있는 동안, 그녀는 노인환자들의 치료방식에 대한 관심이 생겼다. 많은 노인들은 방문하는 친구나 가족이 거의 없이 혼자였다. 그녀는 출장상담을 통해 그녀가 그들을 도울 수 있을 거라고 생각했다. 어쩌면 그녀는 이런 노인들과 그들을 방문해 친구가 되어 줄 자원봉사자를 연결하는 일을 시작할 수도 있었다. 9월에 그녀는 상담학 개론이라는 두 번째 강의를 오프라인으로 수강하기 시작했다. 첫 번째 상담강의를 수강한 후, 그녀는 자신의 소명을 찾왔다고 느꼈다. 그게 정말 옳은 길이라고 느꼈다.

데이비스가 자신의 삶과 진로를 다른 이들을 돕는 쪽으로 돌려 이 길을 생각할 수 있었던 것은 오직 그녀가 사랑하는 이들로부터 받은 지지 덕분이다. 데이비스는 "사고 전에는 부모님이 나에게 관심이 없다고 확신했어요." 하고 말했다. "깨어나서야, 나는 그들이 매일 병원에 오는 걸 보면서 그들이 나를 얼마나 사랑하는지를 알고 내가 아주 잘못 생각했음을 깨달았죠. 오랜 세월 그렇게 억울해 하며 집중하지 못한 채 여러 직업을 전전한 후에야 그들에게 상처를 주고 멋진 모습을 보여 주지 못한 걸 알게 된 거죠. 그래서 갑자기 그 일이 해야 할 일이 되었어요." 자신에 대한 부모님의 무조건적인 사랑을 보고 그들이 항상 그랬음을 이해하자, 자신이 자기 삶에서 뭘 하든 스스로 탈바꿈할 방법을 찾을 동기가 생겼다.

데이비스는 상담 자격증을 얻었고, 현재 그녀와 동료 치료사는 그녀가 살고 있는 런던 남부에서 이웃들에게 저비용 치료를 하고 있다. 그곳은 데이비스와 같은 이민 1세대와 2세대로 이루어진 큰 공동체이다. 데이비스의 어머니는 인도 출신이며, 아버지는 모리셔스 출신이다. 심리적 혼란과 자기 파괴적 행동으로 점철된 세월 속에서 그녀는 상담을 진로로 추구하기는커녕 상담을 받으러 가는 것조차 고려한 적이 없었다. 상담분야는 정말 그녀가 자라 온 세계와 달랐다. 이 공동체에서 일하면서 그녀는 자신과 비슷한 많은 사람들이 자신의 상담 서비스를 이용하길 바라고 있다. 아마도 그녀는 다른 사람들이 자기처럼 문제를 혼자 감당하는 걸 예방할 수 있을 거라고 생각하는 것 같다. 데이비스는 저소득층 청소년들의 멘토로 일하면서, 그들이 긍정적이고 의미 있는 미래를 향한 인생행로를 찾도록 돕고 있다.

데이비스의 변화는 놀랍고 극적이지만, 그녀가 그렇게 될 때까지 엄청난 지지가 도움이 되었다는 건 놀랍지 않다. 사회적 지지와 성장을 관련짓는 연구는 많다. 2006년, 마구엔은 1990년 페르시아의 걸프전 참전용사들에 대한 연구를 출판했다. 그녀는 외상 후 성장을 예측하는 최고의 단일변인은 파병 후 병사들이 받은 사회적 지지 수준임을 발견했다. 지지적인 가족구조와 친구가 성장을 가능케 했다.

다른 연구자들도 암 환자, 외상적 뇌 손상 환자, 자연재해 생존자를 대상으로 유사한 결과를 얻었다. 터키 앙카라에 있는 중동기술대학교 심리학 교수인 A. 누라이 카란치A. Nuray Karanci는 17,000명 이상이 사망한 1999년의 끔찍한 마마라 지진 생존자들의 성장을 연구했다. 그녀는 생존자들에게 지진으로 인한 부정적 변화와 긍정적 변화에 대해 물었다. 사람들은 지진이 자기 삶의 우선순위를 바꿨다고 거듭 말했다. 그들은 이전보다 가족의 중요성을 더 부여했다. 돈과 물질적인 것은 덜 중요해졌다. 그들은 지진 전에 개인주의였으나, 지금은 다른 사람들을 돕고 싶어 했다. 그녀는 "내가 현장에서 들은 것이 이 연구를 시작한 계기가 되었어요." 하고 말했다. 카란치는 다른 많은 집단을 대상으로 외상과 성장을 계속 연구 중이다. 그녀는 어떤 집단이든 성장과 가장 밀접한 한 가지 핵심 요소는 사회적 지지라고 말했다. 그녀는 "외향적인 사람은 많은 스트레스를 받으면, 성장을 경험할 가능성이 높아요. 왜냐하면 그들은 사회적 지지를 요청하는 경향이 더 높기 때문이죠." 하고 말했다. 그녀는 외향적인 사람들이 그들의 문제를 공유하고 도움을 요청하며 그것을 수용하는 경향이 높다고 말했다.

하지만 어떠한 지지나 다 그렇게 효과적인 건 아니다. 가장 효과적인 지지는 외상 생존자들이 그들의 필요를 드러내도록 기꺼이 허용해 주는 사람들의 지지이다. 친구나 가족 구성원은 그 사람이 준비되지 않은 걸 말하라고 다그치지 말아야 하고, 괴로울 듯한 주제를 회피해서도 안 된다. 마구엔은 "각자의 필요에 따른다는 건 정말 힘든 일이죠." 하고 말했다. 노팅엄 대학교의 스티븐 조셉은 지지가 개인의 자율성 형성에 도움이 된다고 말했다. 생존자들이 자신의 길을 선택할 기회를 주지 않고 그들에게 뭘 하라고 지시하거나 의존을 강조하는 지지는 역효과를 낳을 수 있다. 오히려 친구와 가족 구성원은 생존자가 자신의 길을 찾도록 기다려 주고, 그런 노력을 하는 그를 지지하며, 스스로 자신의 삶을 새롭게 시작하도록 도와야 한다. 데이비스는 다행히 병원에 있는 동안 이런 유형의 개방적 지지를 충분히 받았다. 그녀의 부모님은 그녀만을 위해 그 자리에 있었으며, 어떤 보상도 기대하거나 요구하지 않았고, 그들과의 관계에 대한 그녀의 오해를 완전히 없앨 정도로 무조건적인 사랑을 보였다.

하지만 데이비스는 여전히 삶 속에서 어떤 문제에 직면해 있으며, 언제나 그럴 것이다. 그녀는 죽은 동료 클라센스에 대한 복잡한 감정으로 괴로워한다. 그녀는 그가 죽은 게 유감스럽지만, 자신이 그를 잘 몰라서 그를 애도하기가 쉽지 않았다. 가끔 그녀는 클라센스가 목숨을 잃은 사고로 인해 그렇게 좋은 일이 많이 생긴 것에 대해 미안한 마음이 든다. 그녀는 "매일 나는 구스타프 덕분에 내가 멋지고 의미 있는 뭔가를 하게 되었다고 느껴요." 하고 말했다. 하지만 몇 분 후 그녀는 덧붙였다. "사실 내 여정은 부모님과 관련되죠."

그녀는 매일 신체적 어려움에 직면한다. 데이비스는 걸을 수 있지만, 다시는 자신이 하고 싶은 달리기를 못할 것이다. 사고로 그녀는 인공항문 주머니를 달아야 하고, 그 때문에 그녀는 사고를 계속 생각하게 된다. 그녀는 "나는 여전히 내 처지가 우울해요. 나는 인공항문 주머니를 고정시키기 위해 매력 없고 볼썽 사나운 속바지를 입어야 해서 아직도 짜증나요. 끔찍하고, 정말 싫어요." 하고 말했다. "하지만 이게 세상의 끝은 아니잖아요." 최근 그녀는 그 사고로 부러졌던 왼쪽 다리와 발목에 관절염 진단을 받았다. 그녀는 "나는 그걸로 인해 정말 우울하지만, 그게 지금 그렇게 힘든 건 아니라고 생각해요. 내가 할 수 있는 일이 있잖아요. 오랫동안 별 고통 없이 지냈다는 사실과 같이 긍정적 측면도 있고요." 하고 말했다.

현재 그녀와 존은 조용한 막다른 골목에 위치한 정원 딸린 작은 집에 살고 있다. 그곳은 그녀가 사고를 당한 전철역에서 그리 멀지 않은데, 그녀가 수년 동안 회피해 왔던 곳이다. 데이비스는 사려 깊고 놀라울 정도로 개방적이다. 그녀는 미소를 짓고 잘 웃는다. 그녀의 걷는 모습을 보는 사람들은 그녀가 고속 지하철 열차에 치이기는커녕 어떤 사고를 당했는지도 전혀 모를 것이다. 숨길 수 없는 흔적은 기관 절개술이 남긴 목 중앙의 작은 흉터뿐이다.

데이비스와 존은 2012년에 결혼했다. 그들의 거실은 웨딩 사진으로 가득하다. "결혼은 대박이야!"라는 글이 방에 걸린 하트 모양의 칠판에 쓰여 있다. 레게머리를 한 키 크고 멀쑥한 금발의 음악가인 존은 데이비스가 사고 이전과 매우 달라졌다고 말했다. 그들이 수년간 데이트를 했지만, 그는 그 당시의 그녀와 절대 결혼할 수 없었다고 말했다. 그의 생각에 그녀는 엉망진창이었고 자신이 뭘 원하는지도 몰랐다. 존은 "나는 항상 데이비스를 사랑했지만, 사고 전의 그녀는 혼돈이었어요." 하고 말했다. "요즘 그녀는 더 나아지려고 계속 노력하고 있어요. 당신이 자신을 위해서든 타인을 위해서든 더 나아지려는 사람과 함께 있다는 건 곧 끊임없이 좋은 쪽으로 변하려는 사람과 함께 있는 거잖아요."

파란 하늘 높이 한 줄기 구름이 피어오르는 화창한 봄날 아침, 집 뒤의 정원에 앉은 데이비스는 사고로 생긴 좋은 일들을 하나하나 생각해 보았다. 그녀는 "삶에 대한 내 관점이 좋아요. 나는 내 삶 속에 있는 사람들과의 관계를 소중히 여겨요." 하고 말했다. "그 사고는 나를 최상의 상태로 만들었어요."

감사는 변화를 촉진한다

사만다 왓슨Samantha Watson의 삶이 바뀔 무렵, 그녀는 20대였다. 왓슨이 보스턴 외곽에 위치한 브랜다이스 대학교에서 4학년 한 학기를 마칠 무렵이었다. 그녀는 비영리단체에서 봉사하면서(그녀는 가정폭력 보호소에서 자원봉사를 했었다) 다른 사람을 돕는 데 관심이 있었지만, 평범한 대학교 4학년과 별다른 목표의식을 가진 건 아니었다. 그녀는 지난 5년간 1년에 한 번 정도 무릎에 돌발적 통증이 있었다. 하지만 의사들은 원인을 전혀 못 찾았다. 그들은 계속 그녀에게 활액낭염bursitis이 확실하다고 말하면서 코르티손 주사만 놓은 채 그녀를 방치하였다. 마침내 그녀는 문제를 느끼고 뼈 정밀검사를 받았다. 그 당시 그녀는 수업, 성적, 그리고 졸업과 더불어 임박할 큰 변화에 집중하고 있었다. 그녀는 정밀검사에 대해 대수롭지 않게 생각했다. 그리고 나서 1999년 크리스마스 직후, 그녀는 유잉 육종Ewing's sarcoma에 걸렸다는 진단결과를 받았다.

암은 그녀의 집에서 전례 없는 질병이었다. 그녀의 어머니는 뉴욕시에 있는 메모리얼 슬로언케터링 암센터의 간호사로, 림프종 환자들을 간호했다. 왓슨은 어릴 때부터 그곳에 엄마를 만나러 갔었다. 이제 왓슨은 그녀의 정강이뼈에 있는 종양을 제거하는 수술을 받아야 했다. 의사들은 뼈 일부를 제거하고 시신의 뼈로 대체한 후, 나사와 철판으로 고정할 계획을 세웠다. 그녀는 네 차례의 화학치료에 이어 수술을 받았고, 또 세 차례나 화학치료를 받았다. 그 이유를 설명할 수는 없으나, 왓슨은 그 진단에 별로 당황하지 않았다. 그녀는 직면하게 될 일과 위험에 대해 거의 몰랐다. 그녀는 "죽을 수도 있다는 단서가 전혀 없었기 때문에 내가 살아남을 걸 의심치 않았어요." 하고 말했다. 그녀에게는 친구와 가족 같은 대단한 지지 집단이 있었다. 다행히 그녀는 자신의 생명을 운에 맡겨야 한다는 사실을 모르고 있었던 것이다. 사실, 왓슨 나이의 환자들에게 유잉

육종의 생존율은 50%를 좀 넘는다.

왓슨은 "나는 무척 운이 좋았어요. 치료와 진단부터 생체조직검사를 할 때까지, 내 주변에 많은 사람이 있었죠. 집 안팎에서 내가 토하고 약을 먹고 두려워할 때, 주변에 정말 많은 사람이 있었어요." 하고 말했다. "난 그걸 당연시하지 않으려 했어요."

하지만 왓슨의 어머니인 신시아 아이젠슈타인Cynthia Eisenstein은 매우 신경을 썼다. 아이젠슈타인은 "저 애가 자랄 때 모기만 한 방 물려도, 집안이 요란했어요. 자전거에서 떨어지면 삼 일씩이나 울 정도였죠. 저 애가 새로운 병을 진단받았을 때, 내 마음 속에 그런 생각들이 오갔어요." 하고 말했다. "나는 줄곧 생각했죠. 애가 이걸 어떻게 견딜까?"

왓슨은 견뎌 냈다. 회복이 느리고 화학치료가 아주 힘들었지만 (그녀는 머리카락이 빠졌고, 45kg 정도로 체중이 줄었다), 그녀는 참아 내었다. 그녀는 "치료받을 때, 나는 아무 정신이 없었어요. 그저 내가 해야 할 일만 했죠. 나는 암 치료가 나보다 부모님께 더 힘들었다고 생각해요. 나는 치료만 받으면 되잖아요." 하고 말했다. "그들은 내가 치료받는 걸 다 지켜봐야 했어요."

왓슨은 지지집단에 가려고 했지만, 그 집단이 도움이 되지 않을 걸 알았다. 왓슨은 "나는 그 집단과 10살가량 차이가 날 정도로 너무 젊어서 그 집단에 맞지 않았어요." 하고 말했다. "나는 인생단계가 전혀 달랐죠. 나는 복학, 데이트, 그리고 취직에 대해 대화하고 싶었어요."

1년 후, 왓슨은 마지막 학기를 마치기 위해 복학했다. 그건 힘든 과도기였다. 그녀는 6명의 3학년생(과제, 시험 및 대학생활의 사소한 일을 걱정하는 평범한 20살짜리)과 함께 스위트룸에서 살았다. 왓슨은 그들이 좋은 사람들임을 알았지만, 어울리기는 힘들었다. 그녀는 "글쎄요. 나는 내 관점이 변했다고 생각했어요. 나는 나에게 뭐가 중요한지 더 잘 알게 되었죠." 하고 말했다. 동시에 그녀는 학교 일정을 따라가기가 버거운 자신을 발견했다. 그녀는 항상 피곤했으며, 집중할 에너지가 없었다. 그녀는 침대에서 일어날 수 없을 만큼 너무 지쳐서 수업을 빠졌다. 그녀는 무척 아팠다. 여전히 뭔가가 분명히 잘못되어 있었다.

마침내 왓슨의 주치의가 혈액검사를 했는데, 그 결과가 나빴다. 화학치료로 인해 그녀의 몸에서 새로운 암세포가 형성되었던 것이다. 그건 골수이형성증후군myelodysplastic syndrome이라는 다른 종류의 암이었으며, 유잉육종 생존자 중 극히 일부에게 발생하는 백혈병의 전조였다. 병은 심각했고 상당히 발전되어, 살기 위해서는 골수이식을 받아야 했다. 그녀는 걱정되었고, 이전에 암에 걸렸을 때보다 훨씬 더 두려웠다. 암 병동에서 그녀와 친구가 되었던 5살짜리 남자아이는 골수이식 후 죽었다. 그녀는 이번에는 자신이 견디지 못할 거라는 예감이 들었다.

골수이식을 받기 위해 왓슨은 유잉육종 때보다 훨씬 더 강력한 화학치료를 받아야 했다. 의사들은 먼저 그녀의 암을 1단계로 돌려놓고, 이어서 그녀의 몸에서 새로운 골수를 거부하지 않도록 그녀의 면역체계를 무력화시켜야 했다. 치료를 위해 뉴욕으로 와야 한다는 전화를 받았던 2001년 8월, 그녀는 어머니와 함께 버몬트에 머물고 있었다. 그녀의 어머니는 차에 짐을 싣고 왓슨을 기다렸다. 하지만 그녀가 내려오지 않아서, 어머니는 그녀를 살피려고 올라갔다. 아이젠슈타인은 "그 애는 그냥 거기에 앉아 있었어요." 하고 말했다. "나는 무슨 일이냐고 물었죠. 그 애가 '내 방을 다시 볼 수 있을지 모르겠어요.'라고 말하더군요."

치료는 끔찍했다. 그녀는 정말 많이 토했다. 머리카락이 다시 빠졌다. 그녀는 입안이 고통스러울 정도로 헐었고 고열이 났다. 왓슨의 사투를 지켜보았던 사촌 레슬리 스턴Leslie Stern은 "무서웠어요." 하고 말했다. "그때 그녀는 사경을 헤맸죠."

스턴은 자주 보스턴에서 뉴욕까지 왔다. 스턴은 "대기실에 항상 20명 정도의 사람들이 있었죠." 하고 말했다. "갑자기 사람들이 나타났어요. 그녀를 응원하는 사람들로 구성된 강한 연결망이었죠. 그 연결망은 정말 놀라웠고 오랫동안 계속되었어요." 왓슨의 어머니와 아버지는 그녀를 위해 매일 병원에 왔다. 친구들은 이야기할 때도 있고, 그저 조용히 앉아 있을 때도 있었다. 의과대학을 다니던 한 친구는 아예 왓슨의 입원실에서 공부했다. 왓슨은 그런 지지가 자신이 겪고 있는 일을 극복하는 데 가장 중요했다고 말했다. 왓슨은 "나는 그 방에 혼자 있었던 적이 없어요." 하고 말했다. "이상하게도 그 덕분에 내가 겪고 있는 일이 정상처럼 여겨졌어요. 그건 아주 공공연했어요. 내가 샤워를 하거나 화장실에 가거나 토하거나 그 많은 힘든 일을 해야 할 때, 아주 많은 사람들이 수고했지요."

샘플이 매우 작다는 골수기증의 문제점에도 불구하고, 그녀의 이식이 이루어졌다. 하지만 회복은 길고 더딘 과정이었다. 그녀는 하루에 두세 번씩 수혈해야 했고, 친구와 가족들이 도시락을 싸 오고 비용을 지원했으며, 가장 중요한 혈액과 혈소판을 기증했다. 혈소판을 이식받은 여성이 접촉을 힘들어하는 것으로 알려졌음에도, 한 친구의 아버지는 올 수 있는 한 자주 왔다. 왓슨은 "몇 번은 그 여성이 정말 그를 함부로 대했지만, 그는 계속 왔어요." 하고 말했다. "피에는 아주 개인적인 뭔가가 있어요, 그들의 몸에서 내게로 오는 피보다 더 개인적일 수는 없을 거예요."

그녀가 병원에 입원한 지 2개월 이상이 지난 11월, 왓슨은 그녀의 면역체계가 충분히 강해져서 퇴원해도 된다는 말을 들었다. 그녀는 "나는 울음을 터뜨렸어요." 하고 말했다. "병원을 떠나기가 너무 두려웠죠."

그 후 1년 동안, 그녀는 맨해튼의 아파트에서 어머니와 함께 지내며 몸 조리를 해서, 밖에 나가 사회생활을 할 정도로 면역체계를 강화시켰다. 그녀는 대개 잠을 자고 약을 먹고(하루에 46알씩), 토하고 식사하며 시간을 보냈다. 23살이라는 나이에 그녀는 어머니와 함께 일종의 가택 연금을 당한 셈이다. 왓슨은 "나는 친구들이 졸업하고 첫 직장을 잡고 데이트하며 자기 아파트를 구하는 걸 지켜봤어요. 그들은 모두 앞으로 나아가는데, 나만 안에 갇혀 아무것도 못 했죠." 하고 말했다.

2002년 9월, 왓슨은 복학하려고 보스턴에 돌아왔다. 7개월 후, 그녀는 젊은 암 생존자들을 위한 콘퍼런스에 갔다. 왓슨은 "머리를 한 방 얻어맞은 듯했어요." 하고 말했다. "정신이 번뜩 드는 순간이었죠." 그녀는 자신이 직면했던 것과 같은 문제로 투쟁 중인 사람들을 봤다. 그녀는 바로 자신이 그들을 돕는 데 헌신할 것임을 직감했다. "나에게 그것은 최고의 전환점이었어요. 이 모든 나쁜 일에 압도되고 슬퍼하며 두려워하던 상태에서, 그것들 모두를 긍정적으로 바꿀 수 있는 상태로 말이에요."

2003년, 왓슨은 젊은 암 생존자들을 위한 '생존하기와 나아가기 The SAMFund: Surviving and Moving Forward'를 창립했다. 하지만 그녀는 곧 자신이 원하는 방식으로 단체를 운영할 지식이 없음을 깨달았다. 2005년, 그녀는 그 협회The SAMFund를 성공리에 운영하는 방식을 공부하려고 비영리단체 경영 전공의 석사과정에 입학했다. 그 단체는 청년들이 재정적으로 암에서 벗어나도록 돕기 위해 기금을 모아 그들이 청구서와 학생 대출을 갚도록 조금씩 분배했다. 그 단체는 첫 10년 동안 110만 달러 이상의 보조금을 젊은 암 생존자들에게 지급했으며, 수천 명에게 관련 정보와 온라인 지지를 제공했다.

왓슨은 자신이 암에 걸렸기 때문에 이러한 단체를 고안할 수 있었다. 친구와 가족의 지지가 없었다면, 그녀는 '생존하기와 나아가기' 협회를 만들어 오랫동안 유지할 수 없었을 것이다. 그녀가 그렇게 한 이유는 자신이 삶에서 의미 있는 일을 하도록 사심 없이 도왔던 사람들에게 빚지고 있다고 느꼈기 때문이다. 왓슨은 "결국 나는 그걸 갚기 위해 그렇게 해야 했어요. 그러한 지지에 감사할 다른 방법이 없었죠." 하고 말했다. "그들은 여러모로 내 삶을 구하고 더 나아지게 해 주었어요. 하루 동안에도 고맙다고 할 일이 정말 많죠. 종업원이 당신에게 물 한 잔을 갖다주어도 고맙다고 말하죠. 그러나 그 두 가지 고마움은 종류가 다르잖아요. 나는 뭔가를 해야 했고, 선한 행동이 말보다 더 중요하다고 생각했어요. 나는 내가 얼마나 감사한지를 그들에게 말하지 못했어요. 이 일이 바로 내가 감사함을 표현하고 빚을 갚는 방법이에요. 그건 내 의무죠."

친구와 가족의 모든 사회적 지지, 즉 왓슨을 위해 그들이 했던 모든 것은 크건 작건 그녀에게 강한 인상을 남겼다. 그녀는 자신의 관심을 자신의 질병과 외모로부터 자신을 도우려고 시간을 내주었던 모든 이에게 돌릴 수 있었다. 그것은 그 자체만으로 놀라운 진보였다. 그녀는 힘든 일이 무척 많았고, 아주 젊은 나이에 두 번이나 암에 걸렸다는 끔찍한 불공평함(잔인하고 아이러니하게도, 첫 번째 암 치료가 두 번째 암을 유발한)에 우울해하고 화내고 비통해해도 아무도 그녀를 나무라지 않았다. 물론 그렇다고 해서 그녀가 행복하지는 않았지만(그녀는 고통스럽고 두려웠으며, 세상이 변하고 혼자 남겨진 것처럼 느꼈기 때문에), 그녀를 움직이는 지지 같은 게 있었다. 그래서 그녀가 건강을 회복했을 때, 그녀를 밖으로 밀어내 그녀가 할 수 있는 일이 뭔지를 생각하게 했던 것이다. 결국 자신이 받은 도움에 대한 감사가 그녀를 움직였던 것이다.

감사는 긍정심리학의 주요 관심 분야이다. 연구자들은 감사가 안녕감well-being과 매우 밀접함을 발견했으며, 펜실베이니아 대학교 긍정심리연구소 소장이자 긍정심리학의 주요 지지자인 셀리그먼은 감사라는 감정을 촉진하는 정교한 훈련을 개발하였다. 그는 연수생들에게 자신의 삶에 영향을 준 사람들한테 그들과의 관계가 얼마나 도움이 되었고 자신이 얼마나 감사하는지를 담은 편지를 쓰도록 했다. 이어서 그들은 편지를 직접 전달하고 상대방이 그걸 읽는 동안 기다렸다. 그것은 곧 관계와 감사에 대한 의미 있는 논의로 이어졌다. 그는 이런 감사 방문을 했던 사람들의 우울함이 크게 감소하는 동시에 행복감이 크게 증가했다고 보고했다. 감사는 안녕감으로 가는 중요한 단계이다.

하지만 외상 후 성장은 어떨까? 왓슨의 사례에서, 그녀의 커다란 사회적 연결망은 암 치료를 극복하는 데 결정적이었다. 그 연결망 덕분에 그녀는 다시 세상에 나와 그 경험이 자신을 변화시킨 모든 과정을 이해하게 되었다. 데이비스의 가족이 보여 준 지지가 그녀에게 유익했던 것처럼, 왓슨의 지지망(부모님, 가족, 친구들) 덕분에 그녀는 치유되고 최악의 외상 후 스트레스 증후군을 피하였다. 또한 그 덕분에 그녀는 암이라는 끔찍한 상황을, 삶에 의미 있는 뭔가를 찾을 기회로 활용하였다.

왓슨에게 있어서 그녀가 받은 지지는 바로 그 지지에 대한 감사로 바뀌었다. 그녀가 자신을 도와준 사람들에게 빚을 졌고, 결국 자신이 도움받은 것처럼 다른 사람들을 도와야 한다는 강력한 감정이 그녀의 삶을 바꾸었다. 감사를 통해 그녀는 스스로 새로운 방향을 찾아 다른 사람들을 챙기고 다가가 돕는 남다른 생활을 하게 되었다.

이탈리아의 심리학자인 키아라 루이니Chiara Ruini는 이 현상만을 연구해 왔다. 그녀는 이탈리아의 임상 심리학자이자 볼로냐 대학교 부교수이다. 그녀는 셀리그먼의 긍정심리연구소에서 여름을 보낸 후, 이탈리아에서 학부생 대상의 긍정심리학 강의만 한다. 그녀는 암 생존자들의 이야기를 들은 후, 외상 후 성장을 연구해 오고 있다. 나아가 그녀는 감사가 긍정심리학에 정말 중요하다면, 성장에도 똑같은 역할을 하는지가 궁금했다. 그러나 그녀는 감사를 감사 훈련과 같은 뭔가에 의해 유발된 정서, 즉 일시적 감정으로 보기보다 감사 성향이 있는 사람들(자기 주변에서 다른 사람들이 하는 노력을 잘 알고, 어떤 식으로든 그걸 갚으려는 사람들)과 성장의 관계에 궁금증이 생겼다. 루이니는 "나는 감사를 하나의 성향으로 측정하고자 했어요. 당신 주변 사람들이나 당신이 받은 좋은 것에 감사하는 일반적 태도 말이에요." 하고 말했다. "내 생각에는 이런 성향이 긍정적 적응이나 태도와 더 관련될 것 같았어요. 특히 암 진단 중에요."

루이니는 70명의 유방암 생존자에게 외상 후 성장뿐만 아니라 감사 성향, 안녕감, 정신적·심리적 건강을 측정하는 질문지를 작성하게 했다. 루이니는 감사가 더 나은 건강 및 심리적 안녕감과 밀접한 관련이 있음을 발견했다. 루이니는 "더 많이 감사하는 사람들은 질병에 걸리더라도 우울이나 불안이 더 적어요." 하고 말했다. 감사는 외상 후 성장과의 상관이 매우 높으며, 특히 영성 변화 및 삶에 대한 감사와의 상관이 높았다. 루이니는 "당신이 감사한다면, 당신의 삶에서 긍정적 측면이 얼마나 많은지를 깨닫게 되고, 어쩌면 이렇게 인정하고 인식함으로써 더 나은 외상 후 성장을 경험할 거예요." 하고 말했다.

루이니가 발견한 대로, 감사는 외상 후 성장을 촉진하는 데 도움이 된다. 하지만 감사는 그 자체가 일종의 성장이고, 삶에 감사하는 방식이며, 가족과 친구에게 다가가는 새로운 방식의 발견일 수 있다. 스티븐 조셉은 "사람들이 더 감사하게 되면 그것은 곧 우선순위의 변화, 즉 삶에 대한 관점의 변화죠." 하고 말했다. 그래서 감사는 성장 촉진에 도움이 될 뿐만 아니라, 그 자체가 일종의 성장이다.

왓슨의 변화는 그녀가 주변 사람들에게 받은 지원이 그녀에게 어떤 느낌을 주었는지와 밀접한 관련이 있다. 그녀의 어머니는 그러한 변화에 아주 놀랐다. 아이젠슈타인은 "나는 그 결과가 어떻든 모든 게 달라질 거라고 생각했던 걸 기억해요." 하고 말했다. "나는 정말로 달라졌다고 말할 수 있어요. 대단하죠." 그녀는 자기 딸이 '살아남기와 나아가기' 협회를 시작한 것에 놀랐으며, 그녀의 집중과 끈기에 놀라고 있다. 그녀의 아버지인 글렌 아이젠슈타인Glenn Eisenstein은 딸이 살면서 하고 싶은 걸 그처럼 강하게 느낀 적이 없었다고 말했다. 하지만 2003년, 젊은 암 생존자들을 만난 후 모든 게 달라졌다. 그는 "그 애가 '내가 뭘 원하는지를 알겠어요.'라고 말하는 걸 그때 처음 들었어요." 하고 말했다.

다른 많은 사람과 마찬가지로, 왓슨에게 그녀의 성장은 행복과 관련된 게 아니었다. 그녀는 여전히 생존자 죄책감으로 괴로워하고 있다. 그녀 나이대의 한 여성을 비롯해 암 병동에서 사귄 많은 친구들이 죽었다. 그녀는 "우리는 여전히 그녀의 가족들과 가깝게 지내는데, 그들을 볼 때마다 울고 싶어요." 하고 말했다. "그들이 내 결혼식에 와 함께 해 주어 정말 행복했어요. 하지만 나는 이렇게 결혼하는데 그분들의 딸은 이렇게 못했기 때문에 죄책감이 들었어요." 그녀의 단체에서 그녀가 얼마나 많은 일을 해 왔는지를 잘 아는 누군가가 그녀에게 "모든 일에는 다 이유가 있네요."라고 말할 때, 그녀는 화가 났다. 그녀는 '도대체 내 친구들이 죽은 이유는 뭘

까?' 하는 생각이 들었기 때문이다.

그녀에게 성장이란 실제로 끔찍한 뭔가에서 의미를 찾고 자신을 도와준 사람들에게 은혜를 갚으려는 것이다. 아주 적절한 시기에 그 모든 사랑과 지지를 받은 것이야말로 그녀가 삶에서 전진하는 데 도움이 되었다. 그녀는 암으로 투쟁하는 사람들, 그중에서도 친구와 자원이 부족한 사람들을 돕고 싶다. 도움을 통해 그들이 스스로 나아갈 긍정적인 방법을 찾길 바란다. 또한 그녀는 작게나마 은혜를 갚는다. 그녀는 자신에게 골수를 기증해 준 사람과 친구가 되었으며, 가까이 있는 사람들을 소중히 여긴다.

왓슨의 경우에는 선하고 충만한 생활을 하는 것만으로도 모두에게 은혜를 갚는 최선의 방법이다. 그녀는 현재 결혼해서 두 아이를 두고 있다. 그녀의 어머니인 신시아 아이젠슈타인은 자기들이 얼마나 행운인지를 알고 있다고 말했다. "종종 우리가 그 애의 아이들과 같이 있을 때, 서로의 눈을 보고 알게 돼요. 샘은 자신의 마음 깊은 곳에서 어떤 일이 생길 뻔했는지를 알죠." 그녀가 어떻게 실패할 뻔했고, 얼마나 많은 이들이 그녀를 도왔는지 아는 것만으로도 그녀의 현재 삶에 더 많은 가치가 더해진다. 그녀는 "그건 나에게 의미 있으며, 내가 좋아지게 도와준 사람들에게도 멋진 징조이길 바라요." 하고 말했다. "나는 행복한 삶을 사는 것에 감사해요. 나는 잘 지내고 있고, 멋진 남자와 결혼했으며, 귀여운 두 아이가 있어요. 나는 나에게 주어진 시간을 최대한 활용하며 나 자신과 다른 사람들을 돌보려 노력하죠."

06 자신을 표현하다

성장은
솔직한 소통을
필요로 한다

20 06년 8월, 카리나 홀킴Karina Hollekim은 친구들과 함께 스위스의 제네바 호숫가 위를 높이 나는 작은 경비행기에 앉아 있었다. 노르웨이 출신의 전문 익스트림 스키 선수와 베이스 점핑 선수, 그리고 그들과 마찬가지로 고용된 6명의 친구는 윙슈트를 입고 단체 점프를 해 달라는 초대를 받았다. 그들은 스위스 빌뇌브에서 열리는 패러글라이딩 월드컵에 온 관중 위로 새처럼 하늘을

가로지르는 단체 점프를 해 달라는 초대를 받은 것이다.

이 점프는 그들이 종종 영화촬영을 위해 해 왔던 고위험 절벽 점프와 달리 꼭 필요한 휴식과 같은 것이었다. 근처에 암벽이나 나무, 피해야 할 울퉁불퉁한 바위도 없는 이곳은 긴장할 게 없었다. 그들 각자가 전에 수백 번은 해 본 종류의 점프였다. 비행기가 초원과 고산 꼭대기 위로 높이 선회하면서 올라갈 무렵, 홀킴은 그녀가 10대부터 항상 꿈꿔 왔던 삶(세계를 여행하고, 그녀가 사랑하는 스포츠에 참가하는 것)을 살고 있음을 느꼈다. 그녀는 친구들을 바라보고 웃으며 점프의 흥분과 비행의 자유를 기대하면서, 자신이 세상에서 가장 운 좋은 여자라고 생각했다.

그들이 해당 지점에 이르자, 홀킴의 친구들은 각자 비행기에서 뛰어내렸다. 이어서 그녀 차례였다. 그녀는 비행기 밖으로 뛰어내렸고, 윙슈트를 입은 채 시속 145km 이상의 속력으로 하강했다.

이때, 친구들이 한 명씩 낙하산을 펼쳤다. 홀킴도 자신의 낙하산을 펼쳤다. 하지만 그녀가 하강을 늦추기 위해 브레이크 토글을 당겼을 때, 선이 엉켰다. 낙하산의 우측 절반이 구겨졌고, 그녀는 빙빙 돌기 시작했다. 마치 인간 헬리콥터 날개깃처럼, 홀킴은 지면과 거의 평행하게 빙빙 돌며 날았다. 그녀는 이와 똑같은 사고로 친구들을 잃었었다. 그녀는 살아나려면 빠르게 행동해야 한다는 걸 알았다.

낙하산을 자르고 예비용을 펼치기에는 지면에 너무 근접해서, 그녀는 물 쪽으로 날아가려고 시도했다. 하지만 소용이 없었다. 일부만 펼쳐진 낙하산이 그녀의 추락을 늦췄음에도, 그녀가 궤도를 바꾸거나 회전을 멈추기 위해 할 수 있는 건 없었다. 지면이 가까워졌고, 그녀는 바위를 향해 곧장 질주했다.

홀킴이 4살이었을 때, 그녀와 그녀의 아버지, 어머니는 자동차 사고를 당했다. 그녀의 어머니는 그 충돌로 신체 마비와 뇌 손상을 겪었다. 홀킴은 아버지인 비요른 쇤스테루드Bjørn Søonsterud가 길렀으며, 그는 그녀를 모험 스포츠에 일찍 입문시켰다. 그는 암벽 등반가이자 스키 선수였는데, 자신의 어린 딸을 종종 등반에 데려갔다. 그는 엄격한 부모이기도 해서, 딸의 반항적 충동에 잘 맞추지 못했다. 홀킴이 14살이 되었을 무렵, 그녀는 집을 나와 친척과 생활하였다. 그녀는 익스트림 스키경기에 참여하기 시작했고, 21살 무렵에는 북유럽 자유형 챔피언이 되었다. 그녀는 곧 경기 참가와 영화 출연을 위해 세계를 여행했다.

2000년, 그녀는 미국의 베이스 점핑 선수인 젭 콜리스Jeb Corliss를 만났고, 절벽과 다리에서 점프하는 방법과 윙슈트를 입고 비행하는 방법을 배우려고 아이다호에 갔다. 마침내 그녀는 자신의 스포츠를 찾았다. 그녀는 "나는 그걸 좋아하고 갈망했어요. 중독성이 있었죠." 하고 말했다. 그녀는 카메라 앞에서 기꺼이 위험을 감수할 정도로 아주 의욕적인 완벽주의자로 명성을 날렸으며, 영화 촬영과 경기 참가를 위해 1년에 300일씩 여행했다. 점프 하나를 숙달하거나 특히 험한 산에서 스키를 탈 때마다, 그녀는 더 전진하려고 스스로를 채찍질했다. 그녀는 높이가 400m나 되는 중국의 오피스 빌딩인 진마오타워에서 점프하였다. 그녀와 한 친구는 먼 말리사막의

첨탑인 카가 톤도Kaga Tondo 정상에 올라 처음으로 윙슈트 점프를 했다. 아버지와의 험난한 관계가 그녀의 집착에 기여했다. 그녀는 "나는 그 공허함을 뭔가로 채우고 싶었어요." 하고 말했다. "그래서 나는 나를 행복하게 만드는 베이스 점핑으로 공허함을 채웠죠."

그녀의 모험 스포츠 경력이 인기를 얻자, 수년 전에 화해한 그녀의 아버지와 오랜 친구인 앤 롬사스Anne Romsaas는 그녀의 성취로 인해 더 위험해지는 걸 걱정했다. 가장 위험한 점프가 그녀의 삶에서 유일한 우선순위가 되어 있었다. 심지어 동료 베이스 점핑 선수들도 걱정하기 시작했다. 콜리스는 "나는 그녀에게 증명해야 할 중요한 무언가가 있고, 그녀가 그 모든 걸 당연히 해낼 거라는 느낌이 들었어요." 하고 말했다. "그녀가 그 일에 몰두하는 걸 봤을 때, 그녀가 죽을 때까지 멈추지 않을 거라고 느꼈죠."

콜리스가 거의 정확히 예측했다. 그 스포츠는 그녀를 죽일 뻔했다. 그날 스위스에서 홀킴이 바위에 부딪혔을 때, 눈앞이 캄캄해졌다. 그녀가 눈을 떠서 자신의 다리를 보니, 뒤틀리고 180도 구부러져 있었다. 그녀는 자신이 틀림없이 죽을 거라고 생각했다. 이어서 고통이 밀려왔다. 전에 느꼈던 어떤 것과도 다른 압도적이고 심한 고통이었다. 그것은 그녀가 살아있다는 끔찍한 증거였다.

이틀 후, 그녀는 혼자서 병원에서 깨어났는데, 혼란스러웠다. 의사는 그녀의 다리가 엉망이라고 말했다. 우측 다리는 뼈가 피부를 뚫고 나오는 복합 골절이 21개나 되었다. 좌측 다리는 네 동강이 났다. 의사는 그녀에게 "다시는 걸을 수 없을 거예요." 하고 말했다.

홀킴은 "그 말에 난 바로 충격을 받았어요. 걸을 수 없다는 건 믿을 수 없고 말이 안 되잖아요. 나는 스키와 베이스 점핑 같은 것에 몸을 불살라 왔어요. 그 모든 게 내게서 사라진 거죠." 하고 말했다. "나는 그 자리에서 혼자 몇 시간씩 울며 누워 있었죠."

홀킴의 아버지는 바로 스위스로 날아왔다. 그는 딸에게 모르핀을 공급하는 버튼을 누르며 병원에서 밤을 지샜고, 그 덕분에 그녀는 도중에 통증으로 깨지 않고 푹 잘 수 있었다. 낮에도 그는 최대한 자신의 두려움을 숨긴 채, 그녀의 기분을 북돋우며 추후 일어날 문제를 예방할 방법을 강구했다. 그들은 문병 온 그녀의 친구들과 파티도 했다. 그들은 하루하루의 아주 사소한 긍정적 변화에 대해서도 대화를 나누었다. 홀킴은 자신이 휠체어 신세를 지게 될까 봐 두려웠다. 그것은 그녀에게 죽음보다 더한 파멸이었다. 숀스테루드는 카리나의 엄마가 마비로 고통받는 걸 지켜봤었다. 자신의 아버지도 소아마비를 앓았다. 그는 "카리나는 휠체어에 앉아 있는 걸 견딜 수 없을 거예요." 하고 말했다.

의사들은 네 동강이 난 좌측 다리에 막대를 심었다. 오른쪽은 철판, 나사, 뼈이식으로 아주 복잡하게 뒤범벅되어, 홀킴은 우측 다리에 얼마나 많은 금속이 들어 있는지도 몰랐다. 수술을 반복하는 동안, 그들은 한 번에 며칠씩 긴 절개 부위를 열어 두곤 했다.

진전에도 불구하고, 그녀는 감염에 시달렸다. 사고 발생 3개월 후, 그녀는 한밤중에 침대가 젖어 잠이 깼다. 불을 켜자, 피가 매트리스를 적시고 바닥까지 흘러내려 사방에 흥건했다. 간호사가 붕대를 풀자, 뼈까지 보였다. 감염이 상처를 터뜨렸던 것이었다. 홀킴은 "나는 나의 몸 상태, 즉 다리가 악화되고 있음을 알았어요. 나는 어쩔 줄 모른 채 겁에 질린 의사들과 간호사들의 얼굴을 보았죠." 하고 말했다. "나는 정말 안전하게 집에 가고 싶었는데, 갑자기 그럴 수 없다는 걸 깨달았어요." 의사들은 그날 밤 수술을 한 번 더 해서, 감염의 원인이었던 다리 깊은 곳의 작은 잔디뭉치와 자갈을 발견했다. 감염이 해결되었다. 마침내 한 달 후 그녀는 퇴원하였다.

그녀와 아버지는 오슬로로 돌아왔고, 그녀는 바로 입원 재활시설에 들어갔다. 이 일이 그녀에게 전환점이 되었어야 했다. 마침내 그녀는 퇴원했고, 다리를 잃을, 심지어 죽을 수도 있는 위험에서 벗어났으니 말이다. 이것은 회복을 향한 출발점이었다. 하지만 여기에서 상황이 최악으로 치달았다. 첫날밤, 시설 창립자는 장애를 가진 삶에 대해 강연했다. 사지 절단 환자와 휠체어를 탄 사람들이 가득 찬 방에서 진행된 그 강연은 그녀에게 너무 버거웠다. 홀킴은 "충격이었어요." 하고 말했다. "나는 내가 그 장애인들 중 하나임을 깨달았죠. 나는 휠체어에 앉아 있는 사람이었어요. 결코 다시는 걸을 수 없었죠. 이제 이게 내 삶이에요." 그녀는 거의 움직이지 않았다. 몇 분간 바르게 앉아 있는 것마저 지칠 정도로 많은 노력이 필요했다. 그녀는 "나는 정말 버틸 힘이 없었어요." 하고 말했다.

홀킴은 우울해졌다. 그녀는 울면서 아버지에게 전화해 왜 자신이 재활치료로 고생해야 하냐고 따졌다. 이런 상황에 처한 많은 사람과 마찬가지로 홀킴은 포기하고 싶었고, 고생과 고통을 회피하고 싶었다. 그때가 바로 소용돌이가 일던 시기였다. "하필 왜 나야?"라고 물으며 억울해하는 것은 극히 정상이고 당연했다.

다행히도 그녀에게는 그녀를 위해 노력하는 이들이 있었다. 그녀의 아버지와 친구들, 그리고 그녀 주변에서 그녀를 지지해 주는 사람들로 구성된 공동체였다. 어린 시절 내내 그녀와 불화 상태였던 아버지가 이제는 힘의 주 원천이었다. 그는 그녀의 매 순간을 함께했으며, 그녀의 기운을 북돋우고 긍정적이도록 도왔다. 베이스 점핑과 스키로 그녀와 경쟁하던 선수들도 꾸준히 방문하고 통화했다. 그들은 모두 그녀가 계속 이야기하게 했고, 더 나아가 그녀가 그들의 삶과 그녀 자신의 삶에 계속 관심을 갖게 했다. 그들은 그녀가 포기할 겨를을 전혀 안 주었다. 홀킴은 "그들은 나의 전부예요. 그들은 내가 아침에 일어나고 버틸 희망과 힘을 줬어요." 하고 말했다. "그들은 나를 철저히 믿었고, 나는 그들을 실망시키고 싶지 않았어요."

그녀는 자신이 생각지도 못했던 팬들의 지지가 쇄도하는 걸 보았다. 그녀는 "사고 후, 전 세계에서 많은 사람이 나에게 연락했어요. 내가 한 번도 만난 적이 없지만, 그들은 내가 그들의 삶을 얼마나 변화시켰고 내가 예전의 나로 돌아가기를 얼마나 바라는지 말해주었죠." 하고 말했다. "내 마음을 따르고 꿈을 추구한 것만으로 내가 다른 사람들의 삶에 큰 영향을 줬다는 사실이 내겐 충격으로 다가왔어요."

소통이 가진 변화의 힘

친밀한 관계가 최악의 외상 후 스트레스 증상을 피하는 데 도움이 될 뿐만 아니라 이미 성장가도에 진입한 사람에게도 도움이 된다는 점에서, 정말 많은 사람에게 중요한 건 그런 지지를 담은 소통이다. 연구에서는 외상에 대한 대화가 외상치유에서 중요한 단계이며, 정서 억제는 부정적 영향을 미친다는 사실을 보여 준다. 한 연구에서는 남들에게 사건을 숨긴 폭행 피해자들이 그것에 대해 말한 피해자들보다 건강문제를 훨씬 더 많이 겪는 것으로 나타났다. 또한 다른 연구에서는 강한 사회연결망에서 외상사건을 비밀로 할 경우에 사회연결망이 아예 없는 사람보다 역기능이 나타날 수 있음을 밝힌 바 있다.

소통은 단순히 최악의 외상 후 스트레스 증상을 피하는 것 이상으로 아주 큰 도움을 준다. 연구자들은 대화하고 쓰면서 스스로를 표현하는 것이 성장에 필요한 의도적 반추와 이야기 재구조화를 가능케 하는 핵심임을 발견했다.

홀킴은 확실히 엄청난 신체적 고통을 겪었지만, 미래에 대한 엄청난 두려움과 불확실성에도 직면했다. 다리가 없다면, 그녀는 어떤 사람일까? 31살의 나이에 그녀의 모든 정체성이 흔들리고 있었다. 홀킴의 오랜 친구인 롬사스는 재활시설에 있는 그녀를 종종 찾아왔고, 그들은 오랜 친구들이 항상 이야기하는 것들(관계, 롬사스의 자녀들, 그리고 화제 전환에 필요한 끝없는 사소한 것들)에 대해 몇 시간씩 이야기를 나눴다. 홀킴은 친구가 일상의 사소한 좌절을 헤쳐 나갈 방법을 찾도록 도와주는 걸 즐겼다. 그걸 통해 그녀는 자기가 쓸모 있는 사람이라고 느꼈다. 가끔 그들은 홀킴을 가장 두렵게 하는 것, 즉 그녀의 미래에 대해 상의했다. 스키, 윙슈트 점프, 그녀가 알았던 모든 것은 그녀에게서 사라졌다. 그녀는 자기 자신에 대해 다시 생각해야 했는데, 그게 그녀를 두렵게 했다. 그녀는 롬사스, 그리고 아버지와 그것에 대해 이야기했다.

홀킴은 수년간의 수술과 재활치료 동안 병원과 재활시설의 대기실에서 끝없이 기다리며 생각할 시간이 많았다. 그녀는 "나는 내가 어떤 사람이고, 다른 사람들에게 어떤 가치가 있는지를 생각했어요. 나는 다른 사람들이 나의 성취로 나를 평가할 거라고 생각했었는데, 그건 틀렸어요. 그들은 내가 어떤 사람인가로 나를 평가하죠." 하고 말했다.

그녀의 긍정적 발전을 조금이라도 유도하려는 아버지의 노력 덕분에, 홀킴은 그녀가 겪은 모든 일에도 불구하고 여전히 행복할 수 있음을 깨달았다. 그녀는 친구들에게서, 눈이 내리는 걸 바라보는 조용한 순간에서, 그리고 대화를 원하는 롬사스의 이야기를 경청하는 순간에서 즐거움을 찾았다. 그녀는 정말 기분 좋은 순간들을 모아 목록을 만들기 시작했는데, 그것은 그녀가 힘든 회복과정에 집중하는 데 도움이 되었다. 그녀는 수년 동안 친구들, 선수들, 그리고 후원자들에게 자신의 차도에 대한 최신 소식을 담아 이메일을 보냈다. 재활시설에 있던 2006년 10월, 그녀는 한 편지에서 "이런 사고는 당신에게 뭔가를 하게 하죠. 당신을 움직이고 두려움을 주고 수심에 잠기게 하죠. 결국은 당신을 강하게 만들 거예요!……나는 현재 2개월 반을 병원에서 보냈는데, 그건 내 삶에서 가장 힘겨운 시간이었어요. 열다섯 번의 수술 후, 나는 이보다 더 나약함이나 무력함을 느껴 본 적이 없어요. 당신은 이러한 상황에서 회복된다면 삶에서 중요한 게 뭔지 궁금할 거예요. 당신은 정말로 문제가 생기면 당신이 친구에게 얼마나 의지하는지를 깨닫게 될 거예요." 이런 이메일에서도 그녀는 몇 가지 긍정적 측면을 찾으려 했다. 즉, 그녀는 다리를 움직일 수 없지만, 발가락을 움직일 수 있었고 체중이 약간 늘었으며 무릎의 움직임이 나아져 실내 자전거에서 두 다리를 모두 사용할 수 있다는 점 말이다. 그녀는 "그런 편지를 쓰는 것은 일종의 치료이기도 했고, 나는 그게 내 상황과 치유에 대한 내 태도를 형성했다고 믿어요. 나에게는 최신 소식에 긍정적으로 보이는 것과 희망을 담는 게 중요했어요." 하고 말했다. "나는 이게 나 자신을 설득하는 데 중요했는지, 아니면 독자들을 가혹한 사실로부터 보호하고 싶었기 때문인지 확신할 수 없지만, 그게 내겐 도움이 되었어요."

세월이 지나면서 홀킴의 관점이 변화하기 시작했다. 가장 가까운 사람들과 소통하는 과정에서 자신이 운동선수 그 이상이며, 자신의 종목에서 최고가 되는 것만이 삶에서 중요한 게 아님을 깨닫게 되었다. 그녀는 "사고 전에 당신이 내게 휠체어를 타고 평생을 보낼 거냐고 물었다면, 나는 '아예 나를 쏘세요.'라고 대답했을 거예요. 내가 했던 모든 것, 내가 좋아했던 모든 것이 신체적인 거라서 나에게 그런 게 없다면 나는 더 이상 살고 싶지 않았을 테니까요." 하고 말했다. 하지만 이제 그녀는 자신의 삶을 다르게 본다. "그건 사실 최악의 상황은 아니었어요. 내가 기능적인 신체 훨씬 그 이상의 존재임을 깨닫기에 최적의 순간이었죠."

대화, 관찰, 글쓰기를 통해 홀킴은 테데스키와 캘훈이 성장의 핵심으로 여겼던 의도적 반추과정을 시작했다. 그 과정은 그녀가 자신이 어떤 사람인지를 재고하고, 외상이 자신을 어떻게 변화시켰는지를 성찰하게 했다. 다시 말해, 그녀로부터 엘리트 운동선수라는 정체성을 빼앗은 대신 자신을 이해하는 새로운 방법을 찾게 한 것이다.

심리학자들은 이런 종류의 정서표현만으로도 성장이 일어날 수 있음을 발견했다. 한 연구는 필라델피아의 유방암 생존자들과 그 배우자들을 대상으로 1년 이상에 걸쳐 진행되었는데, 그중 절반에게서 정서표현 증가와 성장 사이에 상관관계가 있는 것으로 나타났다. 정서표현이 없는 사람들은 성장이 적거나 전혀 이루어지지 않았다. 연구의 주 저자이자 러트거스 대학교의 로버트 우드 존슨 의과대학 교수인 샤론 만Sharon Manne은 그 연구에서 162쌍의 부부 중 아주 친밀한 관계를 유지한 부부들은 두 배우자 모두 성장을 보고했다고 말했다. 한쪽 배우자가 암에 걸린 부부들과의 상담 작업에서 부부의 친밀함, 즉 그 부부가 개방적이고 솔직하게 암 투병에 대해 대화하고 그들이 함께 암을 겪고 있다고 생각할 경우에 두 배우자 모두 긍정적 성장을 더 많이 보고하는 경향이 있었다.

연구자들은 두 경우 모두 외상경험에서 여성이 남성보다 더 많이 성장하며, 성장할 경우에도 여성은 실제로 남성보다 더 높은 수준의 긍정적 변화를 보고함을 발견하였다. 이 분야의 연구에서 선구적인 리처드 테데스키와 로렌스 캘훈은 이 조사를 위해 공저자들과 함께 성별에 따라 성장이 갈린다는 별도의 연구 70편을 검토하였다. 거의 모든 연구에서 여성은 남성보다 더 많은 성장을 보고했고, 남성 외상 생존자보다 더 수준 높은 성장을 보고했다. 그 이유 중 하나는 아마도 여성이 일반적으로 남성보다 정서표현이 용이하며 친구와 가족에게 지지를 구하기 때문일 것이다. 고정관념에 따르면, 확실히 그렇게 여겨지는데, 실제로 일부 연구에서도 그렇게 확인되었다. 캘훈은 "여성은 내면에 일어나는 현상을 남성보다 더 잘 표현하는 경향이 있어요." 하고 말했다. "여성이 유익한 반응도 더 잘한다는 데 내기를 걸게요."

홀킴의 신체적 회복은 힘든 재활과 20회의 수술을 하면서 여러 해가 걸렸다. 재활시설에 들어간 지 1년이 지난 후에야 홀킴은 가슴 높이의 보행 보조기로 첫 걸음을 시도했다. 그녀는 체중의 대부분을 보행 보조기에 의지한 채 일어서서 천천히 방을 가로질러 복도를 따라갔는데, 다리가 아주 위축되어 무릎이 허벅지보다 더 불룩 튀어나와 있었다. 간호사와 의사들은 하던 일을 멈추고 믿지 못하겠다는 듯이 바라보았다. 한 간호사는 그녀를 끌어안고 울기 시작했다. 마침내, 사고 후 16개월 만에 그녀는 걷기 시작했다.

글쓰기의 힘

약 6개월 후, 홀킴은 1,500명의 청중에게 그녀의 회복에 대해 강연해 달라는 요청을 받았다. 그녀는 바로 수용하였다. 그 후에야, 그녀는 자신이 무슨 일을 저질렀는지 알았다. 그녀는 이전에 대중 앞에서 말한 적이 한 번도 없었기 때문에 두려웠다. 하지만 그녀는 친구인 롬사스의 지지를 받아 연설문을 쓰기 시작했다. 연설문을 쓰면서, 그녀는 자신이 어떤 사람이었는지, 어떤 일을 겪었는지, 자신의 미래가 어떨지를 생각해 보게 되었다. 그로 인해 그녀는 자신의 삶의 이야기, 즉 사고 이전의 예전 이야기와 새로운 이야기가 어떨지를 생각해 보았다. 그녀는 "그걸 모두 적고 내가 말하고 싶은 방식으로 이야기하는 것, 그건 거의 치료 수준이었어요." 하고 말했다. "그걸 모두 적어 가며 생각을 정리할 수 있었죠."

강당을 메운 사람들 앞에서 자기 내면의 공포와 투쟁, 즉 미래에 대한 불확실한 희망을 드러내기가 겁났다. 홀킴은 "잠시 후, '내 인생은 완전히 바뀌었어요.'라는 짤막한 말을 하며 난 거의 울먹이기 시작했죠." 하고 말했다. "이전에 난 그런 걸 큰 소리로 말해 본 적이 없어서, 그때야 난 내 삶이 영원히 바뀌었음을 깨달았어요." 청중들이 기립박수를 보냈을 때, 홀킴은 전율을 느꼈다. 강연 후, 사람들이 그녀에게 다가와 그들이 그녀의 이야기에 얼마나 많이 공감하는지를 말했을 때, 그녀는 새로운 뭔가를 발견했다. 그녀의 사고와 아직 진행 중인 회복이 그 전에 전혀 없었던 깊은 의미를 갖게 된 것이다. 그녀는 그녀의 이야기와 분투가 누구나 공감할 수 있는 것임을 깨달았다. 그녀가 겪어 온 것이 그녀처럼 고통받고 있는 다른 사람들에게 도움이 될 수 있었다. 그녀는 자신이 단순한 운동선수 그 이상임을 깨달았다. 그녀는 자신이 어떤 사람이 될지와 자신의 미래를 어떻게 재구성할지에 대한 새로운 가능성을 보았다.

글쓰기는 홀킴이 그녀 스스로를 재구성하는 데 핵심적인 역할을 했다. 많은 연구에서 외상으로부터 회복하는 과정에서 글쓰기가 놀라울 정도로 유익했음을 제시하고 있다. 실제로 아주 작은 양의 글쓰기마저도 많은 이점을 준다. 그건 거의 우연히 시작된 완벽한 치료법이자 연구 분야이다.

수십 년 전, 텍사스 대학교 오스틴캠퍼스의 심리학과장인 제임스 페너베이커James Pennebaker는 결혼생활에 어려움을 겪고 있었다. 어느 날 그는 앉아서 자신의 느낌을 써내려 갔다. 그는 자신이 쓴 걸 아내에게 보여 주지 않았다. 심지어 그걸 보관하지도 않고, 바로 버렸다. 하지만 잠시 후, 그는 이상한 뭔가를 발견했다. 그의 기분이 나아졌던 것이다.

페너베이커는 그것에 대해 그리 많이 생각하진 않았지만, 이후 몇 년 동안 혼란스러운 일이 생길 때마다 그냥 앉아서 당면한 일에 대해 써 내려갔다. 그 후, 그는 외상과 소통에 대한 연구를 접하게 되었다. 외상경험 후, 다른 사람들과 소통하면서 얻는 실제적 이점이 분명하지만, 다른 사람과의 관계도 운에 좌우된다고 느꼈다. 소통의 가치 중 많은 부분은 외상 생존자가 말한 표현을 청자가 어떻게 수용하는가에 달려 있다. 생존자가 무시당했는가? 청자가 화제를 바꾸거나 불쾌한 표정을 지었는가? 청자가 개방적이고 수용적이었는가? 결국 일이 잘 풀리지 않으면, 대화의 가치가 감소될 수 있다. 그는 "만약 당신이 면대면 소통의 그런 애매한 점을 다 없애고 그냥 자신의 생각을 써 본다면 어떨까?" 하고 궁금했다.

페너베이커는 학생들이 4일 연속으로 15분씩 외상경험에 대해 써 보는 실험을 고안했다. 한 집단은 어떤 정서적·개인적 반추 없이 그냥 사건의 사실을 열거해서 쓴 반면, 다른 집단은 그 사건에 담긴 정서와 의미에 대해 썼다. 그는 사건의 의미에 대해 쓴 집단에게 자신의 정서를 깊이 탐색해서 외상이 자신의 친구나 가족과의 관계에 어떤 영향을 미쳤고, 그게 자신을 어떻게 바꾸었으며, 삶에서 자신이 뭘 원하는지 생각해 보라고 했다. 그들은 15분 동안 써 내려갔다. 그는 그들에게 쓴 내용이 뭐든 비밀이 유지될 거라고 약속했다.

결과는 페너베이커의 기대를 능가했다. 사실만을 기록했던 집단은 삶의 어떤 영역에서도 변화를 보이지 않았다. 외상사건의 의미와 유발된 정서에 대해 썼던 집단은 유의미한 변화를 보였다. 그들은 이후 몇 달 동안 의사를 덜 만났고 다른 집단보다 아스피린을 덜 복용했다. 그들은 시간이 흐른 후에도 그 실험이 유익했다고 말했다. 그는 말하길, "첫 실험이 끝나고 몇 개월 후, 학생들이 캠퍼스에서 내게 다가와 '연구에 참가하게 해 주셔서 감사드려요.' 하고 말했죠." "확실히 의미 있는 무언가가 일어난 거예요."

그것은 페너베이커가 이 기법, 즉 표현적 글쓰기(그는 그 주제에 대한 책도 썼다)를 활용해 수행한 오랜 연구의 출발점이었다. 페너베이커는 심리적 이점과 신체건강상 이점을 모두 관찰하기 시작했다. 1995년 출판된 한 연구에서, 그는 40명의 의대생들로부터 혈액 샘플을 모았다. 그는 그들을 외상경험에 대한 글쓰기 집단과 외상과 무관한 주제에 대한 글쓰기 집단에 4일 동안 임의로 배정했다. 그 후, 그들은 B형 간염백신과 촉진제를 맞았다. 촉진제 접종 이전과 첫 접종 6개월 후에 혈액을 수집하였다. 그는 외상경험에 대해 쓴 사람들이 외상과 무관한 주제에 대해 쓴 사람들보다 혈액 내 항체 수치가 유의미하게 높음을 발견했다.

1986년 수행된 그의 첫 연구 이후, 다른 연구자들이 표현적 글쓰기에 대한 수백 편의 연구를 수행했다. 페너베이커의 독창적인 연구 이후 10년 이상에 걸쳐 출판된 표현적 글쓰기 연구에 대한 한 논평에서는 이처럼 간단한 글쓰기 활동에 유의미한 심리적·생리적 이점이 있으며, 이후의 메타분석에서도 대체로 지지됨을 발견하였다. 연구에서는 표현적 글쓰기가 글을 쓰는 동안 혈압을 낮추고, 그 상태가 이후 수개월 동안 유지되었으며, 표현적 글쓰기를 활용한 학생들의 성적이 향상된 것으로 나타났다. 표현적 글쓰기를 한 구직자들이 피상적 글쓰기를 한 구직자들보다 더 빨리 취직하였다. 심지어 이틀 연속으로 2분 동안 표현적 글쓰기를 한 것만으로도 약간의 이점이 있는 것으로 나타났다. 페너베이커는 이처럼 특정 유형의 글쓰기는 누군가와 공유하려는 게 아니라 참가자만을 위한 것이라는 게 핵심이라고 말했다. 페너베이커는 "다른 누군가를 위해 쇼를 시작하는 게 아니에요." 하고 말했다. "당신은 스스로 솔직해야 하죠. 그게 아니라면 도대체 그걸 왜 하겠어요?"

이처럼 겉보기에 간단한 과정이 왜 효과적일까? 페너베이커는 외상경험이 인지적으로 이해되거나 시간이 흘러 그냥 사라질 때까지 피해자의 의식에 남아 있는 경향이 있다고 말했다. 외상을 이해하는 것(그것을 이해하고 그것이 의미하는 바를 수용하는 것)은 부정적 경험을 이해하고 수용하는 비교적 효율적인 방법이다. 그냥 외상이 사라지기를 기다리면 매우 오랜 시간이 필요하고 수많은 문제가 야기된다. 생존자들이 힘든 경험에 대해 이야기함으로써, 그 경험들이 외상기억에 특히 중요한 언어로 전환된다. 생명을 위협하는 사건들은 뇌의 공포센터에 있는 편도체를 활성화한다. 그러한 기억들은 감정으로 가득 차 있지만, 언어와 맥락이 부족할 수 있다. 글쓰기를 통해 생존자들이 그런 경험을 언어로 명명하면, 그런 경험이 언어로 이해되고 처리되기 때문에 생존자들의 신경망에 그 사건이 경계경보로 떠다니지 않는다. 일단 그렇게 되면, 사람들은 그 사건에 의미와 일관성을 부여하고, 나아가 자기 삶에서의 구조와 위치도 부여하게 된다. 페너베이커는 경험을 언어로 표상하는 것이 경험을 이해하는 필수 단계라고 주장한다.

페너베이커에 따르면, 글쓰기는 누군가와의 대화와 다르다. 글쓰기 과정에서는 한 개인이 사건과 그 결과를 그냥 말하는 정도가 아니라 훨씬 상세하고 철저히 생각한다. 그것은 홀킴의 사례에서도 잘 드러난다. 페너베이커의 한 연구에서는 외상경험을 신체적 움직임으로 표현하는 집단과 두 가지로 표현하는 집단, 즉 신체적 움직임과 글쓰기로 표현하는 집단에 학생들을 3일 동안 하루에 10분씩 임의 배정했다. 움직임과 글쓰기 둘 다 한 집단에서만 건강과 성적에서 유의미한 향상을 보였다. 건강상 이점을 위해서는 정서를 단순히 표현하기보다 경험을 언어로 전환할 필요가 있다.

연구에서는 강력한 경험에 대해 조직화해서 쓰는 게 체계 없이 쓰는 것보다 더 효과적임을 제시하였다. 또한 연구에서는 말하기가 유익하고 토론을 통해 개인이 경험을 깊이 있고 의미 있게 조직할 수 있지만, 글쓰기를 통해서는 그러한 조직을 요구할 뿐만 아니라 개인이 좀 더 깊이 탐색하는 것으로 나타났다. 페너베이커는 "중요한 격변이 당신의 삶 전반을 어떻게 변화시켰는지 알려면, 그 사건이 나에게 어떤 영향을 미쳤고, 그 사람과 나의 관계나 생사에 대한 사고방식을 어떻게 바꿨는지 자문해 봐야 하죠." 하고 말했다.

글쓰기로 외상 생존자들을 돕는다는 아이디어는 펜실베이니아 주립대학교의 심리학과 교수 조슈아 스미스Joshua Smyth의 관심을 끌었다. 종종 외상 생존자들은 외상기억에 압도당한다. 기억이 정서적으로 깊이 남아 사건 자체가 너무 크고 강력해 보인다. 하지만 그는 글쓰기가 가능한 해결책을 제시한다는 사실을 발견했다. 그는 "글쓰기를 할 때 당신은 생각과 사건을 쓰기 좋게 더 작은 단위로 나누게 되지요." 하고 말했다. 그는 외상사건 전체는 압도적이지만, 글쓰기를 하려면 개인이 시작할 위치를 선택해야 한다고 말했다. 사람들은 글을 쓸 때 그 사건들에 대해 천천히 써 내려가고 그 사건을 작게 나누어 제대로 판단할 기회를 갖는다.

2008년에 출판된 스미스의 한 연구에서는 심각한 외상 후 스트레스 장애 진단을 받은 사람들(베트남전 참전용사와 성폭행 피해자들)을 두 집단으로 나누었다. 한 집단은 시간관리에 대해 썼고, 다른 집단은 외상경험에 대한 정서 반응을 표현적인 글로 썼다. 3개월 후, 첫 번째 집단은 전혀 성장을 보이지 않았으나, 표현적 글쓰기를 했던 사람들은 외상 후 스트레스 장애 정도가 좀 나아졌고 코르티솔 분비와 같은 스트레스 지표도 약간 감소하였다. 더구나 표현적 글쓰기 집단은 대부분이 유의미한 외상 후 성장을 보였다. 스미스는 글쓰기가 성장을 촉진하는 데 도움이 될 수 있는데, 이는 글쓰기를 통해 사람들이 외상에 대한 이야기를 구성하고 그들의 삶에 대한 이야기가 어떻게 바뀌는지를 알게 되기 때문이라고 말했다. 노팅엄 대학교 스티븐 조셉은 사람들에게 글을 쓰게 하면 그들은 평가받지 않는 이야기를 쓰게 된다고 말했다. 그는 "그런 글쓰기는 그들이 일어난 일에 대한 이야기를 구성하는 데 도움이 되죠. 그들은 일관성과 의미를 찾고 미래를 들여다보게 되죠." 하고 말했다. 그 과정은 이야기를 재구조화해서 성장의 길로 유도하는 의도적 반추를 시작하는 데 도움이 된다.

  그것은 바로 글쓰기가 홀킴에게 했던 역할이다. 그녀는 자신을 행복하게 만드는 것들을 써 내려갔다. 하지만 그녀는 연설문을 써야 했기 때문에 자신의 인생 이야기도 검토해야 했다. 영감 있는 연설은 이야기를 필요로 하며, 긍정적 변화가 특징이다. 홀킴은 사고 전의 자신에 대해 깊이 탐색해야 했다. 그녀는 사고가 자신에게서 뭘 앗아갔으며, 사고 후 자신의 삶을 재건하기 위해 어떤 계획을 세웠는지에 대해서도 생각해야 했다. 글쓰기를 통해 홀킴은 자신의 경험에 더 집중하였고, 그녀가 경험한 모든 것을 사려 깊고 일관적으로 표현할 수 있었다(생각이나 대화만으로는 어려운). 그녀는 자신의 이야기를 탐색했으며, 마침내 스스로 새로운 이야기를 만들었다.

  그녀의 강연은 홀킴에게 예상치 못한 다른 이점도 주었다. 그녀는 자신의 삶을 크게 바꿀 또 다른 공동체 및 지지의 원천과 연결될 수 있었다. 홀킴은 "나는 내 삶이 더 이상 생명을 위협하는 경험이 아님을 깨달았어요." 하고 말했다. "내 삶은 더 의미 있고 보람 있어요. 그리고 이기적이지 않아요." 현재 그녀는 자신의 이야기(그녀의 아버지가 그녀를 새로운 사람으로 만들었다고 말한 것)를 들려주고 다른 사람들에게 영감을 주는 강연자로 살고 있다. 그는 "그 애는 모든 걸 긍정적으로 바꾸었어요." 하고 말했다. "그 애는 들려줄 이야기가 있어요. 다른 사람들에게 아주 낮은 곳에서 다시 일어설 수 있고 자립할 수 있다는 것을 보여 주는 건 중요하죠."

그 사고에 감사하기

사고 발생 3년 후, 홀킴은 걷게 되었으나 여전히 고통스러웠다. 그녀는 아주 오랫동안 진통제를 먹어서 해독을 두 번이나 해야 했다. 마침내 그녀는 오스트리아에 있는 레드불 진단·훈련센터를 방문했고, 거기에서 운동선수들이 재활과 훈련의 간극을 메우도록 도와주었다. 그녀는 딥 티슈deep tissue 마사지를 받고, 걷기 역학을 다시 배웠다. 그녀는 웨이트 트레이닝을 더 보강했다. 트레이너의 지도하에 그녀의 근육은 회복되고 제대로 기능하게 되었다. 시간이 흐르면서, 고통이 사라지기 시작했다. 그녀가 재활을 시작할 때 스스로 정한 목표인 스키를 다시 타는 수준에 근접하였다. 물론 위험은 컸다. 그 이유는 그녀의 다리가 너무 많은 철판과 나사로 고정되어 있어서 엑스레이로 보면 철물점의 잡동사니 상자와 같기 때문이다. 넘어지기만 해도 다시 병원에 가야 할 정도였다.

사고 후 3년 반이 지난 2010년 1월, 홀킴은 아버지의 집 근처에 있는 헴세달 스키장에 갔다. 그 산은 한 시간 일찍 개장해서, 그녀가 혼자 스키를 탈 수 있었다. 그녀는 수 년 동안 이 순간이 기대되면서도 두려웠다. 자신의 정체성을 일부라도 되살릴 수 있다는 점에서 희망이 있었고, 자신의 다리로 인해 실패할 수 있다는 점에서 두려웠던 것이다. 이른 아침의 어둠 속 눈부신 조명 아래에서, 그녀는 리프트에서 내려 슬로프를 하강했다. 첫 번째 짧은 활강은 바로 자연스런 느낌이었다. 걷기보다도 말이다. 그녀의 아버지, 남자 친구, 물리치료사가 동행하고 어머니와 친구들이 밑에서 기다릴 때, 그녀는 다듬어진 중급 스키 코스에서 스키를 타고 내려갔다. 그녀는 "그 순간, 나는 마치 나로 돌아온 것 같았어요." 하고 말했다.

이제 홀킴은 거의 정상으로 걷는다. 마음이 내킬 때 그녀는 짧은 치마를 입으며, 모르는 사람이 상어에게 공격당했느냐고 물어볼 정도로 흉터가 많은 다리가 보이는 것도 더 이상 개의치 않는다. 그녀는 여전히 멀리 여행을 다니지만, 이제는 자신의 이야기를 다른 사람들에게 들려주러 다닌다. 그녀는 스키를 타고 다듬어진 슬로프뿐만 아니라 거친 지형에서 인적이 없는 눈 위를 가르면서 다시금 산의 자유, 발아래의 눈, 곁에 있는 친구들을 느낀다. 하지만 스키는 취미일 뿐, 더 이상 직업은 아니다. 그녀는 새로운 직업이 있다. 즉, 회복과 변화에 대한 자신의 이야기를 들려주는 것이다. 홀킴은 "나는 많이 성장했어요. 더 현명하게 결정하고 내가 가진 것에 감사하죠." 하고 말했다. "나는 그 사고가 일어난 데 감사해요."

그 말이 놀라웠다. 더구나 사고 이전의 삶에서 더 없이 행복하고 성공적이며 충만했던 사람이 그렇게 고통스럽고 심신을 약화시키며 삶을 바꾼 사고에 감사하다니! 그러나 그녀는 진심이었다. 그녀는 사고 이전의 자신은 투지가 넘친 완벽주의자였으며, 불안하고 성공을 목말라 했다고 말했다. 그녀의 아버지와 친구 롬사스는 그녀가 경력이 쌓일수록 자신이 추구하는 모험 스포츠가 주변 사람들에게 어떤 영향을 주는지를 모르더라고 말했다. 그녀는 자신이 원했던 삶을 추구하며 계속 여행을 다녔다. 어떤 면에서는 그것이 자신의 문제와 불안을 회피하는 방법이기도 했다. 그녀는 "베이스 점프를 할 때와 같이 생사를 다루는 일을 해내면, 일상적인 문제는 비교적 평범하고 사소하게 느껴지거든요." 하고 말했다. "그런데 그런 종류의 회피는 에너지와 힘을 줘요. 그래서 강하고 천하무적이라는 느낌이 들죠." 하지만 당연히 그녀는 천하무적이 아니었다. 그 일로 인해 오늘의 그녀는 달라졌다. 그녀는 더욱 배려심 깊은 친구이다. 그녀는 아버지와 훨씬 더 가까워졌다. 그녀는 가까운 사람들과의 중요한 관계에 더 책임을 느끼고 관심을 갖는다. 그녀의 오랜 불안은 그녀가 극복한 모든 것에 비하면 별거 아니다. 그녀가 새롭게 추구하는 것들은 그녀가 사고 전에 전혀 깨닫지 못했던 점을 길러 준다. 그녀의 새로운 직업은 의미 있고 다른 사람들에게 도움이 된다.

그녀의 윙슈트 비행 친구였던 콜리스는 변화가 틀림없다고 말했다. 그는 "지금 그녀와 지내면서 난 그걸 알 수 있고, 심지어 저희 엄마도 알 수 있어요. 그녀에게서 빛이 나는 것 같죠." 하고 말했다. "지금까지 봤던 그녀의 모습 중 현재의 그녀가 가장 행복해요." 홀킴도 그 변화를 알고 있다. 그녀는 마음이 더 평화롭다. 불안이 사라졌다. 그녀는 이전과 전혀 달리, 살아 있는 것만으로도 감사한다. 그녀는 "나는 더 이상 뭔가로 공허함을 채울 필요가 없어요." 하고 말했다. "공허함이 사라졌고, 나는 지금 정말 행복한 사람이에요."

07
긍정을 찾다

낙관주의가
지닌
변화의 힘

텍사스 오스틴의 일출 전 안개 낀 아침, 매트 코처Matt Cotcher는 침대에서 일어나 땅콩버터와 바나나로 토스트 두 조각을 만들었다. 그는 그중 하나만 먹고 오스틴 시내로 차를 몰았다. 시간이 45분 정도 남아서(그는 스트레스를 받는 교통체증을 피하려고 일찍 출발했다), 그는 주차된 차 안에서 휴식을 취하며 나머지 토스트를 천천히 먹고 있었다. 곧이어 텍사스 의사당에 걸린 흐린 실안개 사이로 해가 떠오르자, 그는 오스틴 마라톤을 위해 아무렇게나 늘어선 2만 명의 달리기 주자들 사이에 합류했다.

코처는 키가 크고 말랐다. 그는 검은 머리를 짧게 깎아, 머리 뒤쪽에서 목 아래까지 활 모양으로 난 10cm가량의 흰색 흉터가 훤히 보였다. 경기가 시작되자, 달리기 주자들은 앞으로 나가기 시작했고, 코처도 천천히 달리는 사람들 사이로 들어갔다.

그는 경기에서 이기는 걸 내세우지 않았다. 그를 응원하는 친구 응원단도 없었다. 이번 마라톤이 그에게 지난 1년 중에는 세 번째였고, 거주지인 오스틴에서는 두 번째였다. 사실, 그의 친구들도 이렇게 이른 아침에 코처를 보려고 일어날 의향이 없었다. 그럼에도 불구하고 그가 이 경기에 참여한 것은 놀라웠다.

1991년, 코처는 텍사스 대학교에 다니려고 애틀랜타에서 오스틴으로 이사 왔다. 하지만 몇 년 후, 그는 학업을 중단했다. 그 후 애틀랜타의 스타트업 회사에서 일하며 성공리에 10년을 보낸 후, 그는 학위를 받고 싶은 생각이 들었다. 그는 "나는 인생에서 크게 실패한 적이 없어요. 그래서 다시 텍사스 대학교로 돌아가 과거의 가장 큰 실패를 만회하는 게 내겐 무척 중요했어요." 하고 말했다. 10년간의 영업 후, 그는 새로운 직업을 찾는 데 관심을 가졌다. 2005년, 그는 오스틴으로 돌아와 대학교에 재등록했다. 코처는 "나는 나 자신을 직업적으로 성장시킬 수 있다는 일종의 낙관주의가 있었어요." 하고 말했다.

코처는 애틀랜타에서 자라면서 항상 풋볼과 농구를 해 온 운동선수였으며, 스포츠 광팬이었다. 그는 ABC 스포츠에서 40년 동안 일한 스포츠 방송 진행자인 키이스 잭슨Keith Jackson에 심취하였다. 이제 그는 스포츠 방송 진행자가 되고 싶었다. 고등학교 풋볼에서부터 우승한 프로 농구팀까지 스포츠 마니아 문화가 있는 텍사스가 최적의 장소였다. 그는 고등학교 풋볼 경기방송의 스트리밍을 온라인으로 계약하는 회사에서 바로 인턴십을 마치고 취직했다. 2006년 12월에 텍사스 대학교를 졸업할 무렵, 그는 경기 생방송 해설을 했고 베테랑 스포츠 방송 진행자들로부터 큰 찬사를 받았다. 코처는 "나는 제2의 키이스 잭슨이 되는 길을 잘 가고 있었죠." 하고 말했다.

하지만 졸업 후 몇 개월 동안 코처는 심한 두통에 시달렸다. 마침내 2007년 4월, 그는 병원에 갔다. 그는 병원에 서 있다가 비틀거려 바닥에 넘어질 뻔했다. 그는 균형을 완전히 잃었던 것이다. 의사는 걱정하며 CT 촬영을 위해 그를 근처 병동으로 보냈다. 촬영 후, 의사들은 MRI 검사를 했다. 결과는 좋지 않았다. 라켓볼 크기의 덩어리가 그의 뇌간(호흡, 소화, 심박수, 뇌-신체의 교류 등 기본 기능을 관장하는 뇌 부위) 주변에 뒤엉켜 있었다. 이 부위는 종양, 아주 큰 종양에 특히 취약한 위치였다.

상황은 급속도로 변했다. 한때 그는 스스로 새로운 경력을 쌓아가며 일하는 행복하고 평범한 35살이었다. 그 후엔 뇌종양 진단을 받았다. 가까운 이들과 상의한 후, 코처는 종양 전체를 다 제거하는 가장 외과적인 수술을 선택했다. 이처럼 발본적인 수술은 종양의 재발 가능성을 낮추지만, 코처가 잘 모르는 현실적 위험도 있었다. 코처는 "내 생각에 뇌수술은 뼈가 부러지는 것과 같을 거예요. 그러면 나는 6~12개월 정도 제기능을 못하겠죠." 하고 말했다. "나는 아주 정상이었고 기능도 완벽했어요. 그러니 종양을 제거하면 두통이 사라지는 거 말고 다른 일이 생길 거라고 생각할 리가 있었겠어요?"

첫 검사를 받고 열흘 후, 코처는 병원에서 수술 준비를 하고 있었다. 수술 전날 밤, 그는 정상으로 돌아가려면 2~3개월이 걸릴 거라고 절친인 케빈 슈발로프Kevin Shuvalov에게 말했다. 슈발로프는 "아무도 그에게 다가와 '네 삶이 크게 바뀔 거야.'라고 말해 주지 않았죠." 하고 말했다.

코처는 새로 구한 방송 진행자 직업에 수술이 어떤 영향을 미칠지 염려했고, 수술실에 들어가면서 수술 의사에게도 그렇게 말했다. 그는 "내가 의사에게 했던 마지막 말은, '내 목소리를 망가뜨리지 말아 주세요.'였죠." 하고 말했다.

코처의 가족과 친구들, 그리고 슈발로프의 가족들까지 약 15명이 대기실에 다 모였다. 수술에 착수한 후, 의사들은 종양이 조각을 내어 쉽게 제거할 수 있는 단단한 덩어리가 아님을 알았다. 오히려 종양은 젤로Jell-O에 가까웠다. 의사들이 제거하려던 조각이 아주 작게 부서져 버렸다. 결국 그 종양을 조금씩 긁어내야만 했다. 그 때문에 이미 마친 그의 외과수술이 아주 치명적 결과를 가져왔다. 슈발로프는 "그건 너무 힘들었어요." 하고 말했다. "의사들은 그가 무사히 밤을 넘길지에 대해서도 확신을 못했어요."

코처는 다음 날 의식을 찾았다. 얼마 지나지 않아, 의사들은 그 수술의 첫 번째 영향을 알게 되었다. 그들이 코처의 호흡튜브를 제거하자, 그가 스스로 숨을 쉴 수 없었던 것이다. 그 후 몇 주 동안 그는 목구멍으로 내려가는 호흡튜브가 달린 인공호흡기를 끼고 있었다. 곧이어 수술로 인한 다른 영향도 나타났다. 코처는 "정말 내가 두려웠던 첫 기억은 말하기·삼키기 담당 치료사가 내 병실에 잘게 조각낸 얼음 한 컵을 가지고 왔을 때였어요." 하고 말했다. "그녀는 나에게 작은 조각 하나를 숟가락으로 떠먹인 후, 그걸 삼켜 보라고 했어요. 나는 할 수 없었어요. 그 이유도 몰랐죠. 나는 삼키려고 했으나, 전혀 삼켜지지 않음을 느낄 뿐이었죠."

코처의 좌반신은 일부 마비되었고, 삼킬 수도 없었다. 그는 얼굴 근육의 대부분을 움직일 수 없었다. 그의 균형과 조정력이 손상되어 걸을 수도 없었다. 삼킬 수 없었기 때문에, 코처는 그의 입과 식도를 우회해 바로 위에 삽입되는 급식튜브를 사용해야 했다. 으깨진 음식들을 튜브를 통해 공급받았다. 코처는 목에서 호흡튜브를 빼내고 말할 수 있기를 간절히 원했다. 작은 화이트보드에 글로 써서 소통하는 건 정말 답답했다. 그는 손으로 쓰는 것보다 훨씬 더 빨리 생각할 수 있지만, 친구들이나 의사들과 대화할 수 없었다. 하지만 튜브를 제거했을 때 그는 또 다른 이유로 놀랐다. 코처는 "드디어 튜브를 빼냈는데도, 내 머리가 말하는 법을 몰랐어요." 하고 말했다. "나는 뭔가를 말하고 싶었으나 아무 말도 나오지 않았죠. 그건 정말 무서웠어요."

코처는 겉으론 두렵지 않은 척했지만, 속으론 모든 게 두려웠다. 슈발로프는 "그는 한 번도 '이거 완전 최악이야.'라고 말한 적이 없었어요." 하고 말했다. "하지만 그의 눈 속에서 그걸 알 수 있고, 그의 생각을 알 수 있죠. '제기랄, 어떻게 해야 하지?'"

병원에서 한 달 정도를 보낸 후, 코처는 재활시설로 옮겼다. 간호사들은 그의 뇌가 움직이는 방법을 기억해 내게 하려고, 근육을 수축시켜 뇌를 자극하는 미세한 전기충격으로 그의 얼굴근육을 자극했다. 진척속도가 몹시 느렸다. 더구나 그의 인지능력은 수술의 부정적 영향을 전혀 안 받아서, 그는 가야할 길이 얼마나 먼지 잘 알고 있었다. 그는 "나는 고양이라는 단어를 알고 있었죠." 하고 말했다. "나는 그걸 어떻게 읽는지도 알고 고양이가 뭔지도 알았어요. 심지어 내 머리도 고양이를 발음하는 방법을 알았죠. 나의 뇌는 고양이에 대한 모든 걸 기억했지만, 정작 그걸 말하지 못했어요. 그건 걷기, 점프하기, 웃기, 숨쉬기와 같은 방식이었죠. 내 머리는 그 모든 걸 기억했고 나는 그것들을 할 수 있다고 느꼈지만, 막상 말하려고 하면 아무것도 못했어요."

코처는 걷는 법도 다시 배워야 했다. 처음에는 일어서고 앉는 것마저도 연습하였다. 일단 그게 숙달되자, 그는 쇼핑카트의 도움을 받아 걸었다. 곧 그는 카트를 보행보조기로 대체하였고, 이어서 지팡이를 사용했으며, 그다음에는 난간을 한 손으로 잡고 걸었다. 마침내 그는 혼자 걷기 시작했다. 코처는 "나는 경보로 시작해 발을 끌며 걷다가 복도를 천천히 걸었어요. 비참했어요. 전에는 내가 운동신경이 좋았거든요. 나는 예전의 정상상태로 돌아갈 수 없음을 깨달았어요." 하고 말했다.

그의 얼굴이 오랫동안 마비되어, 말이 느리고 어눌했다. 사람들은 종종 그가 정신장애가 있을 거라고 생각했다. 슈발로프는 "그는 거리를 걸어 다니지 못했어요." 하고 말했다. "경기를 보러 가면, 모두 그가 술에 취했다고 여겼어요. 그러니 인파에 떠밀리겠죠. 그래서 그는 정신이 하나도 없었고, 그게 그에겐 힘겨웠어요."

코처는 이렇게 기이한 사건 전환, 그를 압도하는 한계 및 극도로 느린 회복속도에 정말 화내고 우울해하고 억울해할 만했다. 하지만 그는 그 일을 겪는 내내 한 번도 우울증에 빠지지 않았다고 말했다. 오히려 그는 긍정을 유지했고, 더 나아진 것에 집중했으며, 그의 상태나 잠재적 치료와 관련된 걸 배우는 데 집중했다. 코처는 "나는 긍정적인 사람과 부정적인 사람이 있는데 당신은 그 둘 중 하나일 거라고 생각해요." 하고 말했다. "나는 긍정적인 사람이고 항상 그래 왔어요. 오히려 나의 치료여정이 그 사실을 강화시켰죠. 우울해하거나 억울해하거나 화내는 일이 내겐 한 번도 없었어요. 나는 내가 잃어버린 것을 억울해하기보다 상황이 그처럼 돌아가는 이유와 방식을 배우는 데 에너지를 쏟았어요. 그거야말로 내 시간을 잘 활용하는 방법일 뿐만 아니라, 장기적으로도 유익하죠."

긍정을 찾기

코처의 태도, 자신의 상황을 바라보고 실용적인 해결책을 모색하는 방식, 부정적 측면에 휘말리지 않는 그의 타고난 낙관주의는 그가 회복하고 스스로 새로운 삶을 찾는 데 핵심적인 역할을 했다. 코처의 치료사인 캐서린 와이팅Catherine Whiting은 "그는 무척 진취적이고, 아주 긍정적인 태도를 지녔어요." 하고 말했다. 코처는 그녀에게 그 자신에 대해, 그리고 암이 그의 삶에 어떤 영향을 미쳤는지를 알려 달라고 했다. 그녀는 "그는 지금 여기에 집중해요. 더구나 지금 여기의 좋은 면에요." 하고 말했다.

 놀라울 정도로 많은 연구에서, 긍정적 태도가 암이나 다른 외상사건으로부터 회복되는 데 유익함을 제시하였다. 뉴저지의 러트거스암연구소 연구원인 샤론 만Sharon Manne은 그런 상황에서는 낙관주의자가 그렇지 않은 사람들보다 많은 이점이 있다고 말했다. 그들은 넓고 깊은 지지망이 있다. 그들은 자신이 속한 공동체에 잘 융화된다. 그들은 더 장수하고 더 충만한 삶을 산다. 그녀는 "그건 여러모로 장점이죠." 하고 말했다.

 제인 셰익스피어-핀치는 개인이 외상사건을 긍정적으로 보든 부정적으로 보든 그 방식이 얼마나 잘 회복될지에 상당한 영향을 미친다고 말했다. 그 말은 사람들이 끔찍한 사건을 좋은 척해야 한다는 말이 아니다. 오히려 그들은 그 사건이 자신의 삶에 가져온 변화를 평가하고, 그걸 현재의 자신 및 미래의 자신과 통합하는 방법을 이해할 필요가 있다. 장 피아제와 스티븐 조셉의 표현을 빌자면, 그들은 그 경험에 맞게 조절해야 한다. 그래서 그들이 아주 사소할지라도 유익한 걸 찾으려고 긍정적 측면에 초점을 맞출수록, 더 나아질 것이다.

 앞 장에서 홀킴은 아버지와 나눈 대화, 그리고 일기와 이메일 쓰기를 통해 그걸 실천했다. 그녀는 병원에 앉아 창밖에 내리는 눈을 바라보거나 발가락을 움직이는 것처럼 아주 사소한 거라도 긍정적 측면을 찾았던 것이다. 그녀는 자신에게 닥친 압도적이고 통제 불가능한 재앙에 머물지 않고, 스스로 긍정적인 발전에 집중하기 위해 일기, 대화 및 이메일을 사용했다.

셰익스피어-핀치는 2009년 173명이 사망했던 호주의 끔찍한 산불에서 살아남은 외상 생존자들을 도울 때, 이러한 종류의 긍정성이 생기는 걸 목격했다. 그녀는 그들에게 유지되거나 얻은 것들에 대해 생각해 보라고 하면서 꾸준히 생존자들을 상담했다. 어떤 이들에게는 그들이 화재에서 살아남았거나 자기 자녀들이 살아남았다는 사실이 뭔가를 긍정적으로 보는 출발점이 되었다. 그런 끔찍한 상태를 수많은 사람의 더 나쁜 상황과 비교하면서, 그들은 자신이 실제로 다른 이들보다 얼마나 더 나은지를 알게 되었다. 그것은 그들이 매달릴 긍정적 실마리가 되었다. 많은 사람들은 그들 공동체가 생존자들과 집 잃은 사람들을 위해 힘을 모으는 걸 목격했다. 어떤 사람들은 아주 많이 지지해 준 사람들과 더 깊은 관계를 맺고, 그렇지 않은 사람들과의 관계는 정리했다. 그녀는 "충성loyalty은 오랫동안 함께한 사람들에게서 나온다는 점에서 이 모든 것에 긍정적 측면이 있어요." 하고 말했다.

이런 사람들은 외상을 묵살하거나 활기 있는 척하며 숨기지 않았다. 그들은 그들이 잃은 것과 닥칠 어려움을 알았지만, 긍정적 측면을 발견하고 추구하며 강조하는 능력도 있었다. 그거야말로 가장 유익한 태도이다. 표현적 글쓰기 연구를 개척한 텍사스 대학교 심리학과 교수인 제임스 페너베이커는 긍정적 정서가 건강에 미치는 역할에 호기심이 생겼다. 그래서 그는 표현적 글쓰기에서 긍정적 정서를 표현한 사람들이 다른 이들에 비해 건강상 어떤 이점이 있는지를 알아보기 위해 6편의 연구를 검토하였다. 그는 실험 대상자들이 글쓰기에서 사용했던 언어를 분석하여 '행복' '웃음' 등의 긍정적 단어와 '슬픔' '분노' 등의 부정적 단어를 찾았다. 언어는 효과가 있었다. 실험 대상자들이 긍정적 언어를 사용할수록, 그들의 건강도 더 나아졌다. 긍정성이 유익했다. 그러나 그들의 건강이 제일 나아진 건 아니었다. 의사를 찾은 횟수가 가장 적은 집단은 부정적 정서 단어가 중간 정도인 집단이었다. 그들은 약간의 긍정성에 더해 그들의 어려움을 표현했으며, 그처럼 혼합된 경우, 즉 그들의 어려움을 현실적으로 수용하고 더 나은 걸 희망할 경우에 가장 유익한 것으로 나타났다.

코처의 경우에 그의 타고난 긍정적 태도는 회복에 도움이 되었을 뿐만 아니라, 그가 어디에 가치를 두고 어떻게 살기를 원하는지에 대한 전반적인 생각이 바뀌는 데에도 도움이 되었다. 코처의 삶은 아주 느려졌다. 그는 더 이상 일할 수 없었고, 그가 하는 모든 것은 오래 걸리고, 느린 속도로 일어난다. 그 덕분에 그는 자신의 장애를 고치기 위해 장애에 대해 공부할 시간을 갖게 되었다. 못 삼키는 것에 절대 실망하지 않고, 코처는 가능한 해결방법, 즉 그의 말과 삼키기를 향상시키는 장치를 발견했다. 그는 마요클리닉의 최고 전문가를 찾을 때까지 온라인으로 조사했다. 그는 의사에게 메일을 보냈고, 곧 이틀간의 검사와 평가를 위해 미네소타에 갔다. 의사들은 코처에게 삶의 질을 향상시킬 몇 가지 방법을 추천했고, 2009년 말 그는 수술을 받았다.

얼마 후, 코처는 천천히 먹을 수 있었다. 그러나 코처가 친구 슈발로프의 집에 저녁을 먹으러 갔을 때, 그는 다른 사람이 앉기 한참 전부터 먹기 시작해서 모두가 식사를 마친 지 한참 후까지 계속 먹어야 했다. 그것은 답답하고 어색했지만, 남은 삶 내내 튜브를 통해 으깨진 음식을 공급하는 것보다 훨씬 나았다.

수술 후, 코처의 사고thinking는 손상되지 않았지만 다른 모든 것이 망가졌다. 그는 천천히 걸었고, 정상적인 보행에 필요한 균형과 조정력을 배우는 데 수년이 걸렸다. 지금도 그는 부엌에서 설거지나 요리를 할 때 몸이 뒤쪽으로 불안하게 기울어 하던 일을 멈추곤 한다. 그는 매우 느리게 말해 알아듣기가 어렵다. 그는 한쪽 귀의 청력을 잃었으며 다른 쪽 귀도 손상되어, 자기 말을 제대로 듣거나 다른 사람들과 대화하기가 어렵다.

사람들은 대부분 그처럼 느려지면 좌절하는데, 이는 속도와 효율성이 존중받는 세상에서 느리면 계속 문제가 일어나기 때문이다. 슈발로프는 코처와 함께 있으면 삶의 황금기에 있는 친구가 아니라 연세 든 부모님과 함께 있는 것 같다고 말했다. 슈발로프는 "나라면 지금쯤 접시를 다 내던졌을 거예요." 하고 말했다. "그것은 그의 성격을 철저히 시험하죠. 그런데 그는 아무에게도 화풀이하지 않았어요. 그는 더 나아지려고 노력했을 뿐이죠."

코처는 성격상 이런 것들을 결함으로 보지 않았다. 오히려 그는 삶을 느리게 사는 것의 진정한 이점을 알았다. 코처는 "느려진다는 것은 내가 내 삶의 현재에 훨씬 더 오래 존재한다는 걸 의미하죠. 나는 내 삶에서 나에게 일어난 모든 일과 모든 사람에게 감사해요."

하고 말했다. "죽음에 가까워지면, 모든 것이 잘 보이죠. 나에게 그 일은 내가 어떤 사람이며, 어떤 사람이 되고 싶고, 내 주변의 세상과 어떻게 상호작용하는지를 더 깨닫는 걸 의미했어요."

사실, 코처는 세상에서 자신의 역할을 완전히 바꿔 버린 이러한 신체적 변화들이 자신에게 유익한 인생관을 주었다고 말했다. 그는 "나는 더 많은 사람들이 나처럼 의료적인 극적 사건을 겪지 않고도 더 깨이고 깨닫기를 바라죠. 사람들은 별로 중요하지 않은 것들을 걱정하는데, 정말 중요한 사실은 그런 걱정들로 인해 정말 소중한 것들을 간과하게 된다는 거죠." 하고 말했다. "나는 대부분의 사람들이 바라는 그런 삶을 살고 있어요. 사람들은 새해에는 더 행복하고 감사할 거라고 결심하지만, 열흘만 지나면 그런 결심을 잊어버리죠. 글쎄요, 나는 매일 그 결심대로 살아요."

코처의 낙관주의는 그가 하는 모든 일에 스며 있으며, 확실히 그의 변화에 중요한 역할을 했다. 하지만 연구자들은 낙관주의가 어떻게 성장과 관련되는지에 대해 여전히 많은 의문을 제기한다. 낙관주의는 대개 미래에 좋은 일이 일어날 거라고 기대하는 것으로 정의된다. 하지만 외상 생존자들이 정말 미래가 더 나을 거라고 기대할 수 있을까? 노스캐롤라이나 대학교 샬럿캠퍼스의 리처드 테데스키는 낙관주의를 단순화해서 정의하면 외상 생존자들에게 잘 안 맞을 거라고 말했다. 그는 "(외상 생존자들은) 반드시 긍정적인 일들이 일어날 거라고 기대하진 않아요. 왜냐하면 그들은 끔찍한 일들이 얼마나 허망하게 일어나는지를 겪었기 때문이죠." 하고 말했다. "그래서 그들은 아마도 좀 더 박식한 낙관주의자들이죠. 그들은 삶에서 끔찍한 일도 일어날 거라고 예상합니다."

아마 이것은 낙관주의와 외상 후 성장을 연구한 심리학자들이 분분한 결과를 발견한 이유일 것이다. 심리학자인 스티븐 조셉은 외상 후 긍정적 변화를 제시한 39편의 연구를 검토했다. 이 검토에서 외상 후 성장을 보고한 사람들은 낙관주의와 다른 요소들 외에 경험에 대한 긍정적 구조화 positive framing 점수가 높은 것으로 나타났다. 2004년 출판된 중국인 암 환자 대상의 한 연구에서는 긍정적 관점이 성장과 높은 상관이 있는 것으로 나타났다. 하지만 다른 연구에서는 낙관주의와 성장 사이에 낮은 상관만 존재하는 것으로 나타났다.

러트거스 대학교의 샤론 만은 긍정적 측면에 집중하는 게(반드시 낙관주의, 즉 미래에 좋은 일이 일어날 거라는 생각이 아니라, 현재에서 긍정적 측면을 찾는 것만으로도) 실제로 자신이 상담하고 연구한 암 환자들에게 유익했다고 말했다. 그녀는 "그들은 자신에게 유익한 것들을 찾으며, 긍정적 측면에 집중하고 부정적 측면을 잊어버리죠." 하고 말했다. 외상 후 경험으로부터 성장으로 나아가는 방법이 많지만(문제에 대한 의도적 반추, 이야기 재구조화, 사랑하는 사람들로부터 일정 수준의 도움과 지지), 긍정적 의미를 찾는 능력과 성향이 없다면 그건 다 부질없을 것이다. 아예 부정적이라면, 사람들이 외상경험에서 얻을 수 있는 잠재적 이점, 즉 크든 작든 긍정적 측면을 보기 힘들 것이다. 또한 그들의 미래, 즉 그들이 원하는 삶에 관심을 갖기도 어려울 것이다.

로렌스 캘훈 Lawrence Calhoun은 연구를 진행하는 동안 줄곧 그런 점을 봐 왔다. 캘훈은 "의도적 사고를 많이 하는 사람일수록 자신의 상황을 잘 파악해서 그걸 긍정적으로 활용할 방법이 있을지 찾아보거든요." 하고 말했다. "어떤 것으로부터 자신이 잃은 것보다 얻은 것에 더 집중하는 사람은 더 많이 성장하죠. 그렇게 되려면 어느 정도의 낙관주의와 긍정적 측면에 집중하는 능력이 필요해요."

문제해결태도

오스틴 마라톤에서 달리기 주자들은 텍사스 의사당을 향한 길목에서 마지막 코너를 돌아 시내로 향했고, 결승선까지는 마지막 몇 블록이 남아 있었다. 각 주자들은 찡그린 표정을 짓고 있었지만, 똑같은 걸 전하고 있었다. 즉, 완전히 지쳐 찡그린 표정이 기진맥진한 다리를 움직이는 유일한 방법인 것처럼 극심한 고통과 놀라운 의지 말이다. 몇몇 선수는 다리를 절며 걸었고, 간신히 도착했다. 다른 선수들은 결승선 앞에서 전력질주했다. 이어서 코처가 왔다. 그는 183cm로 키가 컸고, 보폭 또한 길었다. 코너를 돌아 결승선에 접근할 무렵, 그는 거의 일정한 자세로 달렸다. 정말로 그는 힘차게 일정한 보폭으로 달렸다. 결승선 전의 마지막 코스를 달리고 있을 때, 코처는 균형 잡힌 달리기 자세를 취했던 반면, 코처 주변의 분투하는 선수들은 마치 뇌간이 엉망인 것처럼 보였다.

그건 놀라웠다. 5년 전만 해도 그는 걷기도 힘들었고, 걸을 때에는 몹시 취한 사람처럼 비틀거렸다. 하지만 코처는 운동과 연습에 익숙했다. 그가 운동을 더 많이 할수록 회복이 더 빨랐다. 의사들은 발을 움직이고, 걷고, 마침내 달리도록 그를 격려했다. 다시 조깅을 배울 때 그는 자기 고향집 뒤의 골프장에서 배웠다. 경관 때문이 아니라, 그가 너무 자주 넘어져서 착지할 때 푹신한 장소에서 연습해야 했기 때문이었다. 그는 그처럼 심각한 균형감 및 조정력 부족이 자신의 달리기를 방해하는 문제라고 생각하지 않았다. 오히려 그는 그것을 실행상의 문제일 뿐이라고 생각했다. 달리다 넘어지려면, 푹신한 장소를 찾는 게 낫다고 생각했다. 그야말로 골프장의 잘 관리된 잔디는 그에게 완벽한 장소였다.

코처는 재활과정에서와 마찬가지로 집중, 헌신, 인내심으로 달리기에 임했다. 그는 기본 능력이 부족할 때에는 할 수 있는 한 멀리까지 다니면서 소규모 지역경기부터 참가하기 시작했다. 그가 처음으로 풀코스를 뛴 것은 2011년이었다. 5km의 결승선을 통과하는 그의 사진은 오스틴 외곽에 위치한 그의 아파트 벽에 걸려 있다. 2012년 초 그는 마라톤을 해 볼까 하는 생각이 들기 시작했다. 달리기가 그에게 얼마나 힘들었는지를 생각하면, 그야말로 낙관주의와 자신감의 놀라운 정신적 성과임을 알 수 있다.

훈련을 시작하면서 코처는 또 다른 문제를 발견했다. 걸을 때마다 그가 왼발을 조절하지 못해 지면에 세게 부딪혔다. 그는 무릎이나 엉덩이가 망가지고 더 심각한 문제가 생기지 않을지 걱정되었다. 더구나 수술 후 좌반신이 부분 마비되었는데, 그 후 상당히 회복되었음에도 아직 다 풀리지 않았다. 그는 의사와 육상코치와 상의해서 문제점을 찾았다. 그의 뇌가 발을 지면의 어디에 둬야 할지 몰랐던 것이다. 그는 그 문제를 해결할 수 있었지만, 걸을 때마다 그의 발과 지면이 어디에 있는지에 집중해야 했다. 모든 사람의 뇌가 온종일 부담 없이 처리하는 수많은 자동 계산을 코처는 의식적으로 계속 반복해야 했다. 그로 인해 그는 두세 가지 이상의 일을 동시에 하기가 버거웠다. 그는 달릴 때 움직임, 호흡, 균형, 조정에 고도로 집중하느라 삼킬 수가 없다. 그는 반 마일 정도마다 침을 뱉어야 했다. 마라톤에서 흔히 하는 대로, 달리면서 뭔가를 마시거나 먹으려면 그는 씹거나 삼키기 위해 멈춰야 했다.

약 2년간의 훈련 후, 그는 2013년 2월에 리브스트롱 오스틴 마라톤에 참가했다. 코처는 4시간 19분 28초로 들어왔는데, 이는 처음 마라톤을 하는 사람에게 대단한 기록이었으며, 몇 년 전에 걷지도 못하던 사람에게는 말할 나위도 없다. 다음 가을에 그는 시카고 마라톤에 참가했고, 2014년에 다시 오스틴 경기에 참가하려고 돌아왔다. 그는 이번에 기록을 갱신하여 4시간 5분 9초로 들어왔다.

리브스트롱재단 대외담당 부이사이자 코처의 절친인 크리스 브루어Chris Brewer는 육상에 대한 코처의 접근이 많은 성격 요인을 반영한다고 말했다. 브루어는 "그는 매일 보는 모든 것을 자신에게 의미 있게 만들려 하고, 마라톤에서 최선을 다해 성공하려고 해요. 다른 사람들이 자신의 말을 잘 이해할 수 있게 말하려 하며, 다른 사람들에게 영감을 주려고 노력하죠." 하고 말했다. "매트는 정말 선택한 거예요. 그는 자신의 삶에서 할 수 있는 한 많은 긍정적 요소를 찾기로 결심한 거죠. 사실, 그는 옆길로 빠지기 십상이었고, 그렇더라도 감히 누가 그를 탓할 수 없었을 거예요. 그에게는 그게 정말 선택인 거죠."

수술 후, 코처는 기금을 모으고 뇌종양을 알리는 재단을 설립했다. 그 재단은 매와 10월의 합성어인 호크토버Hawktober로, 이 병에 대한 관심을 환기시키기 위해 매년 10월에 사람들에게 모호크족 머리스타일을 하도록 독려한다. 적어도 당분간 코처의 진로는 막막했다. 그는 장애가 있으며, 누가 그를 고용할지에 대해서도 회의적이다. 그래서 그는 자신이 다른 사람들을 돕고 집중할 수 있는 이 재단을 설립해서, 경영과 저널리즘에서 배운 능력을 활용했다. 코처는 뇌, 자신의 결함, 그리고 뇌 기제를 공부하는 데 상당히 많은 시간을 쏟아 자신의 잃어버린 언어능력, 듣기, 움직임, 균형 등의 회복에 도움이 될 새로운 수술과 기타 방법을 모색하였다. 그는 이미 여러 기능을 향상시키는 수술을 여섯 차례나 받았지만, 기술이 더 발전하고 뇌에 대한 지식이 증가하면서, 더 나은 치료법이 나올 거라고 확신하고 있다.

코처는 자신의 암에 대해서도 매우 현실적으로 접근했다. 그는 암이 자신을 무력한 희생자로 만든 파괴력이 아니라 해결해야 할 문제라고 생각했다. 그래서 그는 달리는 법을 다시 배우는 자신의 어려움도 거의 비슷하게 보았다. 즉, 그는 외상을 피하기보다 활용한 것이다. 코처는 자신의 암을 연구해 왔으며, 어떤 것이 자신의 결함을 초래했고 어떻게 치료될 수 있는지를 좀 더 잘 알려고 신경과학을 깊이 탐구했다. 그는 전자 게시판에서도 활발히 활동하는데, 정서적 지지를 받기 위해서가 아니라 공동체에 속한 사람들이 그가 걸린 특정 암과 종양 제거의 장기적 영향에 대해 제대로 알기를 바라기 때문이다. 달리기를 할 때에도 그는 자신의 장애 때문에 고도로 집중했으며 경기를 위해 정말 많은 걸 해내야 했다.

와이팅은 코처가 더 이상 예전만큼 멀티태스킹을 못하는 걸 인정했다고 말했다. 그녀는 육상이 얼마나 많은 멀티태스킹을 요구하는지를 코처에게 알려 주어야 했다. 그래서 그는 달리는 동안 멀티태스킹 능력을 높이려고 집중했다. 요즘 그는 달리면서 알파벳을 외우는데, 그 도전이 뇌에서 새로운 연결을 더 만들어 자신이 새로운 기능을 회복하는 데 도움이 되기를 바라고 있다.

삶의 도전에 대한 이러한 접근(당면 문제에 집중하고 그 한계를 수용하되, 그 상황을 바꿀 수 있는 현실적인 해결책을 모색하는)을 문제중심대처라고 하는데, 이는 코처에게 풍부한 외향성과 긍정적 정서라는 두 가지 성격특성과 관련된다. 2011년에 발표된 한 연구에서는 이탈리아의 암환자 41명을 대상으로 문제중심대처가 환자들의 외상 후 성장에 기여하는 핵심 요소임을 확인하였다.

터키의 중동공업대학교 교수인 A. 누라이 카란치A. Nuray Karanci는 문제중심대처가 1999년 마마라 지진 생존자들의 외상 후 성장을 예측하는 중요한 요인임을 발견했다. 카란치는 "이런 적극적 대처 덕분에 다른 사람들의 지지를 받으며, 의미 있고 필요한 행동을 하게 되죠." 하고 말했다. "이런 사람들은 자신의 자존감을 높이기 위해 뭔가를 하는데, 그건 매우 중요해요. 왜냐하면 외상은 우리의 자존감을 낮추기 때문이에요. 그(문제중심대처) 덕분에 그들은 새로운 목적의식과 자존감을 갖고, 새로운 의미를 얻거나 변화하죠."

그는 지금까지 온 만큼 앞으로도 여전히 매일 많은 장애물에 직면해야 한다. 아직도 그는 많은 자극에 바로 압도당한다. 가령, 그는 밝은 불빛, 밝은 색깔, 무한한 선택으로 둘러싸인 슈퍼마켓에서 바로 지쳐 버린다. 마라톤을 마치고 며칠 후, 그는 이메일 하나를 썼다. "지난 4일 후, 마침내 내 몸이 바닥난 것 같아요……. 지난밤 대부분을 식은땀과 열로 지새웠어요. 나는 이렇게 극도로 피곤할 때가 많아요." 먹는 건 더 나아졌지만, 여전히 느렸다. 그래서 그는 오스틴 마라톤을 마친 후, 자신이 경기에서 소모한 3,500칼로리를 쓰는 데 대략 이틀은 걸릴 거라고 농담했다.

그는 자신이 아이를 못 가질까 봐 걱정하면서도, 조카나 친구들의 자녀들과 맺은 친밀한 관계를 소중히 여긴다. 크리스마스에 슈발로프가 아들인 드류Drew에게 소총을 사주었을 때, 쏘는 방법을 가르쳐 준 사람이 바로 코처였다. 슈발로프는 "드류는 그의 말을 주의 깊게 듣고, 그가 가르쳐 준 대로 했어요. 그는 들려야 할 곳이 좀 있었지만, 여기서 한 시간이나 머물렀어요. 그는 드류가 총을 정확히 쏘게 했죠. 그래서 매트의 자부심이 대단했어요." 하고 말했다. "그는 자신이 여전히 다른 사람들에게 뭔가를 줄 수 있다고 느꼈어요."

그에겐 항상 암의 재발 가능성이 있다. 사실, 그건 막연한 걱정이 아니었다. 그는 매년 MRI를 찍는데, 의사들이 뇌에서 이상 부위를 발견했기 때문이다. 그들은 그게 흉터조직인지 종양인지 확인하지 못했다. 코처는 "나는 미지의 엄청난 것과 벗 삼아 살고 있고, 그게 언제든 발병할 수 있음을 알죠." 하고 말했다. 하지만 그 걱정마저도 코처의 긍정적 태도와 현재를 중시하는 태도 덕분에 희석되었다. "나는 내가 건강하고 문제가 없다고 자신해요. 그렇지 않으면 내가 방금 달린 마라톤에서 완주할 수 없었겠죠. 따라서 나는 충분히 건강할 거예요." 하고 말했다. "만약 내가 지금으로부터 5년 후에 일어날 일을 걱정한다면, 나는 오늘을 놓칠 거예요. 나는 오늘을 희생하고 싶지 않아요."

코처는 애당초 긍정적인 사람이었지만, 암과 수술 후 직면한 어려움이 그에게 더 나은 새로운 생활방식을 가르쳐 줬다고 믿는다. 코처는 "암으로부터 나는 현재에 집중하는 법을 배웠어요. 사람들은 그냥 행복해지기보다 자신을 행복하게 해 줄 뭔가를 원하죠. 이런 모든 경험은 나를 행복하게 해 줄 외부의 뭔가를 기다리면 핵심을 놓친다는 걸 가르쳐 주었어요. 그건 선택이죠. 그냥 행복해야 하고, 정말로 행복하려면 어제도 내일도 아닌 오늘을 살아야 해요." 하고 말했다. "그 순간을 살아야 해요. 왜냐하면 그건 중요하고 통제할 수 있으니까요."

08 신앙에서 의미를 찾다

신앙을
통한
성장

루이스 D. 브라운Louis D. Brown은 자신의 지적 능력을 숨겨야
겠다고 느낄 정도로 대단한 15살짜리 소년이었다. 브라운
은 독서를 무척 좋아해서 방대한 양의 책과 만화책을 모았고, 『허클
베리 핀의 모험The adventures of Huckleberry』이나 『찰리와 초콜릿 공장
Charlie and the chocolate factory』에 빠져 주로 방에서 시간을 보냈다. 물론,
그도 여느 15살짜리처럼 닌텐도 게임을 했고, 이따금 숙제도 빼먹

었다. 하지만 브라운은 대부분의 또래와 달리, 자신의 미래를 이미 그려 두었다. 그는 대학을 졸업한 후 항공우주공학 석사학위를 받기 위해 대학원에 진학하고, 그다음에 미국 최초의 흑인 대통령(오바마 대통령이 당선되기 한참 전이었으니까)이 될 계획이었다. 이는 어떤 아이나 꿈꿀 법한 원대한 포부일지 모르지만, 당시 보스턴의 도체스터에 살던 루이스네 동네 아이들은 상대방을 친구로 삼기보다 두들겨 패려는 목표를 가질 정도였다. 그래서 브라운은 자신의 야망과 영특함이 별거 아닌 척했다.

브라운의 이웃에서 1990년대 초는 폭력이 판치던 때였다. 폭력단체는 엄연한 현실이었다. 밀매자들은 거리에서 대놓고 마약을 팔았고, 총기 사건은 일상이었다. 주변의 폭력 때문에 브라운은 보호 속에서 살아야 했다. 그는 혼자서 열차를 타거나 근처를 걸어 다니는 일이 거의 없었다. 그가 외출할 때에는 대개 부모님이 태워다 주었다.

브라운은 그런 상황을 바꿀 뭔가를 하고 싶었다. 브라운은 "어른들은 공동체에서 폭력이 일어나면 아이들을 비난하고, 상황이 변하거나 좋아지면 자화자찬해요." 하고 어머니인 클레멘티나 체리Clementina Chery에게 말했다. 브라운은 '폭력단체의 폭력에 저항하는 10대들'이라는 모임에 가입했고, 그 모임은 그에게 감정의 배출구이자 공동체를 위해 긍정적인 뭔가를 할 통로였다. 체리는 "그는 긍정적인 뭔가를 하고 나아가 후드를 걸친 젊은 흑인 남성에 대한 편견을 없앤다는 목표와 투지를 지닌 청년모임에서 자신의 길을 찾았어요." 하고 말했다.

1993년 어느 12월 오후, 브라운은 그 비폭력 모임의 크리스마스 파티에 가려고 집을 나섰다. 마침 그때 몇 블록 떨어진 곳에 청년들이 모이고 있었다. 누군가가 그 무리를 향해 총을 쏘았다. 그들은 각자 살아나려고 도망쳤다. 그들 중 한두 명이 반격했다. 열차를 타려고 근처 거리를 걷고 있던 브라운은 머리 뒤쪽에 유탄을 맞았다. 그는 아예 의식을 잃었다. 의사들이 생명유지 장치를 제거하자, 그는 그날 오후 늦게 사망했다.

의사들이 체리에게 그 소식을 전하자, 그녀는 그들이 자신에게 무슨 말을 하는지 이해할 수 없었다. 아들이 죽었다니? 그녀는 "마치 최면상태 같았어요. 최면에 걸려 움직이고 있었죠. 나는 운전했던 기억이 나요. 정말 혼란스러웠어요. 차들과 버스들은 빵빵거렸죠. 일상은 여전히 잘 돌아가고 있었어요. 나는 '저들이 어떻게 감히 방금 무슨 일이 일어났는지를 모를까?' 하고 생각했던 걸 기억해요." 하고 말했다. "충격, 부인, 분노, 격노가 나에게 밀려왔어요. 세상이 멈춰야 했어요. 내 세상은 멈췄어요. 세상이 어떻게 계속 돌아갈 수 있죠?"

그녀의 친구인 퍼트리샤 자모르Patricia Zamor는 브라운의 사망소식을 들었을 때, 가족들과 크리스마스 트리를 사러 가던 길이었다. 그녀는 만사를 제쳐 두고 집에 돌아왔다. 자모르의 어머니와 남자형제도 살해당했었다. 그녀는 사랑하는 사람들을 잃는 갑작스런 외상적 상실에 대해 잘 알고 있었다. 브라운이 죽었다는 말이 나오자, 도와주려는 사람들이 작은 거리를 메웠다. 체리의 자매와 다른 가족들도 아파트로 왔다. 기자들이 밖에서 기다렸다. 자모르는 체리의 친구와 가족이 애도할 틈을 주려고 기자회견을 도왔다. 자모르는 "우리 모두 최면상태에 빠졌어요." 하고 말했다. "정말 힘든 시간이었어요. 그녀는 그냥 망연자실해 다녔죠."

체리는 온두라스의 매우 독실한 가톨릭 가정에서 자랐다. 그녀와 자매는 주일학교를 다녔고, 가족은 매주 미사에 참여했으며, 일주일에 두 번씩 예배를 드리러 갔다. 종교는 그들의 삶에서 항상 중요한 부분이었다. 하지만 그녀의 아들이 죽자, 체리는 자신의 신앙과 신에 저항했다. 그녀는 "나는 신부님과 신앙에 화가 나서 천주교회를 떠났어요." 하고 말했다. 체리는 배운 대로 착하고 고결하게 살아온 자신에게 아들의 살해는 있을 수 없는 일이라고 생각했다. 그녀는 "나는 미사에 갔어요. 헌금을 했죠. 그건 내가 어릴 때부터 해 왔던 생활의 토대였어요. 일요일마다 교회에 갔고, 기도했고, 성경을 읽었죠." 하고 말했다. 하지만 그 어느 것도 자신의 아들을 구하지 못했다. 체리는 그냥 커튼을 치고 온종일 침대에 누워 있었다. 체리는 "나는 세상과 하느님, 그리고 모두에게 화가 났어요." 하고 말했다. "나는 나 자신을 탓했어요."

하지만 체리에게는 돌봐야 할 2명의 다른 아이가 있었다. 어쨌거나 그녀는 계속 살아야 했다. 그녀는 지지받기 위해 다시 교회로 돌아왔다. 그녀는 항상 신부님과 가까웠었기에 돌아왔고 그와 대화를 나누었다. 곧 그것은 매일의 의식(儀式)이 되었다. 그는 그녀에게 읽을 책들을 주었고 그녀의 가족에 대해 그녀와 대화했다. 그들은 그녀가 나아갈 길을 찾아야 함을 알고 있었다. 체리는 "그분은 내가 치유되도록, 그래서 내면작업inner work을 하도록 도와주셨어요." 하고 말했다. "나는 균형을 유지할 방법을 찾아야 했어요. 살해당한 아들을 애도하는 것과 살아 있는 두 아이의 엄마 사이에서요."

체리는 위안과 의미를 찾기 위해 종종 성경을 읽었다. 그녀는 한 특정 구절에 자꾸 시선이 끌렸다. 요한복음 14장 27절이었다. "평안을 너희에게 끼치노니 곧 나의 평안을 너희에게 주노라. 내가 너희에게 주는 것은 세상이 주는 것과 같지 아니하니라. 너희는 마음에 근심하지도 말고 두려워하지도 말라." 그것은 그녀가 자기 삶의 모든 측면에 통합하려고 했던 감정이었다.

그녀는 하느님이 자신을 버리지 않았다고 결론지었다. 하느님은 그녀와 함께였다. 하느님은 그녀에게 앞으로 나아가 가족을 위해 살아갈 힘을 주고 있었다.

신앙은 변화를 위한 시금석이다

외상, 투쟁, 변화에 대한 이야기는 세계의 거의 모든 종교에서 발견된다. 케네스 파르가먼트Kenneth Pargament는 이러한 이야기가 체리와 같이 끔찍한 비극에 직면한 사람들에게 자신의 위기나 상실 앞에서 고려해 봄직한 가르침(또 다른 이야기)을 줄 수 있다고 말했다. 그는 오하이오 주 볼링그린 주립대학교 심리학과 교수로, 신앙이 외상의 회복과 성장에 미치는 영향을 연구해 왔다. 그는 "우리 곁에 있는 이야기들은 절망의 이야기가 아니라 희망의 이야기들이에요." 하고 말했다. "그 이야기들은 우리보다 먼저 고통받고 변화된 사람들이 있음을 일깨워 줘요. 세계의 주요 종교에는 모세, 예수, 부처, 무함마드와 같이 고통받은 사람들의 예가 있어요. 그들의 이야기는 우리에게 가르침과 희망을 주죠. 그들은 지금 힘들게 느껴져도 고통이 삶의 마지막은 아님을 가르쳐 줘요."

불교는 고통이나 깨달음과 같은 개념에 몰두한 종교이다. 이는 불교의 가장 기본적인 이야기인 부처의 기원에서 명료히 드러난다. 부처는 북인도 왕의 아들이었다. 그의 아버지는 세상의 모든 악으로부터 아들을 보호하고 싶은 나머지, 그의 아들이 절대 궁전 밖에 못 나가게 했다. 그는 젊고 아름다운 하인들만 보았다. 늙거나 병든 사람은 모두 사라졌다. 그는 가난이나 고통의 존재를 전혀 몰랐다. 그는 심지어 죽음에 대해서도 몰랐다.

그 나라에서 가장 아름다운 여성과 결혼한 후, 그는 가만히 있기가 따분해서 마부에게 자신을 궁전 밖에 데려다 달라고 했다. 궁전 밖에서 그는 주름진 백발의 노인을 보았다. 그는 충격을 받고 저 노인에게 무슨 문제가 있으며, 저렇게 될 만한 무슨 일을 저질렀냐고 물었다. 마부가 누구나 이 노인처럼 늙는다고 대답했을 때, 부처는 충격을 받았고 혼란스러웠다. 그다음에 그는 아픈 사람, 이어서 죽은 사람을 보았으며, 그는 사람들이 아프고 누구나 죽는다는 걸 알고 충격을 받았다.

젊은 부처는 이러한 뜻밖의 이야기에 큰 충격을 받았다. 질병, 노화, 죽음이 없는 세계에서 살던 그는 이 끔찍한 모든 일이 언젠가 자신에게도 닥칠 것임을 깨닫게 되었다. 캘리포니아 주립대학교 치코캠퍼스에서 동양종교를 전공하는 부교수 대니얼 베이들링거

Daniel Veidlinger는 이때 그의 세계가 엉망이 되었다고 말했다. 이 새로운 깨달음을 통해 젊은 왕자의 모든 세계관이 산산조각 났고, 그는 고통만이 존재할 듯한 미래에 압도당했다. 부처가 겪은 고통은 여러 가지 측면에서 테데스키와 캘훈이 말한 대지진으로, 세상을 보는 방식을 그 토대까지 완전히 흔들어 놓았다.

하지만 그 이야기는 외상에서 끝나지 않는다. 그의 여행이 끝나기 전에 부처는 네 번째 사람, 즉 소박한 생활을 하며 가진 것도 없고 늙었지만 행복한 성자를 만났다. 부처는 자신이 그렇게 살고 싶다고 느꼈다. 부처는 영적 깨달음을 위해 자기 삶을 바쳤다. 부처는 고통을 통해 깨달음, 즉 어쩌면 궁극적인 외상 후 성장에 이르렀다.

고통을 통한 변화는 힌두 서사시인 「마하바라다」에서도 중요한 부분이다. 「마하바라다」에는 도박으로 사촌들에게 왕국을 날려 버린 다섯 형제 이야기가 나온다. 그들은 큰 고통을 겪은 13년간의 추방생활(야생동물의 공격을 받고 많은 친구와 친척을 잃었던) 후 돌아왔으나, 왕국에서 거부당했다. 유혈 전쟁이 일어났다. 베이들링거는 형제들이 전투 끝에 왕국을 되찾았는데, 그들이 그 경험을 통해 변화되었다고 말했다. 베이들링거는 "그들은 13년간의 추방 후에 전보다 더 나은 사람이 되었지요. 그들은 세상의 고통을 더 깨달았으며, 일어났던 끔찍한 일들을 절대 잊지 못할 거예요." 하고 말했다. 왕국을 되찾기 위해 전투에서 엄청난 수의 사람이 죽었고, 지도자들은 살려달라는 그들의 환영에 시달렸다. 베이들링거는 "그들은 슬픔에 잠겨 과거를 되돌아보고 전투에서 사망한 친구들을 떠올렸으며, 그로 인해 타인과 고통에 민감해져 더 좋은 지도자가 되었죠." 하고 말했다.

서양종교 역시 고통과 관련된 이야기가 많다. 물론 예수도 십자가 위에서 끔찍한 고통을 겪었다. 그가 변화되어 천국에 가게 된 것도 고통을 통해서이다. 산타클라라 대학교의 신학 교수이자 『원치 않는 지혜: 고통, 십자가, 그리고 희망Unwanted wisdoms: Suffering, the Cross, and hope』의 저자인 폴 크롤리Paul Crowley는 십자가 이미지만으로 심리치유가 이루어질 수 있다고 말했다. 예수의 고통을 상징하는 십자가를 통해 기독교인은 그들 자신의 외상경험, 상실과 비통, 그리고 뒤따르는 고통에 직면한다. 외상사건과 관련된 기억과 정서를 피하는 것이 단기적으로는 유익한 외상대처 방법일지 모르지만, 장기적으로는 그렇게 피하기보다 아픔, 고통, 상실에 직면하는 게 외상치유의 핵심 절차이다. 크롤리는 십자가의 상징과 그 이면의 이야기는 희망을 주며, 자기 혼자만 외상 생존자가 아니라 하느님도 그런 고통을 받았으며, 주변에 고통받는 이들이 많다고 안심시켜 준다고 말했다.

구약성서에 나오는 욥의 이야기도 약간의 위안을 준다. 그 이야기에서 사탄은 하느님께 욥은 재물과 사랑하는 가족이라는 보상을 받았기 때문에 충실한 것뿐이라고 말했다. 그래서 하느님은 욥을 괴롭혀 그의 신앙을 증명해 보라고 했다. 사탄은 욥의 아이들과 부를 빼앗고, 종기로 욥을 고문했다. 욥은 하느님께 대들었으나, 하느님을 부인하진 않았다. 그리고 마침내 욥의 가족과 부가 회복되었다. 이것은 욥에게 보상이 거의 없는 꽤 암울한 이야기이다. 하느님께서는 변덕스러운 잔혹함 이면에 뭐가 있는지 제대로 설명해 주시지 않고, 욥에게 우주를 창조한 전능한 하느님을 알려 하지 말라고 말할 뿐이다. 그러나 이 이야기도 외상과 고통의 본질에 대한 어떤 통찰을 제공해 준다. 크롤리는 "어떤 의미에서 그것은 우리에게 아무런 이유도 모른 채 고통을 삶의 일부로 그냥 수용하라고 말하는 거죠." 하고 말했다. "하지만 그 이상의 뭔가가 있어요. 고통은 위대한 하느님의 신비를 일부나마 보여 주는 것이기도 하지요."

수천 년 동안 종교적 전통은 인간이 외상과 상실을 이해하는 데 도움이 되었지만, 심리학자들은 외상을 치유하는 종교의 역할을 오랫동안 쉬쉬해 왔다. 파르가먼트는 어쩌면 그 이유는 심리학자들이 일반인보다 독실하지 않고 종교가 심리학 연구와 잘 안 맞기 때문일 거라고 말했다. 그는 외상을 치유하는 종교의 역할에 대해 평생 연구한 결과 신앙이 외상치유와 성장에 유익함을 발견했다.

그는 독실한 사람들은 외상을 겪을 때 고통을 보다 넓은 맥락에서 볼 수 있다고 말했다. 그들은 그 경험에서 상당한 의미를 찾으며, 그 사건의 의미를 모색할 것이다. 그는 "신앙은 그들의 고통에 더 깊은 의미나 목적, 즉 그들의 경험을 설명할 또 다른 틀frame을 줄 수 있지요." 하고 말했다.

터키에서 외상 후 성장을 연구해 온 카란치는, 그곳의 지진 생존자들에게 종교가 특히 유익했다고 말했다. 그녀는 신앙 덕분에 생존자들이 외상을 유발한 사건을 수용한다는 사실을 발견했는데, 그 이유는 그들이 보기에 그 사건은 하느님께서 부여하신 것이기 때문이다. 그래서 그들은 아무리 끔찍할지라도 바로 재난의 의미를 찾으려 했다. 그들에게 외상은 그들의 삶을 재평가하고 더 나은 삶을 이끌려는 실마리와 같다. 그녀는 "그건 그들의 죄에 대한 처벌이 아니에요." 하고 말했다. "오히려 이 사건은 어떤 의미가 있을 거예요. 그들이 다른 사람에게 진심으로 대하거나 깊은 관계를 유지하지 않고 이상한 삶을 살아왔으니, 이제 변해야 하죠."

투쟁은 여정이다

외상을 겪은 많은 독실한 신자들과 마찬가지로, 처음에 체리는 신에게 배신당했다고 느꼈다. 그녀는 자신이 해야 할 모든 걸 다했다. 그런데도 여전히 그녀의 아들은 죽었다. 하느님의 자비에 대한 신앙을 비롯한 그녀의 가정적 세계assumptive world는 산산조각 났다. 또한, 그녀는 자신의 신앙을 생각하면 아들이 죽지 않아야 하기 때문에 자신의 신앙에 대해 처음으로 의문을 갖기 시작했다. 파르가먼트는 "나는 이런 유형의 투쟁에서 마음이 흔들리지 않는 사람은 없을 거라고 생각해요." 하고 말했다. "그들의 신앙이 흔들리는데, 그럴 만하죠. 그래서 투쟁은 영적 여정의 일부죠." 그는 십자가 위의 예수조차도 하느님께 왜 자신을 버렸느냐고 따지며 투쟁했다는 점에 주목한다. 이런 투쟁은 독실한 신자들이 외상을 다루는 한 방법으로, 파르가먼트는 이를 부정적 종교대처라고 한다. 그건 많은 독실한 신자들이 외상을 다루는 과정의 일부인데, 그 단계를 넘지 못하는 신자들은 심각한 문제에 직면할 수 있다. 여러 연구에서는 부정적 종교대처만 사용한 신자들은 고통, 우울, 불안, 외상 후 스트레스 증상 등이 높아졌음을 제시했다.

하지만 파르가먼트는 대부분의 사람들에게 종교적 투쟁은 종점이 아니라고 말했다. 그것은 과정의 일부일 뿐이다. 그들은 그들의 종교와 신에 대한 지식 안에서 그들의 외상을 수긍할 방법을 찾기 위해 자신의 신앙에 맞서고 투쟁해야 한다. 그것은 외상 생존자가 자신의 세계관을 파괴적인 외상경험에 맞추는 조절과정과 같다. 뉴욕에 위치한 낫소커뮤니티컬리지의 사회학과 은퇴 교수인 윌리엄 페이겔먼William Feigelman은 종교가 어떻게 자살한 아이들의 부모에게 도움이 될지를 연구했다. 연구 중에 그가 이야기를 나누었던 부모들 중 대부분은 체리처럼 하느님께 소외감을 느꼈다. 하지만 대부분은 오래가지 않았다. 그는 연민과 공감을 찾을 수 있는 사람들은 그들의 신앙을 유지하고, 마침내 그 신앙이 강화되고 깊어졌다고 말했다.

자신의 신앙에 대한 분노, 상처, 실망을 넘어선 사람들은 대개 파르가먼트가 긍정적 종교대처라고 일컬었던 방법을 활용하였다. 그것은 생존자들이 종종 영적 안내를 통해 그들의 경험에서 의미를 찾고 신앙에서 희망과 위안을 찾아 외상에 대한 그들의 반응을 조절하는 접근이다. 그때 그들은 하느님이나 다른 사람들과 새롭게 친밀함을 느낄 수 있다. 궁극적으로 그 과정은 변화 혹은 외상 후 성장으로 이어진다.

그 과정(외상에서 분노와 불확실성을 거쳐 의미를 찾는)은 테데스키와 캘훈이 확인한 것과도 비슷하다. 외상은 생존자들이 세계를 이해하던 기존의 방식을 무력화시킨다. 그들은 기존의 방식을 포기하고 자신에 대한 새로운 사고방식, 즉 주변 세계를 이해하는 새로운 방식을 찾아야 한다. 종교적 신앙으로 세상과 외상을 바라보는 사람들은 종교에 대한 그들의 인식(세상이 어떻게 돌아가고 어떻게 살아가야 할지에 대한 그들의 인식 틀) 때문에 힘들 것이다. 그다음에 그들은 앞으로 나아가 의도적 반추, 이야기 재구조화 및 기타 방법을 활용해 새롭고 보다 깊은 신앙과 영성을 쌓아야 할 것이다.

신앙이 독실하지 않을수록, 그 과정은 더 쉬울 것처럼 보인다. 신앙이 잘 변하고 별로 중요하지 않으니 새롭고 보다 적절한 방식으로 고치기가 쉬울 것 같다. 하지만 실제로는 그렇지 않을지도 모른다. 페이겔만은 자살로 자녀를 잃은 426명의 부모를 연구했다. 그는 가장 큰 외상 후 성장을 보고한 참가자들의 교회 방문 수가 가장 높음을 발견했다(표본은 주로 기독교도였다). 그는 "더 열심히 교회에 다니고 독실한 사람일수록 외상 후 성장이 높다는 건 놀랍지 않았어요." 하고 말했다. "종교는 공동체를 유지하는 기반이죠. 종교는 모든 게 사라진 것 같을 때 개인이 붙잡을 뭔가를 주죠. 자녀를 잃은 사람들은 모든 걸 가질 수 있더라도, 모든 게 무의미해요. 그들은 새로 정상(正常)을 만들어야 해요. 사별한 사람들은 이렇게 해야 해요. 새로운 의미를 만들어야죠."

수많은 후속 연구에서 종교적 신앙과 성장 간의 높은 상관이 발견되었다. 2006년에 출판된 한 연구에서는 두 집단의 유방암 생존자들을 수술 후 5년 후와 8년 후에 측정했다. 연구자들은 가장 긍정적 변화를 보인 사람들이 종교를 암 대처 방법으로 활용했음을 발견했다. 103편의 외상 후 성장 연구에 대한 한 편의 광범위한 논평에서는 종교적 대처가 공동체의 지지나 낙관주의를 비롯한 대부분의 다른 특성보다 성장과의 상관이 자주 보고되었음을 발견했다. 많은 사람에게 종교적 신앙은 외상의 고통에서 의미를 찾는 비결이다.

대부분의 신앙은 성장통로를 제공할 수 있다

체리가 그녀의 신부님뿐만 아니라 친구들과 다시 관계를 맺게 되면서, 그녀는 자신이 겪은 일에 대해서도 공부했다. 그녀는 외상 후 스트레스 장애에 대해 배웠고, 자신이 아들을 잃었을 때 보였던 반응이 뭔지를 알고 자신감이 생겼다. 곧 그녀는 외상에서 얻을 수 있는 다른 것을 찾기 시작했다. 그녀는 "나쁜 일들이 나에게 일어날 수 있다는 걸 알게 된 후, 나는 내게 일어날 수 있는 좋은 일들이 무엇인지를 알고 싶었죠." 하고 말했다. 그녀는 릭 워렌Rick Warren의 『목적이 이끄는 삶The purpose driven life』과 디팩 초프라Deepak Chopra의 『성공을 부르는 일곱 가지 영적 법칙The seven spiritual laws of success』과 같은 자기 계발서를 읽었다. 그녀는 절대 책을 많이 읽는 사람이 아니었으나, 아들의 죽음 후에는 적어도 하루에 한 장chapter씩 읽고 있다. 그리고 그녀는 자신이 읽은 걸 일상생활에 적용하려고 했다. 그녀는 "제대로 결정해야 해. 혼돈, 혼란, 재앙 속에 있고 싶어, 아니면 위안, 평화, 화합 속에 있고 싶어?" 하고 자문했다. 체리는 후자를 추구하기로 하고 그녀 자신과 자녀들을 위해 긍정적인 뭔가를 하기로 결심했다. 그녀는 그것이 자신과 하느님께 해야 할 의무라고 생각했다. 그녀는 '어떻게 내가 하느님이 부르는 사람이 될 수 있을까?' 하고 자꾸 자문했다.

체리는 아들의 명예를 위해 자신의 삶을 이끌어 갈 그의 인생목표와 그를 기리는 일에 대해 생각해 보았다. 그녀는 보스턴 공립기관과 협력하여 루이스의 삶과 죽음에 대해 논의하고 그가 좋아했던 책들을 읽는 활동이 포함된 아들 관련 교육과정을 개발했다. 그녀는 총기폭력으로 자녀를 잃은 가족에게 도움과 서비스를 제공하는 루이스 D. 브라운 평화연구소도 설립했다. 그녀는 도시의 평화를 촉진하고 총기폭력을 억제하기 위해 자신의 일과 루이스에 대해 정기적으로 설명한다. 그녀는 "나는 내가 겪은 슬픔과 고통을 활용하고 그걸 긍정적인 뭔가와 관련짓는 동시에 다른 외상 생존자들이 이 일을 겪고 있는 사람들에게 조언하도록 도울 방법을 찾아야 했어요." 하고 말했다. 그 단체의 요지는 '고통과 분노를 힘과 행동으로 바꾸는 것'이다. 그것은 바로 그녀가 할 수 있는 일이고, 슬픔에 빠진 다른 부모들이 길을 찾도록 도우려는 일이기도 하다.

다른 사람들을 돕는 일을 하고 있어도 체리는 여전히 고통스럽다. 그녀는 여전히 아들이 끔찍이 그리워진다. 그녀는 계속 친구와 가족에게 도움을 청한다. 그녀는 "내 주변에는 내가 슬픔과 외상, 격노와 화를 이겨 내기를 기다려 주고, 나를 일으켜 줘야 할 때 그렇게 해 줄 사람들이 있어요." 하고 말했다. "나는 내가 씨름하고 있는 걸 내려놓을 좋은 안전지대가 있어서 시종 들고 다닐 필요가 없어요. 그걸 내려놓으면 한층 더 가벼워져요." 그 과정에서 기도, 그리고 하느님과의 관계가 핵심적인 역할을 했다. 그녀는 매일 기도하며, 자신의 생각과 행동을 일치시킬 것임을 맹세한다.

그녀의 언니인 줄리아 톰슨Julia Thompson은 체리의 신앙이 루이스가 죽기 전과는 다르다고 말했다. 그녀는 "그녀의 신앙은 정말 심오해요." 하고 말했다. "나는 그녀가 살아야 하는 이유와 더욱 조화를 이루게 됐다고 생각해요. 내 생각에 그녀는 아들과 자신에게 그 일이 일어난 목적이 존재하고, 하느님께 자신을 위한 계획이 있다고 믿는 것 같아요." 체리는 자신이 신앙을 내면의 평화를 위한 평생의 여정으로 여긴다고 말했다. 그녀는 현재 일곱 가지 지침원리, 즉 사랑, 화합, 신앙, 희망, 용기, 정의, 용서에 따라 살고 있다. 그녀는 "나는 유념해서 하느님의 선물인 평화를 배령拜領하고 나누는 방법으로 이 원리들을 활용하기로 했어요." 하고 말했다. 그녀는 자신의 신앙 때문에 지금 겨우 여기에 있다. "루이스의 죽음은 고통스럽지만, 나는 그것이 하느님께서 의도한 바가 아니고 하느님의 은총으로 20년이 지난 후에도 내가 여기에 있음을 알아요." 하고 말했다. 그녀의 신앙과 교회가 없었다면 그녀는 아무 일도 할 수 없었을 것이다. 그녀는 "나는 약물중독이 되었을 거고, 그 일을 잊고 싶었을 거고, 아주 억울해하는 여자였을 거예요. 나는 화가 나지만, 분노가 나를 지배해서 나를 파괴하기보다 내가 분노를 조절하게 되었어요." 하고 말했다. "하느님이 나를 일으켜 주신 것에 감사하고, 그가 나에게 바라는 방식으로 내가 그를 섬기겠다고 기도해요."

체리는 기독교인인 데 반해 외상 생존자에게 유익한 것은 기독교뿐만이 아니다. 리틀록에 위치한 아칸소 대학교의 스피치 커뮤니케이션학과 부교수인 아비내시 톰브레Avinash Thombre는 다른 종교들도 놀라울 정도로 유사하게 도움이 될 거라고 말했다. 종교가 외상 회복에서 하는 역할에 대한 대부분의 연구는 미국에서 이루어졌기 때문에 인도 출신인 톰브레는 종교가 인도에 있는 암 생존자들의 삶에 어떤 도움이 되는지가 궁금했다.

2010년의 연구에서, 그와 동료들은 61명의 유방암 환자를 조사하고 인터뷰했다. 거의 모든 참가자가 힌두교 신자였고, 그들의 삶에서 종교의 중요성은 처음부터 분명했다. 힌두교 신자들은 이 삶이 그들이 살아 왔고 앞으로 살아갈 많은 삶 중 하나일 뿐이라고 믿는다. 업karma(이전 삶에서의 행동이 미래에 영향을 미친다는 개념)은 그들이 자신의 암 진단에 대한 이해의 틀을 잡는 데 도움이 된다. 힌두교 신자들은 종종 자신에게 나쁜 일이 생길 때, 그건 자신이 전생에서 나쁜 일을 했기 때문이라고 믿는다. 많은 암 환자들은 자신이 나쁜 업 때문에 암에 걸렸다고 생각하는데, 그것은 그들이 질병을 받아들이는 데 도움이 되었다. 게다가 여성들 대부분은 암과 싸우겠다는 의무감도 느꼈다. 신은 아이들과 가족을 위해 그들이 암과 싸우기를 원했다. 그들은 종교적 신앙으로 인해 더 나아져야 한다는 의무감을 느꼈다. 톰브레는 "그들을 강하게 만든 건 그들의 영성, 종교, 그리고 가족에 대한 의무였어요." 하고 말했다.

그는 여성들이 치료를 거치면서 영적으로 훨씬 더 몰입함을 발견했다. 그는 "그들은 힌두교 사원에 들어가 함께 기도했죠. 그들은 구루guru나 사원의 성직자를 찾지 않았어요. 그들은 정말로 더 영적이었요." 하고 말했다. "그들은 정말로 그곳에서 노래를 부르고 연극을 하며 시간을 보냈죠."

톰브레는 영적으로 몰입하면 그들이 자기인식을 바꾸는 데 도움이 된다고 말했다. 그들은 암의 희생양으로 시작했지만, 바로 자신을 투쟁자인 동시에 생존자로 보게 되었다. 그는 "암은 당신이 투쟁자이며 당신의 가족을 위해 이렇게 하려고 한다는 생각을 더욱더 확고하게 하죠." 하고 말했다. 그것을 통해 그들은 자기 내면의 힘을 인식하게 되었다.

톰브레와 동료들은 인도에서 58명의 암 환자 간병인을 대상으로 또 다른 연구를 수행했다. 이 집단은 파르가먼트의 연구에서 소개된 것과 동일한 접근을 많이 했다. 많은 사람들이 자신이 사랑하는 사람의 암과 자비로운 신에 대한 자신의 생각을 조화시키기 위해 투쟁(부정적 종교대처)했다. 톰브레는 많은 사람들이 마침내 더 긍정적 종교대처에 이르는 길을 찾는다는 사실을 발견했다. 그 긍정적 대처는 파르가먼트가 미국의 기독교인에게 발견한 것과 마찬가지로 성장과 상관이 높았다. 문화적·종교적 환경이 매우 다르지만, 신앙이 성장을 촉진한다는 기제는 동일했다.

파르가먼트는 몇 가지 근본적 유사성이 신앙의 상세한 내용과 영성보다 더 중요하다고 확신했다. 사실, 그는 자신이 신앙인들을 연구하면서 본 일부 기제를 신앙이 없는 사람들에게 활용하려고 시도하기 시작했다. 그는 누군가의 회복은 자기 삶에서 신성한 것을 발견할 때 촉진될 수 있다고 말했다. 신성함을 활용할 때 신앙이 있는 외상 생존자들에게 매우 유익한 일부 과정이 촉진된다. 예를 들어, 체리는 아들의 죽음 후 하느님이 다른 사람들을 도우라고 자신을 불렀다고 느껴, 루이스 D. 브라운 평화연구소를 설립했다. 그녀가 그곳에서 한 일은 성스러웠다. 그녀의 아들과 관련되기 때문에 거기에는 보다 깊은 의미가 담겨 있다. 마찬가지로, 사람들은 대부분 자신의 신앙과 관계없이 삶에서 신성하게 여기는 뭔가가 있다. 파르가먼트는 만약 그들이 가장 깊은 의미를 지닌 것을 찾아 그걸 삶에 잘 통합시키면, 그들이 외상을 치유하고 나아질 가능성이 높다고 말했다. 그는 "그건 어떤 것이든 될 수 있어요. 사랑하는 관계, 일, 환경, 세계를 더 나은 곳으로 만드는 것 등요." 하고 말했다. "나는 외상 희생자들이 새로운 원천의 신성한 의미와 가치를 찾도록 돕고 있어요."

이처럼 신성한 일을 지침으로 삼은 사람들은 삶의 방향을 전환하고, 의미 있는 목표를 찾으며, 궁극적으로는 성장할 수 있다. 파르가먼트는 "나는 외상 후 스트레스 장애를 경험하고 모든 것을 잃은 우울한 사람들에게 그들을 특별하게 만들고 빛나게 하는 게 뭔지, 그리고 그 불꽃이 어디에 있는지를 발견하려면 깊이 탐색하라고 말하죠." 하고 말했다. "나는 그들에게 그 불꽃을 불길로 키워 보라고 하는데, 그들이 그렇게 하면 놀라운 일들이 일어나거든요."

09

**창의성이
변화를
자극한다**

브루클린교의 보행자 도로에서 좀 떨어진 곳을 찾은 밥 케리Bob Carey는 자신의 백팩에서 작은 분홍색 투투tutu를 꺼냈다. 그는 허리를 굽혀 투투에 맨발을 집어넣더니 헐렁한 카키색 바지 위로 추어올렸다. 그다음, 그는 카키색 바지를 벗었다.

케리는 "내 엉덩이 좀 봐. 바지 보여?"하고 친구에게 물었다. 그 바지는 외설적인 노출죄로 잡혀갈까 봐 투투 안에 입은 분홍색 속바지를 의미했다. 아무것도 보이지 않았다. 그는 티셔츠를 벗은 다음, 보행자 도로와 자전거 도로를 가르는 도로의 한 지점으로 갔다. 일반 모델과 달리, 날씬하지도 않고 머리카락도 없는 53살의 케리는 길 한가운데 있던 삼각대 맨 위의 카메라에서 등을 돌렸다. 이어서 그는 고개를 숙이고 팔을 펴서 손을 분홍색 투투의 주름 위에 얹었다. 그는 검은색의 작은 카메라 리모컨을 손에 들고 도로 위에서 포즈를 취한 자신을 계속 찍기 시작했다. 자전거를 타는 사람들은 그 모습을 바라보며 지나갔고, 보행자들은 한참을 멈춰 그 광경을 바라봤다. 케리의 머리 위로 브루클린교의 상징적인 돌탑 하나가 희미하게 보이고, 해가 질 무렵엔 맨해튼 위에 있는 그의 뒤쪽으로 브루클린 위의 하늘이 주황빛 노을로 빛났다.

그가 리모콘을 누를 때 많은 여행객과 현지인들이 모여들어, 투투만 걸치고 다리 한가운데 선 그를 바라봤다. 잠시 후, 케리는 자신에게 필요한 분위기가 조성되자 만족했다.

케리가 사람들이 둘러싸인 카메라로 돌아오자, 군중 속의 한 여인이 "이걸 왜 하죠?" 하고 물었다.

케리는 그 사람들에게 "10년 동안, 나는 유방암 환자들을 위한 모금을 위해 전 세계를 다니며 이렇게 해 왔어요. 내 아내가 10년째 암을 앓고 있거든요." 하고 말했다.

케리는 여전히 투투만 걸친 채로 그의 가방 쪽으로 가더니, 스티커와 엽서를 꺼내어 자기 주변에 있는 사람들에게 나눠 주기 시작했다.

그 여성은 "오, 그래요. 그 말을 듣고 보니 전혀 다른 의미가 있었군요. 이제 알겠네요." 하고 말했다.

케리는 스티커와 엽서를 더 나눠 주면서 "여기 있어요. 우리는 돈을 모금하고 책을 판매하고 있어요."라고 말했다.

케리의 아내인 린다 랭캐스터 케리Linda Lancaster-Carey는 2003년 유방암 진단을 받았고, 2006년 간에서 암이 재발해 줄곧 치료를 받아

왔다. 상업 사진작가이자 순수예술 사진작가인 케리는 10년 동안 분홍색 투투를 입은 자신을 촬영해 왔다. 2006년 암이 재발해 그의 아내가 화학치료를 시작했을 때, 그는 병원 대기실에서 시간을 보내기 위해 그녀의 아이패드로 그녀와 함께 사진을 찍었다. 그 후, 그녀는 그녀와 함께 화학치료 중인 다른 여성들에게 그 사진을 보내기 시작했다. 그들은 그 사진을 좋아했다. 케리는 북적이는 타임스퀘어, 넓고 광활한 마뉴먼트 밸리, 마서스 빈야드에서 물로 뛰어드는 모습, 뉴저지 모텔방에서 잠자는 모습 등 다양한 장소에서 자신을 촬영해 왔다. 그 사진들은 재미있고, 슬프고, 엉뚱하고, 시사하는 바가 크며, 아주 매력적이다. 그녀는 그에게 그런 사진을 더 찍으라고 격려하였다.

2012년, 그들은 자비自費로 사진집을 출판했다. 그들이 페이스북에 사진집을 올리자, 반응이 대단했다. 독일의 통신사인 도이치텔레콤의 경영진들이 이에 주목하였다. 그들은 케리와 그의 아내를 독일에 초청해서 광고를 찍고, 그의 작품 전시회를 후원하며, 광고 방송에 수백만 달러를 투자했다. 그들은 미국 NBC 방송의 투데이 쇼에도 출연하였고, 지금은 블루밍데일스의 후원도 받고 있다. 그들의 책은 매진되었으며, 그들이 설립한 재단은 20만 달러 이상을 모금하였다. 그들이 설립한 재단에서는 암환자들의 병원 예약을 위한 교통비, 가발비, 자녀보육 등 보험에 포함되지 않는 비용을 지원하는 다른 단체에 자금을 나눠 주고 있다.

케리가 스티커와 엽서를 돌리자, 다리에 있던 그 여성은 독일어 억양으로 옆에 있던 두 친구에게 "저 사람이 그 사람인 걸 믿을 수 없네." 하고 말했다. 이어서 그녀는 "저랑 사진 좀 찍어 줄래요? 우리는 TV에서 당신을 봤어요." 하고 말했다.

케리가 그 남녀와 함께 포즈를 취하자, 다른 사람이 셔터를 눌러 주었다.

그 여성이 셔터를 눌러 준 사람에게 "이분 아주 유명해요." 하고 말했다.

그들이 떠나자, 케리는 그 세 사람에게 "잘 가요, 여행 잘하고 가세요. 우리는 독일을 좋아해요. 9월에 갈 거예요. 다시 만나요." 하고 말했다.

그 후 사람들이 서서히 흩어졌다. 케리는 투투를 바지로 갈아입은 후 장비를 모아 촬영을 돕던 친구와 함께 주차해 둔 브루클린 쪽으로 걸어갔다.

린다 랭커스터 케리는 미시간 주에서 자랐다. 그녀는 9형제 중 여덟째였고, 그녀의 언니인 로리 랭커스터의 말에 따르면, 그녀는 항상 미술에 매력을 느꼈다. 로리는 "린다는 항상 확고하고 독립적이며 자유분방한 사고의 소유자였죠. 린다는 아주 창의적이었어요." 하고 말했다. 랭커스터 케리는 형제가 너무 많아 주로 그녀 스스로 뭐든 해결해야 했다고 말했다. 그녀는 "형제가 9명이나 되면, 독립적이지 않을 수가 없어요. 누군가는 나를 보살펴 줘야 했는데, 그게 바로 저 자신이었던 거죠." 하고 말했다.

20대 초, 랭커스터 케리는 그래픽디자인 학교에 다니려고 애리조나주의 피닉스로 갔다. 몇 년 후, 그녀는 작업 중이던 사진작가인 케리를 만났다. 그녀는 "나는 우리의 첫 번째 정식 데이트가 생각나요. 우리는 신호등 앞에 앉아 있었죠. 그런데 3km 남짓 갈 시간 동안 차 안에서 넋 놓고 있었어요. 우리는 정말 바보 같은 모습에 웃었죠. 하지만 그게 우리에겐 재미있었어요. 나는 '세상에! 내가 3km나 갈 시간을 넋 놓고 있고, 얘는 내가 재미있다고 여기나 봐.' 하고 생각했죠. 그게 좋았어요." 하고 말했다.

얼마 지나지 않아 랭커스터 케리는 케리와 작업 중인 자신을 발견하였다. 그는 사업을 시작할 때 도움이 필요했고, 그녀는 조언해 줄 많은 사진작가를 알고 있었다. 랭커스터 케리가 경영을 담당하자, 케리는 창의적 작품에 집중할 시간이 늘어나 부부는 상업사진의 사업 기반을 다졌다.

동시에, 케리는 장기적인 예술 프로젝트도 추진했다. 10년 이상, 그는 깨끗이 면도한 자기 머리와 얼굴에 은색 페인트를 칠하고 낚싯줄로 얼굴을 꽁꽁 동여매 이목구비를 일그러뜨린 자기 얼굴을 찍어 왔다. 케리는 "개인적인 문제로 스트레스를 받아 1993년에 그걸 시작했고, 그때부터 낚싯줄로 내 얼굴을 동여맸죠. 20년 이상 해 온 자화상 작업은 항상 나를 보살피기 위함이죠. 그건 나의 자기 치료이자 자기 치유예요."라고 말했다.

그러나 피닉스에서 20년을 지낸 후, 케리는 새롭고 도전적인 걸 하고 싶어 좀이 쑤셨다. 그는 뉴욕으로 옮기고 싶었다. 부부는 둘 다 뉴욕에 친구가 있었고, 랭커스터의 자매 하나가 거기에 살았다. 그래서 2003년 봄, 그들은 처분할 수 있는 생활 집기를 다 팔고 남은 소지품만 임대트럭에 실어 뉴욕으로 향했다.

여행 첫날, 케리 부부는 산타페에 살고 있는 친구 집에 들렀다. 친구 집에는 차고가 있었는데, 그 모습에 담긴 뭔가가 케리의 사고를 자극하였다. 그는 트럭 뒤로 달려가 박스에 넣어 둔 분홍색 투투를 꺼냈다. 그것은 그가 예전에 '발레 아리조나Ballet Arizona' 프로젝트에서 사용하고 남은 것이다. 그는 흰 스타킹에 주름진 분홍색 치마를 입고 창고 앞에서 사진 몇 장을 찍었다. 그 후, 부부는 가던 길을 계속 갔다. 그가 그 사진으로 뭘 할지는 확실치 않았다. 그 해 여름, 그는 투투를 입은 자신을 몇 장 더 찍었으나, 그 아이디어가 어떻게 펼쳐질지는 여전히 잘 몰랐다.

그들의 예상보다 뉴욕에서 자리 잡기가 힘들었다. 일이 더디게 들어왔고, 케리는 자신이 성공할지에 대한 확신이 안 섰다. 그는 상상할 수도 없는 일, 즉 사진을 아예 포기하고 취직할까 하고 생각할 정도였다.

그들이 뉴욕에 도착한 지 8개월 후, 랭커스터 케리는 가슴에서 종양을 발견했다. 크리스마스 이브에 유방조영술을 예약했다. 케리의 할아버지께서 막 돌아가셔서 케리는 집을 떠나야만 했다. 랭커스터 케리는 혼자서도 괜찮다고 느꼈기 때문에, 케리에게 일찍 돌아오려고 신경 쓸 필요 없다고 말했다. 검사결과가 나오자, 의사가 그녀를 불렀다. 랭커스터 케리는 "다리를 축 늘어뜨리고 거기에 앉아 있을 때, 나는 계속 종이가 버스럭거리는 소리를 들었어요. 그 의사는 '정말 유감스럽지만, 암이에요.' 하고 말했죠. 난 망연자실했어요. 그러고 나서 생각해 보니, 아무도 부를 수가 없었어요. 내가 아는 사람은 모두 뉴욕에서 멀리 있었거든요." 하고 말했다. 케리가 돌아온 후에야, 그 사실을 그에게 말했다.

랭커스터 케리의 종양은 망처럼 생겨 안으로 자라서 깨끗한 영상을 찍을 수 없었다. 진단받을 당시, 랭커스터 케리는 불과 43살이라서 그런 병에 걸릴 가능성과 수술로 인한 가슴 상실 및 사망 가능성에 직면할 준비가 전혀 안 되어 있었다. 사실, 암은 그들의 생활에서 차고 넘쳤다. 랭커스터 케리의 할머니와 삼촌이 암으로 사망했고, 케리의 어머니와 할머니가 유방암으로 사망했으며, 그의 누나도 랭커스터 케리보다 한 달 늦게 암 진단을 받았다. 그녀는 "젊었기 때문에, 나는 그런 걸 생각해야 한다는 게 엄청났어요. 다른 대안이 있는 것도 아니었고요. 전혀 대안이 없었죠." 하고 말했다.

그러나 동시에 랭커스터 케리는 자신이 역경을 감당할 방안이 있는 것처럼 느껴졌다. 그녀는 "나는 명상, 기치료, 예술치료, 무용치료를 했고, 글쓰기와 그림을 통해 정서를 표현했어요. 나는 소위 말하는 나만의 비법이 이미 있었죠." 하고 말했다. 그녀는 "근래 몇 년간, 나는 이 모든 걸 하고 있었고, 이것들이 나를 마침 기다리고 있었던 거죠. 나는 내가 운이 아주 좋다고 생각했어요." 하고 말했다.

랭커스터 케리는 장시간 동안 수술을 받았다. 암이 그녀의 림프절까지 퍼졌다. 4일 동안, 그녀는 회복실에 머물렀다. 친구와 가족의 지원에도 불구하고, 회복실에서 깨어났을 때 그녀는 장차 어떤 일이 일어날지 두려웠다. 그러나 그녀는 곧 자신이 그런 감정에 직면하고 대책을 찾는 데 도움이 될 자신의 비법(치료와 창의적 표현방법)에 의지했다.

랭커스터 케리는 일기를 쓰고 그림을 그렸다. 그녀는 "그건 크로

키 수준이고, 예술작품과는 거리가 멀어요. 그건 그저 내 감정을 표현하는 거예요. 그게 파스텔화일 수도 있어요. 난 파스텔을 많이 사용했죠. 파스텔은 다른 어떤 걸 그리기보다 정서를 표현하기가 좋았어요. 그것들이 멋진 예술작품은 아니었지만 그런 활동을 하는 것 자체가 나에게 도움이 된 거죠. 그건 정말 나 자신과의 대화였어요." 하고 말했다. 그녀는 자신이 이전에 수년 동안 수강했던 무용 치료 수업도 떠올렸다. 그 수업에서 강사는 선곡을 하고 학생들에게 춤을 소개하며 생각할 거리를 제공했다. 이어서 학생들은 자신의 사고와 정서가 흐르는 대로 자기 몸을 움직였다. 랭커스터 케리는 "나는 수술 후라서 많이 움직이진 못했으나, 그건 적어도 내가 배출구를 찾을 창의적인 방법이었어요. 그건 정말 도움이 되었어요." 하고 말했다.

6개월 동안, 랭커스터 케리는 화학치료와 33회의 방사선 치료를 받았고, 다음 해에는 임상실험에 들어갔다. 그 모든 과정을 거치는 동안 케리는 투투를 입은 자신을 찍고 있었다. 그녀는 "암에 대해 그와 대화하기가 정말 힘들었어요." 하고 말했다. "우리는 유방암으로 돌아가신 시어머니를 지켜봤어요. 그래서 그는 어떤 일이 일어날지를 자연스레 알았죠. 그 후, 그는 자기 아내가 가장 공격적인 암에 걸렸다는 이야기를 듣고 자신이 아무것도 할 수 없으니, 마음이 엉망진창이었겠죠. 나는 그런 일이 그에게 어떤 영향을 줄지 감으로 알았어요. 내가 지지집단에 대한 팸플릿을 집에 가져왔으나, 그는 그런 것에 전혀 관심이 없었어요. 그는 혼자서 상담을 받으러 갔고, 다음엔 친구들과 함께 다녔어요. 그다음에 아이러니하게도 투투가 도움이 되기 시작했죠."

창의성이 성장을 유도한다

케리 부부에게, 예술은 암 진단, 치료, 가족 상실, 그리고 갑자기 그들의 삶에 끼어든 무서운 죽음의 가능성 등 그들이 직면한 모든 어려움을 극복하기에 효과적인 치료였다. 예술치료는 역경을 견디는 것부터 투병에 이르기까지 다양한 신체적·정신적 문제를 지닌 사람들을 돕는 데 활용되어 왔다.

아드리안 힐Adrian Hill은 신체적·정신적 고통을 겪는 이들을 돕기 위해 처음으로 예술을 활용했다. 그는 제1차 세계대전 당시 서부전선의 영국정부 소속 종군화가였으며, 전투장면을 스케치하고 색칠하기 위해 전장의 병사들과 동행했다. 그는 결핵치료 과정에서 예술이 자신의 회복 과정에 얼마나 유익한지를 실감하였다. 그래서 그는 그 시설에 있던 사람들에게 예술을 가르치기 시작했는데, 그들 중 대부분은 신체적 상처와 전쟁신경증으로 고통받는 동료 병사들이었다. 그는 스케치와 색칠하기가 그들에게 많은 도움이 된 게 인상적이었다. 다른 사람들은 유럽과 미국에서 그 방법을 채택했으며, 1950~1960년대에 예술치료는 인기를 얻어 널리 수용되었다.

오늘날 예술치료는 확고히 자리를 잡았으며, 광범위한 접근을 아우르고 있다. 이전에 언급한 표현적 글쓰기도 일종의 예술치료로 여겨지고 있고, 음악이나 무용과 같은 수행예술뿐만 아니라 그림이

나 조각과 같은 시각예술도 활용되고 있다. 즉, 외상 후 스트레스를 비롯해 많은 다른 문제를 겪는 이들에게 치료적 가치가 있는 어떤 창의적 표현방법이든 예술치료로 여겨진다. 일부의 예술치료 연구에서는 예술치료가 신체적 건강을 향상시켜 질병으로 고통받는 환자들의 입원기간을 단축시킨 것으로 나타났다. 다른 연구에서는 예술치료가 암 환자의 삶의 질을 촉진하고 우울과 불안을 감소시키는 것으로 나타났다. 많은 환자들에게 이러한 표현방식은 외상경험 후의 심리적 고통을 다룰 강력한 도구이다.

이런 치료를 적용하는 이들은 뭔가를 창조하는 과정에서 환자들이 새로운 활동에 집중하기 때문에 예술이 효과적이라고 말한다. 행동과 인식이 어우러진 몰입 또는 플로우flow는 이점이 있다. 몰입은 유능감과 성취감뿐만 아니라, 긍정적 정서를 유발한다. 사람들이 그런 활동을 즐기고 즐거운 활동에 몰두하는 건 그 자체로 이로우며, 환자가 심각하고 압도적인 문제로 고통받을 때에는 더 그렇다. 창의적인 예술적 사고방식을 활용하면, 환자들이 좀 더 창의적인 문제해결 방법을 찾도록 격려할 수 있다.

케리에게 있어서 계속 자화상을 찍는 건 곧 그 자신에게 필요했던 시간, 즉 두려움이나 사랑과 같은 정서, 그리고 암이 자신의 관계에 가져온 변화를 탐색할 시간을 주었다. 케리는 "내가 지금 이렇게 하는 이유 중 한 가지는 아내가 죽을 수도 있다는 사실이 나를 굉장히 두렵게 하기 때문이에요. 나는 그런 일을 겪을 거라고 상상할 수도 없어요." 하고 말했다. 그의 아내의 말에 따르면, 그 프로젝트 덕분에 자기 남편은 예술에서 자신에게 필요한 은신처를 찾았다는 것이다. 케리는 당일치기 여행을 떠나거나 아내와 함께 여행했다. 아내가 함께 가거나 혼자 지낼 수 있을 만큼 건강하지 않으면, 그는 결코 떠나지 않았다. 그녀는 "그건 그가 떠나는 방식이기도 하고, 나는 항상 그가 자신의 예술활동을 해야 한다는 걸 알았어요. 그거야말로 그가 꼭 해야 하는 것이고, 실제로 예술을 통해 자기 삶을 탐색했죠." 하고 말했다.

의사가 그녀의 간에서 암을 발견했던 2006년, 랭커스터 케리는 그녀가 화학치료에서 만났던 다른 여성들과 그 사진을 공유하기 시작했다. 그녀는 "우리는 웃었어요. 그들이 그 사진을 좋아했어요. 그들은 그 사진이 아주 재미있다고 생각했어요. 그들 중 어떤 이는 그 사진에서 예술을, 어떤 이는 유머를, 어떤 이는 우울을 보았어요." 하고 말했다. 케리 부부가 함께 한 작업을 공유하는 것, 즉 그녀처럼 혼란을 겪고 있는 사람들이 그런 반응을 보이는 것은 기분이 꽤 좋았다.

더 많은 사람이 그 사진에 반응할수록, 랭커스터 케리는 암 발생 초기에 지지집단에서 나눴던 대화에 대해 더 많이 생각하기 시작했다. 그녀는 "사람들이 나에게 물었어요. 당신이 암에 걸린 지금, 어떻게 살아갈 거예요?" 하고 말했다. 그 질문이 나를 괴롭혔어요. 그게 무슨 뜻이지? 그녀는 "나의 대답은 '나는 내 삶을 살아가겠죠. 지금 내가 하고 있는 것보다 더 중요한 뭔가를 하고 있겠죠?' 그러나 과민해지면, 살아 있는 것만으로 내 인생을 충분히 잘 살고 있는 게 아닐까 하고 생각했어요." 하고 말했다.

그러나 그 질문과 관련된 뭔가가 그녀를 괴롭혔다. 그녀는 자기 머리 뒤쪽을 가리키며 "사실, 오래전에 여기 어딘가에서 스스로 그 질문을 던졌거든요." 하고 말했다. "아마 나는 어느 정도 달라질 거예요. 그 근원이 거기에 있으니, 그게 내 마음에 와 닿으면 내가 희망을 갖고 그것에 주목하겠죠." 그녀는 다른 사람들이 자기 남편의 자화상과 얼마나 많이 연결되고 있는지를 실감했을 때, 자신이 뭘 추구하고 있는지를 알았다. 투투 프로젝트가 다가오고 있었던 것이다.

2008년, 부부는 책 제안서를 작성했다. 그 아이디어는 책을 출판하고 판매하며, 나아가 암 치료 중인 사람들에 대한 인식 증진과 모금을 위해 암 센터에 보급하려는 것이었다. 그들은 에이전트를 구했다. 출판사들이 관심을 가졌다. 그 후 2008년, 경제가 붕괴되었고 8개월 동안 그 제안서를 검토 중이던 한 출판사가 갑자기 그 제안을 거절했다. 케리의 아버지와 랭커스터 케리의 형부가 암으로 사망한 직후였다. 부부는 장례식장에서 돌아와 강아지를 밴에 태우고 사진 촬영을 계속하기 위해 10일 동안 자동차 여행을 떠났다. 그건 그들 부부가 그들의 삶 곳곳에 스며든 죽음과 흉보凶報를 떨쳐낼 유일한 방법이었다.

여행 마지막 날, 그들은 해안에 위치한 관광마을인 뉴저지의 와일드우드에서 촬영 중이었다. 그들은 너무 피곤해서 브루클린까지 먼 길을 갈 수 없었다. 그래서 그들은 머물 곳을 찾느라 밤늦게 차를 몰고 주변을 돌아다녔다. 당시는 비수기여서, 그들은 어쩔 수 없이 허름한 모텔을 선택하였다. 그러나 그들은 방문을 열었을 때, 행운이었음을 알았다. 물론 그 카펫은 너무 지저분해서 랭커스터 케리가 저녁 내내 신발을 신고 있을 정도였다. 그러나 쌍으로 된 침대 중 한 침대 위에 상상력과 거리가 먼 발레리나 그림이 매달려 있었다. 그들은 그 그림이 두 침대 사이에 오도록 그림을 옮긴 후, 촬영할 준비를 했다. 부부는 프레임에서 반 정도 벗어나 한쪽 침대에 몸을 구부린 채 투투를 입고 자는 케리를 촬영하느라 새벽 2시까지 작업했다. 랭커스터 케리는 "내가 '다 촬영했어요? 이제 자고 싶어요.'라고 말했던 게 기억나요." 하고 말했다. "나는 그 사진을 볼 때면 그런 정서가 물씬 느껴지고, 머릿속에 '새벽 2시라 자고 싶어요.'라고 하는 소리가 들려요."

관심 부족으로 힘들었던 그들은 그 프로젝트를 잠시 보류했다. 그러나 나중에 그들이 여행에서 돌아와 그 모델 사진을 포함한 작품들을 한 친구에게 보여 주자, 그는 그들의 아이디어에 관심을 보였다. 그 친구는 그 사진이 환상적이라고 말하면서, 책을 출판하려면 사진을 더 찍으라고 독려했다. 그러나 부부는 그들이 직접 책을 출판하기로 했다. 케리 부부는 1년 동안 그 작업에 몰두했고, 그 프로젝트를 위해 자비自費를 투자하였다. 그들은 그 프로젝트를 '발레리나Ballernia'라 불렀다.

그들이 책을 홍보하려고 페이스북에 사진을 올리며 암 환자를 위해 모금한다는 목표를 설명하자, 사람들이 반응해 주었다. 사진집은 사람들로부터 수천 개의 '좋아요'를 받았다. 부부는 아메리칸 발레 시어터에서 사진을 촬영하자는 초대를 받았다. 도이치텔레콤은 그들을 독일에 초대했고, 독일에서는 암 생존자 단체의 사람들이 그들을 찾아와 끌어안고 울었다. 그것은 굉장했을 뿐만 아니라,

감동적이고 굉장히 만족스러웠다.

그러나 케리는 자기 작품을 관람자들에게 맞추려 하지 않는다. 그의 예술이 아무리 다른 사람들에게 감동을 줄지라도, 그의 예술은 여전히 그의 것이다. 케리는 "나는 작품으로 사람들을 기쁘게 하려 한 적이 없어요." 하고 말했다. "작품은 항상 나의 감정과 관련되거든요. 나는 '오! 주여, 사람들이 이 작품을 좋아하기를!' 하고 바라지 않아요. 작품은 나만을 위한 거예요." 그건 그가 자신을 위해 하는 뭔가로 존재해야 한다. "나는 사진을 찍고 사람들을 만나며 인적이 없는 곳에서 작은 모험을 하는 것만 생각하고, 어쩌면 현실을 생각하지 않아요. 나는 린다가 아팠을 때 내가 뭘 하고 있었는지를 생각할 뿐이죠."

랭커스터 케리의 언니인 로리 랭커스터는 그 프로젝트가 자기 여동생의 암에서 시작되었다는 사실에 놀라지 않았다. "랭커스터 케리의 사고방식은 '좋아, 그래서 이게 있으면, 난 이 경험을 통해 뭘 얻을 수 있을까?' 하는 식이다. 랭커스터 케리는 자기 삶에 다른 변화도 있었다고 말했다. 그녀는 다음과 같이 말했다. "뉴욕에 있는 성 빈센트 병원에 여성의 사진 판넬이 있는데, 그 여성은 암이 지금까지 자신에게 일어났던 일 중 가장 멋진 일이었다고 말했어요. 그래서 난 속으로 생각했어요. '당신 제정신이에요? 어떻게 그런 생각을 할 수 있어요? 나는 결코 그렇게 말하지 않을 거예요.' 그런데 맞아요, 나는 변했어요. 사실 나는 예전에도 사람들이 나에 대해 어떻게 생각할지 크게 신경 쓰지 않았어요. 그러나 이젠 정말 개의치 않아요. 한 가지 걱정이 있다면, 내가 암에 걸렸는데 그게 얼마나 힘들지를 생각하는 정도죠. 그래서 사업에 문제가 생겨도 '괜찮아요'. 그래도 난 여전히 살아 있으니까요. 이렇게 내 관점이 변했어요. 암이 내 성장을 촉진했죠." "어쩌면 암이 나를 훨씬 더 강하게 만들었어요. 내가 다른 사람들이나 사업과 관련된 일에 신경 쓰지 않기 때문에 남편은 엄청 힘들죠. 나는 사업할 시간이 없어요."

새로운 경험에 대한 개방성이 변화를 촉진한다

케리 부부는 창의적인 사람들이다. 그들의 예술활동은 그들이 어떤 사람이고 세계가 어떻게 돌아가는지에 대해 그들이 생각하고 몰두하며 이해하는 핵심적인 방식이다. 예술은 그들의 외상 후 성장의 핵심이다. 그건 전혀 놀랄 만한 일이 아니다.

외상 후 성장과 관련된 인성특성 중 한 가지는 새로운 경험에 대한 개방성이다. 이런 특성을 지닌 사람들은 예술에 관심이 있고 예술을 감상한다. 그런 사람들은 감수성, 모험심, 상상력, 호기심이 더 많다. 그들은 기꺼이 새로운 것을 시도한다. 새로운 경험에 대한 개방성은 창의성을 가장 잘 예측하는 인성특성이다.

어떤 면에서, 외상 후 성장은 대부분 어느 정도의 창의성을 요구한다. 인간이 성장하려면 자신의 삶과 과거, 그리고 미래의 가능성에 대해 창의적으로 사고해야 한다. 어쩌면 그건 창의적인 도약이다. 테데스키와 캘훈이 설명한 의도적 반추과정은 그 핵심에 숙고하고 이해하는 창의적 과정이 있다. 퀸즐랜드 공과대학교의 제인 셰익스피어 핀치는 "어떤 형태로든 자신을 표현하는 건 외상에 적응하고 성장에 이르는 과정에서 중요해요." 하고 말했다. 그녀는 간단한 글쓰기나 말하기와 같은 어떤 표현방법이든 효과적일 수 있다고 말하면서, "창의적인 사람은 그렇지 않은 사람보다 자신을 표현하는 방법이 더 많을 거예요." 하고 덧붙였다.

1989년, 뉴욕의 예술가인 토비 자우스너Tobi Zausner는 공격성 자궁암 진단을 받았다. 그래서 그녀는 수술을 받았다. 종양 크기와 성장 속도를 지켜본 의사가 2~3개월 이상 버티기 힘들 거라고 예상했다. 그녀는 메스꺼움과 심각한 구토를 극복했다. 자우스너는 "그건 끔찍했어요." 하고 말했다. 그녀는 명상수련과 더불어 학상장鶴翔椿(학이 춤추며 날아오르는 모습의 기공)이라는 중국수련을 하였다. 그녀는 식생활을 개선하는 동시에 암을 극복한 생존자들에 대한 책을 읽었는데, 그렇게 하면서 그녀도 치유되고 살아남았다.

암 진단을 받을 때, 자우스너는 심리학 학위과정 중이었으나, 박사논문을 마무리하지 못하였다. 후에 그녀는 공부를 계속해서 예술심리학 박사학위를 받았고, 면허를 소지한 임상사회사업가가 되어 개업하였다. 그녀는 "나는 연구에 집중하는 심리학자가 되었어요. 나는 그렇게 되리라고 생각해 본 적이 없거든요." 하고 말했다. 자우스너는 질병과 창의성의 관계를 담은 『벽이 문으로 변할 때: 창의성과 변혁적인 병When walls become doorways: Creativity and the transforming illness』이라는 책도 집필했다. 그 책에는 자신의 이야기를 비롯해 큰 고난 후 삶과 예술에서 새로운 의미와 목적을 발견한 10여 명의 예술가와 창의적인 인물들에 대한 이야기가 고스란히 담겨 있다. 그 책에 담긴 그녀 자신과 주인공들에게는 역경, 심지어 아주 심각한 역경(마비나 불치병 등)마저도 새롭게 보고 이해하며 창조하는 방법을 찾는 촉진제가 되어, 그들이 자신과 작품을 재발견하도록 자극하였다. 자우스너는 "창의적인 사람들에게는 그것이 마치 반사작용과 같아서 외상경험이 창의적 작품으로 전환되죠." 하고 말했다. "우리는 고통을 창의적 작품으로 변신시켜요. 그렇게 할 때 엄청난 균형감a feeling of centering을 느끼지요. 그건 극도로 평온하고 집중되며 강화된 상태예요. 작업을 하는 것만으로도 치료 효과가 있어요."

자우스너의 책은 10여 명에 이르는 예술가들의 이야기로 이루어져 있다. 더 유명한 예술가도 있고 덜 유명한 예술가도 있지만, 그들은 모두 외상경험을 극복하고 그 사건으로 삶과 예술을 변화시켰다.

그녀는 앙리 마티스Henri Matisse가 20살이 될 때까지 예술에 전혀 관심이 없었던 점에 주목한다. 그는 평생 만성적인 소화장애를 겪었다. 그의 몸이 너무 심하게 아픈 나머지 아버지의 사업을 물려받을 수 없어 동생이 그걸 물려받았기 때문에 자신을 실패자로 여겼다. 그는 법원 사무원이 되었으나, 그 일을 아주 싫어했다. 그는 법학도로서 1년 동안 파리에 거주할 때 루브르박물관을 한 번도 방문한 적이 없을 정도였다.

그가 20살이 되었을 때, 장에 극심한 문제가 생겨 심신을 약화시키는 심각한 고통을 겪었다. 적절한 치료법이 없었기 때문에 그는 고통이 진정될 때까지 휴식하라는 처방을 받았다. 입원해 있는 동안, 그는 옆 침대에 있는 사람이 크로모chromos라는 초보적인 컬러 링북을 색칠하는 데 주목했다. 마티스는 호기심이 생겼다. 그는 자기 어머니에게 한 세트를 부탁했고, 바로 그것에 푹 빠졌다. 그는 "이 물감박스가 내 손에 있는 순간, 내 삶이 거기에 있다는 느낌이 들었어요."하고 쓴 적이 있다. 퇴원한 후, 그는 이전과 전혀 다른 길을 갔다. 그러던 중 마침내 그는 법원 사무원을 그만두고 예술가로 살아가려고 파리로 떠났다.

마티스는 살면서 몇 번 더 심각한 병에 걸렸다. 70대 초반, 그는 장암수술을 받았다. 암과 수술로 인한 합병증(폐동맥 색전증, 위탈출, 독감) 때문에 그 후 사망할 때까지 그는 휠체어 신세를 면치 못하였다. 그러나 그는 예술활동을 그만두려 하지 않았다. 그는 침대에서 일어나기 전에 낚싯대 끝에 목탄을 묶어 벽과 천장에 그렸다. 그 후 휠체어에 앉게 되었을 때에는 마티스가 색종이를 오리면, 조교가 벽에 조합해 붙였다. 자우스너는 그가 더 이상 아무것도 할 수 없을 때에는 이런 방식이 그에게 최선이었다고 말했다. 이어서 그녀는 마티스의 그 당시 작품이 그의 가장 훌륭한 작품(2014년 그림 조각 전시회는 런던에 있는 테이트모던미술관의 입장객 기록을 깰 정도였으니)에 속한다고 말했다. 후에 그는 담석과 다른 합병증으로 고통을 겪었다. 의사는 그가 살 거라고 기대하지 않았다. 그러나 수술 후, 마티스는 그의 삶과 작품에서 새로운 의미를 찾았다. 인터뷰에서 그는 "병에 걸린 후 창작한 작품만이 나의 진정한 자아가 담겨 있다."고 말했다.

자우스너는 "그는 이렇게 힘겨운 각종 병을 겪은 후에 아주 엄청난 외상 후 성장을 했어요." 하고 말했다. "그에게 있어서 창의성은 치유효과가 대단했어요." 과거든 현재든 예술가들의 삶을 분석한 결과, 자우스너는 창의적인 사람들과 외상 후 성장 사이에 깊은 일화적 관계가 있음을 발견하였다. 그녀는 "어떤 경험을 하고, 그걸 다른 측면에서 완전히 재구성한 물리학의 특이점singularity 같은 거죠. 여러분도 자신이 원하는 어떤 방식으로든 재구성할 수 있어요." 하고 말했다. "어떤 사람에게는 고통이 성장이 되죠."

외상이 창의성을 자극할 수 있는가?

마티스를 비롯한 예술가들은 삶과 작품에 대한 창의적 접근 덕분에 외상경험으로부터 성장한 측면이 있다. 그러나 자우스너는 외상이 실제로 마티스와 같은 예술가들을 최고의 새로운 단계(외상이 그 예술가들을 더 훌륭한 예술가로 만들었으니)에 이르게 했다고 주장하기도 한다. 심리학자의 관점에서는 예술작품의 그러한 변화를 성장으로 볼 수 있다. 펜실베이니아 대학교 긍정심리학센터에서 연구하고 있는 박사과정 수료자인 마리 포르자르Marie Forgeard는 외상과 예술의 관계에 매료되었다. 유명한 예술가들의 삶에서 역경, 심지어 두려운 외상마저도 놀라울 정도로 흔하다. 가령, 마야 안젤루Maya Angelou는 불과 8살 때 엄마의 남자 친구에게 강간 당했다. 프리다 칼로Frida Kahlo는 소아마비, 끔찍한 교통사고, 세 차례의 유산을 겪었다. 영화감독인 프란시스 포드 코폴라Francis Ford Coppola도

어려서 소아마비에 걸렸다. 한 연구에서는 작가들이 일반인보다 고아일 가능성이 더 높은 것으로 나타났다.

포르자르는 역경이나 외상이 생존자의 창의성(그녀가 창의적 성장이라 일컫는)을 촉진하는지 확인하고 싶었다. 그 연구를 위해 그녀는 373명에게 자기 삶에서 가장 힘든 경험이 자신에게 어떤 영향을 주었는지 기술하도록 하였다. 그녀는 대인관계의 긍정적 변화와 새로운 가능성에 대한 인식 증가(테데스키와 캘훈이 정의한 다섯 가지 성장 영역 중 2가지)를 보고한 사람들은 창의성 증가도 보고했음을 발견했다. 즉, 이 분야의 성장은 창의성과 함께 증가하는 것 같다.

그러나 긍정적 변화를 경험한 생존자들만 창의성 증가를 보고한 건 아니었다. 대인관계의 부정적 변화를 보고한 생존자들도 창의성 증가를 보고했는데, 이는 역경 속에서 투쟁하는 과정에서 인간이 창의적으로 변할 수 있음을 시사한다. 어떤 이들은 자신의 외상 경험을 극복하기 위해 자신의 창의적 기능을 활용할 수도 있고, 어떤 이들은 그런 경험과 씨름하는 동안 창의성이 증가되었음을 발견하였다.

창의적 성향이 있는 사람들은 그렇지 않은 사람들보다 창의적 성장을 경험할 가능성이 더 높은 것으로 확인되었다. 창의적인 사람들은 대부분 자기성찰을 한다. 그들은 창의적인 과정 내내 자신의 경험에 몰입하고 사고하며 이해하려 한다. 예술가들은 의도적 반추, 즉 테데스키와 캘훈이 외상 후 성장에 이르는 길을 찾는 데 유익한 인지과정이라고 지목한 과정에 능숙하다. 다른 연구에서 포르자르는 상당한 역경을 겪은 후 새로운 경험에 대한 개방성(창의성과 관련된 인성특성)이 높은 사람들이 그렇지 않은 사람들보다 창의적 성장이 더 높았다고 보고하였다. 포르자르는 "새로운 경험에 대한 개방성이 높은 사람일수록, 창의적 성장을 더 보고했어요." 하고 말했다.

케리 부부의 경우, 삶에 대한 창의적 접근, 예술가로서의 훈련과 작업, 세상을 바라보는 방식, 세상에서 그들의 위치와 가능성이 확실히 그들의 성장에 기여했다. 그 덕분에 그들은 그런 기능을 활용하는 방식을 찾아 그들 자신은 물론이고 다른 이들까지 치유하였다.

마침내 케리 부부는 브루클린을 떠났다. 그 독립구의 생활비가 너무 올랐기 때문이다. 그들은 짐을 싸서 뉴저지 주 새들강 유역의 조용한 시골길가에 위치한 작은 집으로 이사했다. 케리는 지하실에 스튜디오를 마련했다. 애완견 소피는 1층을 휘젓고 다니면서 낡은 오두막에서 삐걱거리는 소리만 나도 짖어 댔다.

케리는 걸걸하고 재미있으나, 다정다감한 사람은 아니다. 그는 자기 자신, 자신의 동기, 자신의 작품에 대해 비판적으로 대화한다. 부부가 투투 프로젝트로 얻은 호평과 성공을 편안하게 즐기면, 마치 회사 전체가 무너질 것처럼 말이다. 그러나 랭커스터 케리의 언니는 그 프로젝트가 그에게 영향을 주어 이제는 그가 좀처럼 비판적으로 대화하지 않는다고 말했다. 랭커스터는 "투투 프로젝트가 그의 유일한 장점이에요." 하고 말했다. "그는 모든 걸 기꺼이 공유해요. 예술가로서 그는 자기 작품에 모든 걸 쏟아요. 그 프로젝트로 인해 그는 자신이 아내뿐만 아니라 다른 사람들을 돕고 있음을 알게 되었어요." 그 사진이 지금 아주 많은 영향을 주고 있고, 아주 많은 사람을 도왔으며, 돈을 필요로 하는 사람들에게 줄 돈을 모금할 수 있다는 사실은, 케리에게 아주 의미 있는 일이며 그가 자신의 예술을 새로운 눈으로 바라보는 계기가 되었다.

얼룩무늬가 있는 검은색 티셔츠를 입고 식탁에 아내와 나란히 앉은 케리는 "많은 사람들에게 영향을 주었기 때문에, 나는 그게 앞으로 나의 가장 중요한 일일 거라고 생각해요. 그게 다른 사람들에게 도움이 되었거든요. 난 지금까지 그렇게 생각해 본 적이 없어요." 하고 말했다.

PART

3

성장을
일구기

성장을 위한 도구 활용하기

PART
3

성장을
일구기

10

보트경기와
등산하기

9월 어느 토요일 이른 아침, 20명의 여성이 뉴욕 퀸즈의 플러싱만 부두에 매여 있는 2개의 기다랗고 좁은 보트에 앉아 있었다. 야구 모자에 선글라스와 구명조끼까지 갖추고 노를 잡은 그들은 코치인 아킬라 시몬Akila Simon이 아침 운동에 대한 열기를 돋우는 동안 그녀의 말을 듣고 있었다.

그녀는 여성들에게 "오늘 노를 저을 때 절대 두려워하지 마세요.

지금 물 가까이 가는 게 두렵다면, 두려움을 다 털어 버리고 사생결단하세요. 여러분은 아주 강해요." 하고 말했다. "두려움을 버려요."

곧이어 여성들은 부두에서 보트를 밀어 돌린 후, 라과디아공항의 활주로 끝부분이 물과 만나는 만灣 쪽으로 노저어 나갔다.

이 엠파이어 드래곤 보트 팀Empire Dragon Boat Team의 공동 설립자인 도나 윌슨Donna Wilson은 조종키처럼 사용되는 기다란 노를 잡고 한쪽 보트의 뒤쪽에 서 있었다. 여성들이 노를 저어 보트가 앞으로 나가기 시작하고 출발과 전력질주를 연습하는 동안, 윌슨은 그녀들을 격려하는 수준을 넘어 거의 위협적으로 외쳤다. 그녀는 여성들이 물속 깊이 노를 저을 때마다 더 기운을 내도록 "저어, 깊이 저어!"하고 재촉하듯 소리쳤다.

그날 아침 약 2시간 남짓, 그 여성들은 오래전부터 중국에서 경주에 사용되던 길고 좁은 드래곤 보트로 플러싱만을 힘차게 오갔다. 두 보트 팀은 총력전인 짧은 전력질주와 속도를 유지하는 장거리 경주를 하며 서로 겨뤘다. 짧은 휴식 동안, 여성들은 경쟁을 북돋우기 위해 물 건너로 서로 악의 없는 야유를 보냈다.

그 여성들은 주요 선수들이지만, 그저 평범한 조수rower, 漕手들은 아니다. 그 드래곤 보트 팀은 유방암 생존자들끼리 겨루는 국제보트연맹 팀에 속한다. 이 팀의 출발을 도운 윌슨은 뉴욕 시의 메머리얼 슬론 캐터링 암센터의 간호사이자 개인 트레이너였다. 1992년 그녀는 그 병원에 와서 폐암 환자들을 담당했는데, 환자들이 수술 전에 3주만 운동해도 결과가 훨씬 더 좋다는 사실을 발견했다. 그녀는 연구와 직접적인 관찰을 통해 운동이 회복에도 중요하다는 사실을 알았으나, 다른 사람들은 활동적인 생활의 가치를 모르는 듯했다. 의사와 간호사들은 유방암 환자들에게 신체단련의 가치는 말하지 않은 채 관례대로 화학치료 후 휴식을 취하라고 했다. 그렇게 오랫동안 활동하지 않으면, 대부분의 암 생존자들이 수술 후 정상으로 회복할 때까지 1년 정도 고생했다.

월슨이 유방암 환자들을 돌보기 시작할 무렵에는 상황이 훨씬 더 심각했다. 수술 후, 여성들은 약 2kg 이상은 들지 말고 상체를 반복적으로 움직이는 활동도 하지 말라는 지시를 들었다. 의사들은 그런 활동을 하면 유방암 생존자들에게 림프부종(팔의 고통스런 부종을 일으키는 흔한 합병증)의 발생 가능성이 높아질 거라고 걱정했다. 그러나 이 가정을 지지하는 연구는 거의 없었다. 마침내, 2009년 상체운동이 유방암 환자에 미치는 효과를 밝힌 최초의 장기 연구가 발표되었다. 그 연구에서는 운동과 림프부종 사이에 관계가 없는 것으로 나타났다.

유방암 생존자에게 가능한 운동프로그램을 연구하는 동안, 월슨은 드래곤 보트 경주로 상당한 도움을 받았다는 연구를 발견하였다. 그녀는 그 전에 드래곤 보트에 대해 들어 본 적이 없었으나, 곧 그 스포츠가 수년 동안 성장해 왔음을 알게 되었다. 즉, 1996년에 유방암 생존자들로 구성된 최초의 드래곤 보트 팀이 결성되었고, 오늘날에는 전 세계적으로 110개 팀 이상이 존재한다는 사실 말이다. 드래곤 보트 경기는 여성들이 운동을 하고 활동을 유지하며 건강과 신체단련에 몰두할 수 있는 멋진 방법처럼 보였다. 2009년 월슨이 그 팀을 결성하자, 메모리얼 슬론 캐터링의 의사들은 회의적이었다. 윌슨은 "'당신은 그걸 못할걸.'하고 말하는 사람들이 상당수 였어요."하고 회상했다. 그러나 그 팀이 잘 되자, 그런 회의를 극복하는 데 도움이 되었다. 윌슨은 "나는 정말로 운동해 본 적이 없던 이 여성들의 열정을 보았고, 그들이 더 건강해지는 걸 목격했으며, 그들의 식단을 보니 이제 무척 자부심이 생겨요." 하고 말했다. "그들의 변화를 보면 아주 신나요."

그날 아침, 플러싱만에서 출격했던 한쪽 드래곤 보트 팀의 헤더 멜로니Heather Maloney는 물에 노를 넣고 자신의 온몸을 뒤로 젖히며 어깨와 목의 근육을 긴장시켰다. 윌슨이 여성들에게 소리칠 때, 그녀는 머리를 앞쪽으로 하고 팔을 펼쳐 자기 앞의 노 젓는 여성과 보조를 맞추는 데 집중했다. 지금은 모자 아래로 살짝 보이는 짧은 금발의 몸매 좋고 건강한 멜로니는 그녀가 44살이던 2009년에 유방암 진단을 받았다. 당시 그녀는 소아암단체의 상무이사였고 암 병동에서 아주 오래 일했기 때문에 암은 그녀에게 아주 친숙했다. 그렇지만 그녀는 암이 자기 삶을 뒤흔들 거라는 점에 대해서는 전혀 준비된 게 없었다. 진단을 받은 다음 날, 그녀는 변화를 만들기 시작했다.

그녀는 "다음날 나는 몇 가지를 확신하며 눈을 떴고, 그중 한 가지는 '나는 이스트 78번가의 이 아파트에서 죽지 않을 거야.'였어요" 라고 당시의 자기 집을 언급했다. 그녀는 곧바로 뉴저지의 허드슨 강변에 위치한 작은 해안마을로 이사하였다. 이제 그녀는 아침에 배달트럭 대신 새소리를 들으며 눈을 뜬다. 그녀는 그녀에게 둔하고 엉뚱한 말을 할 모든 사람을 미리 용서하기로 했다. 그건 그녀의 직업 덕분에 아주 예의바른 친구나 친척마저도 너무 두렵고 어색하면 무례하고 둔하게 말할 수 있음을 그녀가 잘 알고 있었기 때문이다. 또한 그녀는 사람들이 자신에게 주는 모든 것, 즉 시간, 음식, 옷, 돈 등을 죄책감 없이 받기로 했다. 멀로니는 "나는 결코 나 자신에게 의문을 제기해 본 적이 없어요." 하고 말했다. "죽음을 받아들이면 아주 자유로워요. 자신의 삶에서 전혀 다른 방식으로 존재하게 되거든요. 부질없는 건 다 사라지죠."

멀로니의 치료는 혹독했다. 그녀의 의사는 13개의 림프절을 제거했는데, 그중 3개가 암에 대해 양성 반응을 보였다. 그녀는 6개월 동안 화학치료를 받고 임상실험에도 참여하였다. 그녀는 "화학물질 통 속에 있는 것 같았어요. 약이 지긋지긋했죠." 하고 말했다. 그녀는 30회의 방사선 치료를 받았고, 영구적인 이식을 위한 공간을 만들기 위해 근육을 늘리는 확대장치(부풀리는 이식장치)를 가슴 근육 아래에 넣었다. 8개월을 입원했고, 엄청나게 고통스러웠다. 그 다음에 호르몬치료를 받았는데, 그건 그녀가 받아야 할 10년의 치료계획 중 겨우 반 정도를 마친 상태였다. 그녀는 "뼈가 으스러질 정도로 피곤했어요." 하고 말했다. "관절통이 생겼는데, 관절이 노화된 듯했어요. 다시 좋아질지 궁금했죠."

멀로니는 자라면서 스포츠를 해 본 적이 없고, 더구나 자신을 운동선수로 여겨본 적은 더더욱 없었다. 그러나 그녀가 병원에서 드래곤 보트 팀에 대해 들었을 때, 매력적으로 들렸다. 멀로니는 미혼이고 아이도 없다. 그녀에게는 취미와 모임이 중요하다. 팀의 구성원이 된다는 생각이 좋게 들렸다. 그녀는 "나는 내가 노로 물을 가르는 순간을 느꼈어요. 내가 물속에 있음을 바로 느꼈죠." 하고 말했다.

그 팀은 헌신이 대단했다. 시즌이 아닐 때에는 육지훈련을 했다. 그들은 일주일에 두 번씩 플러싱만 해안으로 갔는데, 그곳은 어떤 심각한 경기훈련장보다 죽은 쥐, 떠다니는 쓰레기, 쓰레기 범람으로 악명이 높았다. 구성원들은 훈련을 빠지는 게 거의 허용되지 않아서, 여름휴가가 생략되었다. 멀로니는 헌신과 경쟁적인 측면에 끌렸다.

그녀는 가입한 지 얼마 안 되어, 눈에 띄지 않는 다른 이점을 발견했다. 그 팀은 나름 대단한 공동체이다. 매년 시즌 초 훈련을 위해 플로리다로 여행을 간다. 여성들은 매일 함께 지내고 온종일 함께 훈련한다. 그들의 우정은 깊어지고 팀으로 결합된다. 시즌이 아닐 때 그들은 함께 자원봉사를 한다. 그들은 보트타기와 암 경험을 공유하여 유대가 형성되고 좋은 친구가 된다. 그들은 모든 통증과 고통이 그들에게 새로운 암이 발생할 조짐이라는 그들의 두려움도 가볍게 여긴다. 멀로니는 "우리는 서로를 이해하는 사람들과 서로의 경험을 나눌 수 있어요. 거기에는 다른 친구들과 나눌 수 없는 유머가 있어요. 다른 친구들이라면 충격받을 거예요." 하고 말했다.

그런 사회적 유대만 해도 이 여성들에게 아주 유익하다. 한 연구자가 발견한 바와 같이, 사회적 유대는 이런 암 생존자들의 성장을 돕는 비결일 것이다.

퍼듀 대학교의 건강 및 운동요법학과 부교수인 메건 맥도너 Meghan McDonough는 고등학생 시절부터 경쟁력 있는 조정선수였고 드래곤 보트 경주를 했으며, 2001년부터 조정코치를 해 왔다. 그는 스포츠가 유방암 생존자들에게 어떤 이점을 주는지에 대한 호기심이 생겼다. 2007년에 발표된 한 연구에서, 맥도너와 동료들은 브리티시 컬럼비아주 밴쿠버의 드래곤 보트 팀을 대상으로 20명의 유방암 생존자와 인터뷰하였다. 그건 수십 년 전 테데스키와 캘훈이 했던 것과 같은 질적 연구로, 포괄적인 질문을 하고 그 답을 기록하는 방식이었다. 맥도너는 그들이 인터뷰했던 20명의 여성에게 외상 후 성장이 일반적임을 발견했다. 그들 중 75%는 더 돈독한 대인관계를 보고했는데, 이는 그들이 삶에서 새로운 가능성을 추구한다는 표시였다. 그들 중 약 90%는 그 프로그램의 결과로 건강해졌다는 느낌이 든다고 보고했다. 약 65%는 삶에 대한 감사가 증가했다고 보고했다. 이들은 소표집에 불과하지만, 그 결과는 드래곤 보트 경주를 하는 유방암 생존자들이 일반적으로 외상 생존자들의 ½~⅔가 성장을 보고한 것보다 훨씬 더 높게 보고했음을 의미한다.

2011년 맥도너는 드래곤 보트 경기와 그로 인해 촉진되는 사회적 관계와 지지를 더 상세히 조사한 또 다른 소논문을 발표하였다. 그녀는 사회적 지지가 성장과 상관이 높기 때문에 사회적 지지가 자신이 이전에 발견했던 큰 효과를 설명하는 데 기여할 거라고 생각했다. 특이하게도 그녀가 발견한 건 이 여성들이 절대 사회적 지지를 위해 그 모임에 가입한 게 아니라는 사실이었다. 그 여성들은 훈련, 노젓기, 그리고 경쟁과 같은 다른 걸 위해 그 팀에 가입했다. 그 팀에 들게 된 배경은 유방암이었지만, 이제는 유방암보다 팀이나 스포츠가 더 중요했다. 맥도너는 "당신은 목요일 밤에 암 토론회에 나가지 않고 다른 암 생존자들과 체육활동을 하러 가겠네요. 이제 당신은 대화할 모임이 있고, 거기엔 사회적 지지가 있네요. 하지만 사회적 지지는 부수적이군요. 많은 참여자들은 주 관심사가 운동임을 인정하죠. 그 팀에서는 팀원들이 활동에 긍정적으로 집중하게 하네요." 하고 말했다. 필요할 경우에 항상 지지가 존재하지만, 그건 스포츠의 긍정적 성과 범위 안에서이다. 더구나 이 여성들은 동일한 일을 겪었기 때문에, 서로 쉽게 돕고 지원한다.

그 팀은 암에 걸렸으나 탄탄하고 건강하며 긍정적 태도를 지닌 여성들로 가득 차 있다. 그 팀에는 닮고 싶은 역할모델, 즉 성장의 길을 발견하고 상대방도 성장할 수 있음을 보여 줄 수 있는 사람들이 넘친다. 그들은 병들고 허약한 오랜 시절을 보낸 후 건강해졌기 때문에 자기 몸 관리를 상당히 잘한다. 맥도너는 "그 여성들이 '난 유방암에 걸려서 좋아요.'라고 말하진 않지만, '암 투쟁으로 좋은 것도 얻었어요. 그런 일이 생기지 않았으면 하고 바라겠지만, 그로 인해 좋은 일도 생겨요.'라고 이야기하죠." 하고 말했다.

그 팀에 가입한 후, 멜로니는 노를 젓다가 보트의 키 조정과 노젓기를 지원하는 코칭스태프가 되었다. 역할이 바뀔 때, 그녀는 배우고 변화하며 자신의 새로운 강점을 발견한다. 그녀는 "나에게 분명해진 한 가지는 내가 리더라는 거예요. 나는 직장생활을 할 때 그 점을 발견했고, 개인생활에서도 마찬가지예요." 하고 말했다. 멜로니는 "내 생각에는 나에 대한 다른 사람의 인식도 좀 바뀌었어요." 하고 말했다. "내가 그렇게 하는 것, 즉 그렇게 많은 시간을 할애하고 정말로 열심히 하는 걸 어느 정도 존중해요." 그녀는 경기를 하고 승리하는 기쁨을 맛보았다. 그 스포츠는 계속해서 그녀에게 새로운 경험을 열어 줄 뿐만 아니라, 그녀가 자신의 능력과 가능성을 이해할 길도 마련해 준다. 그녀는 "살면서 나는 우리 팀이 국제대회에 나갈 수 있을 거라고 생각해 본 적이 없어요. 그러나 이제 그게 가능해요." 하고 말했다. "내 앞에 새로운 목표가 있고, 내가 더 높은 성취수준으로 나아갈 사다리에 오른다는 새로운 뭔가가 있어요. 그건 신나는 일이에요."

그 토요일 아침, 멀로니는 연습을 마친 후 코치 한 사람과 대화를 나누며 부두에 서 있었다. 플로리다의 사라소타에서 열리는 이번 세계챔피언 대회에서는 팀 멤버들만 보트에 타게 될 것이다. 그건 곧 팀 멤버들이 직접 키를 조정하고 전략(리듬을 탈 시기, 속력을 높일 시기, 결승선에 앞서 전력질주할 시기 등)을 외치는 일을 인계받아야 한다는 걸 의미한다.

멀로니는 보트의 페이스를 외치는 일을 맡을지도 모른다. 그렇게 되면, 보트의 가운데 앉아 노를 저으면서 그렇게 해야 할 것이다. 그것은 막중한 책임이 요구되는 위치이다. 그녀가 잘못할 경우에 그들이 경주에서 질 수 있다. 그래서 그 일은 쉽지 않다. 그녀가 너무 이르거나 너무 늦게 전력질주하라고 지시하는 실수를 피하려면 시계에 눈을 고정해야 할 것이다. 그녀는 경기를 판단하고 노를 저으며 시계를 보는 방법까지 동시에 다 한다는 게 상당히 부담스러웠다.

그녀는 어디에 시계를 놓을지, 그리고 뭘 해야 하고 언제 외쳐야 할지를 기억하는 방법에 대해 몇 분간 코치와 상의했다. 그녀는 그 일로 스트레스를 받기보다 오히려 코치에게 짧게 "해 봐야 할 것 같네요." 하고 말했다. 그러고 나서 그녀는 코치의 시계를 빌려 그날의 두 번째 훈련을 준비했다.

신체의 영향력

2004년, 미국육군사관학교를 갓 졸업한 젊은 소위 디 제이 스켈턴D. J. Skelton은 이라크에 파병되었다. 그는 이라크전쟁에서 최고의 유혈사태로 확인된 팔루자 전투가 일어나기 전날 저녁 팔루자 근처에 배치되었다. 그는 순찰대가 수상한 낌새를 발견했다는 라디오 보고를 들은 몇 주 동안 이라크에 머물렀다. 그는 순찰대에게 자기 팀 병사들과 만날 때까지 대기하라고 지시했다. 스켈턴이 소속된 팀이 순찰대에 다가갈 무렵, 이라크 병사가 사격을 가했다. 로켓추진소화탄이 고속 고가도로를 지지하는 콘크리트 철탑을 공격했다. 콘크리트와 혼합된 금속이 스켈턴 위로 우수수 떨어졌다. 처음에 그는 아무런 느낌도 없었다. 이어서 그에게 고통이 밀려왔다. 그는 비명을 질렀으나, 아무런 소리도 들리지 않았다. 파편이 그의 볼을 관통하고 눈구멍eye socket로 나와 입천장, 턱, 그리고 눈이 손상되었다. 더 많은 파편이 흉부와 위를 강타했다. 팔이 총알에 맞았고, 다리도 상처를 입었다.

스켈턴은 후송되었고, 의사들이 총 60가지 수술을 했다. 금속막대기로 그의 팔뼈와 다리뼈를 대체했다. 얼굴을 복원하였으나, 상구개와 상턱을 잃었다. 2005년, 군에서 그에게 군복무를 중단하라고 지시했다.

그러나 스켈턴은 은퇴할 생각이 없었다. 그는 자신의 미래에 대해 다른 생각이 있었다. 여러 해 전에 그는 전문학술지의 한 논문에서 외상 후 성장에 대해 읽은 적이 있었다. 월터리드에서 회복되자, 그는 다시 자기가 읽었던 내용이 생각났다. 그는 테데스키에게 연락해서 그가 추천해 준 연구들을 더 읽었다. 스켈턴은 성장을 이해하고 있었기 때문에, 일찌감치 이 끔찍한 상처가 자신에게 긍정적인 뭔가를 줄 것임(그가 그 사고의 결과로 좀 더 나은 다른 뭔가를 찾게 될 것임)을 짐작했다. 그래서 그에게 은퇴하라는 군의 명령을 무시한 채, 그는 자신의 회복을 위해 전념을 다했다.

스켈턴이 퇴원할 정도로 호전되자, 오래된 일반인 친구가 그와 연락이 닿아 그를 암벽등반에 초대하였다. 황야에서 자신의 한계에 도전하는 것은 항상 스켈턴의 주요 정체감이었다. 그는 6살에 암벽등반을 시작했고, 고등학교 시절에 낙하산 점프를 시작했다. 그는 다시 산에 오르고, 친구와 다시 연결되어 등반한다는 게 신이 났다. 스켈턴은 "내 친구들은 나에게 내가 즐기던 것을 다른 시각으로 보라고 했어요." 하고 말했다.

그러나 지금 등반은 어려웠다. 그는 왼손을 제한적으로 사용했고, 상턱과 상구개 손상으로 상승된 심장박동률을 버틸 수 없었다. 그는 안전을 위해 바위에 볼트를 박느라 한 손을 사용하면서 동시에 그 손으로 오를 방법을 익혀야 했다. 그는 "당신의 한계가 뭔지 알고, 그다음에 그런 한계 안에서 당신이 할 수 있는 걸 알아야 해요……. 가능하면, 그런 한계를 늘리세요." 하고 말했다.

스켈턴이 다른 수술을 위해 월터리드로 돌아가 있던 2006년 말, 그는 양다리를 잃은 젊은 병사를 만났다. 그 병사도 입대 전에 암벽등반을 했었고, 그 스포츠를 다시 하고 싶은 마음이 간절했다. 대화 말미에 스켈턴은 그 젊은 절단환자를 등반에 데려가기로 약속했다.

그는 "그 후, 나는 집에 돌아와 소파에 앉아 생각했죠. 방금 내가 무슨 말을 한 거야? 다리가 없는 사람이 어떻게 등반을 해?" 하고 생각했고, 모든 사람에게 그 방법을 아느냐고 물었으나, 아무도 확실히 말해 주지 않았다. 그 후, 그는 첫 등정과 속도기록을 남긴 왕성한 등반가인 팀 오닐Tim O'Neill에 대해 읽었다. 그의 형인 숀Sean은 척수부상으로 마비되었다. 오닐의 도움으로 그 형은 7일 만에 1km 높이의 화강암 성상인 요세미티 국립공원의 엘 캐피탄에 올랐다. 스켈턴은 오닐에게 다음 주에 워싱턴으로 가서 부상병들의 등반에 도움이 될 방법을 그들에게 알려 주라고 설득했다.

그 사이에 오닐은 유타의 친구와 빙벽등반을 하러 갔다. 그 친구는 발판을 놓쳐 60m 아래로 떨어졌고 오닐이 서 있던 바위 턱에서 죽었다. 오닐은 "그는 내 바로 앞의 바위에서 사라졌어요. 내 인생은 끝났어요. 나는 끔찍해요." 하며 기억을 더듬었다. 오닐은 그의 워싱턴행을 취소하려고 했으나, 스켈턴이 그에게 오라고 설득했다. 그는 부상병들이 오닐의 슬픔과 생존자 죄책감을 이해할 수 있을 거라고 생각했다. 즉, 그가 그들을 도울 수 있는 것처럼, 그들 역시 그를 도울 수 있을 것이다. 오닐은 "그 주말에 나는 약점, 실패, 두려움, 파괴와 같은 두려움을 인정하려 할 때 함께하는 것의 힘을 깨달았어요." 하고 말했다.

그 첫 주말에 그들은 등반 체육관에 약 20명의 참전용사를 모았다. 한 사람은 맹인이었고, 다른 사람은 화상 피해자였다. 많은 사람들은 사지를 잃었다. 그들은 안전과 재미를 추구했다. 그들이 기꺼이 시도해 보려 했기 때문에 효과가 있었다. 양다리를 잃은 한 사람은 인공암벽에 의족을 사용하기가 힘들었다. 그래서 그들이 그의 발을 돌려주었다. 그는 발가락 대신 발뒤꿈치로 안전한 발 디딤대를 찾아서 혼자 올라갈 수 있었다. 맹인인 등반자는 옆에 나란히 오르는 안내자와 함께 참여했다. 그날 밤늦게까지 스켈턴의 아파트에서 엄청 많은 맥주잔이 오가다 마침내 패러독스 스포츠Paradox Sports가 탄생되었다.

오늘날 그 단체는 신체적·심리적 어려움(외상적 뇌 손상, 외상 후 스트레스 장애, 사지상실, 마비에서 시력상실에 이르는 모든 것)에 직면한 부상병과 시민을 극단적인 환경에 데려가, 그들에게 등반방법을 가르친다. 그 단체에서는 762m에 이르는 요세미티의 하프돔, 워싱턴의 레이니어산, 와이오밍의 그랜드티턴을 오르는 프로그램을 운영한다. 그 단체에서는 빙벽 등반과 급류 래프팅 프로그램도 운영한다. 패러독스 스포츠는 정말로 자신의 한계를 극복하려는 사람들의 요구에 응하려고 그처럼 극단적인 목표를 추구한다.

오닐은 "확고한 주인의식이 핵심이에요." 하고 말했다. "당신이 총격전에 처하면, 확고한 주인의식이 생겨요. 벼랑 끝에 있을 때에도 확고한 주인의식이 생기죠. 우리는 대부분 일부러 안전지대를 벗어나, 벼랑 끝에 매달리거나 위험한 급류를 항해하거나 혹은 황야에 자신을 고립시키죠. 당신은 그렇게 할 때, 즉 투쟁하려고 결정할 때 '나는 도전을 선택할 거예요.'하고 말하세요. 당신은 활기가 생기죠. 당신은 그런 선택을 한 성과가 있고 '내가 스스로를 보살핀다.'고 말해야 해요. 당신의 삶이 진정 당신 거라면, 선택이 즉각적이고, 현재의 당신과 바라는 당신의 거리가 좁혀질 수 있어요."

스켈턴과 오닐은 패러독스 스포츠를 만들 때 그 지침으로 그들의 직관과 개인적 경험을 활용했지만, 연구에서는 신체활동이 외상 생존자들에게 이점을 주고 성장을 유도하는 것으로 나타났다. 스포츠 활동에 참여 중인 참전용사들을 대상으로 한 10여 편의 연구에 대한 논평에서는 운동 프로그램이 외상 후 스트레스 장애의 증상을 줄이고 안녕감을 높이며 적극적인 대처능력에도 기여하여 성장을 유도하는 것으로 나타났다. 패럴림픽 운동선수들에 대한 연구에서는 그들의 스포츠 참여와 외상 후 성장 사이에 관계가 있었고, 그로 인해 삶의 의미를 발견한 경우에는 특히 더 그런 것으로 나타났다.

이스트런던 대학교 응용긍정심리학과 부교수이자 외상 후 성장 연구팀의 책임자인 케이트 헤퍼론Kate Hefferon은 유방암 생존자들을 위한 체육수업을 연구하였다. 2008년 출판된 연구에서, 그녀는 그 수업이야말로 여성들이 치유되고 외상경험으로부터 성장하는 데 필수적이었음을 발견하였다. 그 수업은 여성들에게 안전한 환경을 제공하는 동시에 그들의 경험을 이해하는 사람들로 구성된 커뮤니티를 제공함으로써, 그들이 내면의 힘을 기르고 자아존중감을 높이게 되었다. 또 중요한 것은 그들이 건강한 생활양식을 개발하였는

데, 이것은 헤퍼론이 전통적인 성장 측정도구로 잘 나타나지 않은 변화라고 말한 것이다. 암은 그 여성들에게 자신의 몸을 두려워하라는 가르침을 주었다. 그들은 자신의 신체와 소외되어 있었다. 규칙적인 운동은 그들을 몸과 재결합시키고 그들에게 통제감을 주었다. 그들이 그걸 알든 모르든, 스켈턴과 오닐은 옳은 길을 걷고 있었던 것이다.

패러독스 탐험대를 시작할 때, 그 단체에서는 위험관리와 여행에 대한 기대에 대해 이야기를 나눈다. 가이드는 참가자들이 자신의 경험에 대해 이야기하도록 지지한다. 가끔 외상 후 스트레스 장애로 문제가 생기면 연장자인 참전용사 멘토들이 도와준다. 물론 이런 대화, 즉 집단치료를 촉진해야 한다는 의미는 아니다. 대화는 흘러가는 대로 진행된다. 그 집단은 함께 식사한다. 참가자들이 산에 오를 때 그들이 직면하는 신체적 어려움을 도와줄 직원들이 많다. 모든 사람이 그 과정에서 얻을 수 있는 통찰인 '아하 순간'을 공유한다.

헤퍼론에 따르면, 그렇게 활동적인 프로그램에서 이루어지는 소통은 정말 유익할 수 있다. 그녀가 발표한 2008년의 연구에서는 그 프로그램에서 개발된 관계가 사람들의 성장을 돕는 핵심요소인 것으로 나타났다. 드래곤 보트 연구에서와 마찬가지로, 이 여성들은 소통에 부담을 느끼지 않고 자기 문제를 이야기할 수 있었다. 그들이 사회적 네트워크를 넓힌 기반은 바로 운동이지만, 그 범위 내에서 다른 암 생존자가 잘 지내고 성장했음을 알게 되어 성장에 도움을 받은 것으로 나타났다. 드래곤 보트 선수인 멀로니는 자기 팀과의 그런 역동성에서 도움을 받았고, 패러독스 스포츠는 참가자들 사이에 유사한 역동성을 창출한다.

오닐은 "의미는 우리가 하는 일에 매우 중요해요." 하고 말했다. "우리는 삶에서 의미를 찾는 사람들을 크게 격려하는 사람들이에요." 사람들이 황야에서 찾은 의미와 교훈은 바로 가정에서의 삶에 전이된다. 오닐은 "당신은 등반 중인 상황에 존재해야 해요. 당신은 안녕감을 촉진하는 올바른 결정을 해야 해요. 그런 교훈을 가정에서 실천하기에 간단해야 해요. 사람들은 회복되면, 멘토가 되어 환원하고 싶어 하죠." 하고 말했다. "사람들은 이런 경험을 하고 나서야 가끔 자신이 그런 능력이 있는 걸 알았다고 말하죠."

등반은 여정이다

2013년 가을, 커트 볼커Kurt Volker는 패러독스 스포츠의 여행을 위해 그랜드티턴 국립공원에 도착했다. F-15 전투기에서 근무하다 1991년에 입대한 공군 정비공 볼커는 20년간의 복무로 다양한 장애를 겪고 있었다. 그는 어지럼증과 기억상실뿐만 아니라 등back의 부상으로 끔찍한 고통을 겪었다. 그럼에도 그는 4.2km에 이르는 정상에 오른다는 기대에 신이 났다.

와이오밍에서의 첫날 아침, 볼커는 패러독스와 함께 등반하기로 한 5명의 다른 참전용사를 만났다. 그들은 대화를 나누었고 서로에 대해 알게 되었다. 그는 투쟁하는 사람들, 즉 과거의 자신과 마찬가지로 황야에서 청년다운 모험을 시도하는 사람들을 보고 행복했다. 하지만 상황은 처음부터 잘 풀리지 않았다. 등반 전에, 그 단체는 이틀 동안 훈련을 했는데, 이튿날에는 암벽등반 훈련을 했다. 볼커는 그게 버겁다는 것을 알았다.

그날 아침 볼커는 첫 피치를 시작하면서, 그의 하루가 힘들 걸 바로 짐작했다. 볼커가 취했던 자세와 등반할 때 그의 다리에 주어졌던 압박 때문에 통증이 오기 시작했다. 마침내 머리가 핑 돌기 시작했다. 그럼에도 불구하고 그는 견디며 계속하기로 했다. 그는 "나는 해낼 것이고, 최선을 다하기로 했어요. 나는 실패하는 걸 싫어하거든요." 하고 말했다. 그는 첫 피치를 해냈으나, 아주 힘들었다.

암벽 구획 사이의 짧은 휴식 동안, 그는 숨을 돌리고 가이드와 대화를 나눴다. 그는 두 번째 피치를 시도하기로 했다. 그는 "두 번째 피치의 중간에 있는데, 머리가 핑 돌았어요. 토하고 싶었죠." 하고 말했다. 그는 내려가고 싶었으나, 가이드가 그에게 내려가기보다 올라가기가 더 쉽다고 말했다. 볼커가 어지럼증에 맞서 계속 올라갈지 아니면 내려갈지를 결정하는 동안, 가이드는 그의 위에서 다음 단계를 시작하고 있었다. 그는 '가이드가 올라가고 있는데, 나는 어떤 선택을 하지?' 하고 생각했다. "나는 혼자 내려갈 수 없었죠. 그래서 끝까지 계속 올라갔어요. 한 번에 한쪽 발판, 한쪽 손잡이씩 조심스레 올라갔지요." 그때 가이드는 다음 피치의 맨 아래에서 똑같이 하고 있었다. 미처 깨닫기도 전에, 볼커는 도전적인 5개의 암벽 면을 혼자 올라갔다.

그는 꼭대기에 앉아 근처의 호수를 바라보았다. 그는 "어떻게 이런 일이 일어났지? 내가 어떻게 이 꼭대기에 있지?" 하고 자문했다. "그건 삶을 바꾸는 순간이었어요. 내가 내 처지를 잊을 수 있음을 깨달았을 때, 내 생각이 완전히 바뀌었죠. 내 모든 게 변했어요."

볼커는 뉴저지에서 자랐다. 그는 아주 활동적이었고, 매일 뛰어다녔다. 그는 산악자전거를 타고 배낭여행을 했다. 그는 황야에 가거나 신체적 한계에 도전하길 즐겼다. 공군에 입대하기 전, 그는 야외활동 교육자가 되어 캠핑, 등반, 카누를 지도하였다. 그는 공군에 입대해서 제트기 정비공이 되었다. 1998년에 머리부상으로 기억문제가 생겼으나, 그 일을 계속했다.

부상 후 얼마 안 되어, 볼커는 터키에 파병되었다. 미국은 '사막의 여우 작전'으로 북이라크를 폭파하였다. F-15 전투기를 공중으로 올리려면, 그의 기술이 고도로 요구되었다. 볼커는 가끔 제트기 맨 아래의 높이가 140cm에 불과한 공간에서 수리하거나 부품을 교체해야 했다. 그는 부품이 다시 원래대로 결합될 수 있도록 부품을 원 위치로 들어올리기 위해 받침대를 사용하는 것보다, 등이나 어깨로 무거운 장비를 올리는 게 훨씬 더 빠르다는 걸 알았다. 그러면 동료는 그걸 제자리에 고정했다. 그가 수리한 비행기들은 기계문제로 인해 사명을 다하지 못한 적이 없다. 볼커는 "나는 40명의 직원과 일했는데, 그들을 실망시키고 싶지 않았어요." 하고 말했다. "나는 그 일을 잘하기 위해 필요한 일이면 뭐든 다 하는 역할모델이 되고 싶었지요."

그러나 그 과정에서 볼커의 등이 망가졌다. 그는 2011년 공군에서 은퇴한 후, 2개의 척추를 융합하는 수술을 받았다. 그 후, 그의 건강문제가 서서히 늘어나기 시작했다. 그의 머리 부상으로 아무런 예고 없이 단기기억이 사라질 수 있다. 그는 어떤 문으로 나갈지를 몰라서, 자기 침실에서도 길을 잃었다. 그는 운전할 때에도 자기가 어디로 가야 할지를 모른다. 볼커는 "나는 멈추고 앉아서 진정해야 해요, 그러면 기억이 돌아와요." 하고 말했다. "그런 일이 순간적으로 일어나지만, 그걸 통제하지 못한다는 걸 알아차릴 만큼은 길어요."

볼커는 메니에르병Ménière disease이라는 진단을 받았는데, 그로 인해 한 번씩 어지럼 발작이 일고 한쪽 청력도 상실되었다. 너무 오래 미루다 디스크 수술을 해서 척수신경이 손상되었는지, 수술 후 고통이 끔찍했다. 볼커는 "당신이 장애가 있으면, 당신의 정체감을 잃게 되죠. 그런데 나는 달릴 수 없어요. 나에게는 달리기가 엄청난 배출구였기 때문에, 그건 정체감을 잃는 심각한 거죠. 나는 노인보다 천천히 걸어요." 하고 말했다. "활동적인 일에 모든 걸 다 바친 사람들에게 더 이상 운동을 못한다는 건 치명타죠. 그건 삶, 아내나 자녀와의 관계 등 모든 걸 바꾸지요. 그러면 세상에 대해 화가 나요."

그 후, 볼커는 패러독스 스포츠에 대해 들었는데, 그는 그 단체의 프로그램이 정말 끌렸다. 그 프로그램은 공군에 입대하기 전에 그가 즐겼던 활동을 다시 하고 활동적인 방법을 되찾을 방법을 제공하고 있었다. 볼커는 "나는 정말 오래 망설여 왔어요." 하고 말했다. "나는 거기에 가고 싶지 않은 생각도 있었는데, 그건 내가 할 수 없는 또 다른 것임을 알았기 때문이지요. 나는 이미 내가 할 수 없는 문제에 너무 많이 직면해, 또 다른 걸 찾는 건 치명타일 거예요. 나는 공황과 우울을 겪고 싶지 않았죠." 그런데도 그는 마침내 패러독스 스포츠에 전화했고, 와이오밍을 향해 출발하였다.

볼커가 아침에 오두막에서 깨었을 때 그 팀이 등산 계획을 하고 있었는데, 그는 끔찍했다. 그의 다리와 등이 쑤셨다. 그는 아직 어지럼 발작을 겪고 있었다. 그는 "어쩔 수 없이 끌려간다는 느낌이 들었어요." 하고 말했다. 그날 그 팀은 3.4km에 있는 막사까지 하이킹을 하고, 다음 날 정상까지 마지막 투쟁을 하기로 계획했다. 볼커는 고도 때문에 진통제나 어지럼증약을 복용할 수 없었지만, 정말 정상에 오르고 싶었다. 그러나 그는 자신이 등반을 못해 누군가가 위험에 처하는 것도 싫었다. 그는 자신이 느꼈던 최고의 짜릿함을 느낄 가능성이 거의 없음을 알고 있었다. 그는 "나는 팀 전체가 나 때문에 고통받는 게 싫었어요." 하고 말했다. 그는 팀과 함께 기점으로 가서 설명을 들은 후, 그 팀이 그를 뒤로 하고 산길에 오를 때까지 지켜보았다.

그는 산을 내려오던 중에 팀의 나머지 인원들이 정상에 함께 오르도록 독려하려고 맞은편에서 오던 패러독스 스포츠의 공동 설립자인 오닐을 만났다. 오닐은 전날 볼커가 했던 대단한 노력에 대해 들었다. 둘은 만난 적이 없었으나, 오닐은 볼커를 한참 껴안아 주었다. 그는 볼커에게 정상summit, 頂上을 신경 쓰지 말라고 했다. 그는 "등반은 결국 여정이에요. 오래된 상투적 문구지만, 등반은 목적지가 아니라, 여정이에요."라고 말했다. 그때 뭔가가 볼커의 가슴에 와닿았다.

볼커는 집에 돌아왔다. 그는 비참했다. 이전에 그는 하기로 마음을 정한 건 뭐든 실패한 적이 없었다. 자신이 잃은 것, 자신이 못할 것을 한 번 더 확인한 셈이다. 그러나 동시에 그의 마음 한 구석에 오닐이 심어 준 생각, 즉 등반은 여정이라는 생각이 있었다. 겨울이 지나고, 패러독스에서 그해 말 프로그램을 공지했다. 볼커는 다시 티턴 프로그램에 등록했다. 그는 "아내는 극구 반대했어요. 지난번에 내가 집에 돌아 왔을 때 아내는 내 얼굴에 담긴 처참함을 봤거든요. 그녀는 내가 출발했다가 정상에 못 가 그런 처참함을 또 겪는 걸 결코 바라지 않았죠." 하고 말했다. 그러나 그는 이 새로운 여정과 실패했던 지난번의 시도를 달리 생각하기 시작했다. 그는 이번에 재등록하면 이전 여정과 정상에 오르지 못한 것에 대한 관점이 변할 거라고 생각했다. 그가 재시도한다면, 그 첫 번째 등반은 절대 실패가 아닐 것이다. 오히려 그건 훈련이고 과정의 일부이며 정상에 오르는 데 필요한 여정의 일부이다.

그가 그랜드티턴 등반 시도에서 실패한 후 몇 개월 동안, 그는 삶에 대해 많은 걸 생각했다. 즉, 의도적 반추를 했던 것이다. 그는 공군에서의 경력, 신체의 피폐함, 기억상실, 그리고 자신의 모든 신체적 결함으로 인한 좌절을 되돌아보았다. 그는 다 내려놓아야 함을 깨달았다. 볼커는 "너는 새로운 너를 찾는 여행을 해야 해. 새로운 너를 찾지 않으면, 너는 죽을 거야. 너는 새로운 너를 찾아야 해. 그건 여정이야." 하고 말했다. "여정은 놀라웠죠. 여정이 나를 구했어요."

2014년, 볼커는 그랜드티턴에 갔다. 그는 그때 정상에 오르지 않고, 3.4km 위에 있는 막사까지 1단계 등반을 했다. 그는 이번에는 실망하지 않았다. 오히려 놀라웠다. 그는 "내가 몸이 건강할 때에도 그 정도 높이에 올라가 본 적이 없는데, 지금 나는 만성통증, 어지럼증이 있어도 3.4km에 올랐어요." 하고 말했다. "만약 내가 지난해에 정상에 올랐다면, 올해도 정상에 오를 수 있을 거예요. 등반은 여정이에요. 멋진 등반자를 만나고 시간을 보내며 많은 참전용사를 만나죠. 어쩌면 나는 3년 전의 나와 같은 사람을 만날 거예요."

볼커는 올해 아이다호나 심지어 해외등반(안데스산맥이나 어쩌면 히말라야 등)을 할까 계획 중이다. 그는 이런 여행을 고려하고 있는 것마저도 얼마나 행운인가에 놀랐다. 그는 참전용사들에게 멘토링, 직업능력 개발, 자금모집 등의 서비스를 제공하는 단체인 위여킨전사재단Wyakin Warrior Foundation에서 자원봉사도 한다. 그의 조언을 받는 참전용사들은 24시간 동안 시도 때도 없이 그에게 전화를 건다. 그는 그들이 병사로서 그리고 강하고 신체 건강하며 튼튼한 사람으로서 정체감을 상실하고 얼마나 괴로워하는지를 이해한다. 볼커는 자신이 이제 그들이 새로운 자아를 찾도록 도와주는 위치에 있다고 말했다. 스켈턴과 오닐이 그를 도왔던 것처럼 말이다.

그는 "돕는다는 건 정말 기분 좋은 일이에요." 하고 말했다. "나는 제대할 때 내 일부를 잃었어요. 내가 여기까지 오고 그 공허함을 채울 수 있도록 도와준 사람들이 많아요. 정말 삶이 완전히 바뀌었어요. 나는 매일 패러독스 스포츠에 대해 말하지요. 그들은 나 자신으로부터 나를 구했고, 내 가족을 위해 나를 구했어요."

11 동병상련을 나누다

'슬픈 아빠들'은
어떻게
서로를 구했나

30대 초, 스콧 케네디Scott Kennedy는 자신이 세상에서 가장 행복할 거라고 느꼈다. 그는 뉴욕에 살았고, 제약회사인 화이자에서 좋은 보수도 받았다. 그는 사랑에 빠져 결혼도 했다. 곧 케네디 부부는 아들 헤이즌Hazen을 낳았다. 케네디는 "나는 성공했다고 느꼈죠. 나는 내가 삶에서 진정 뭘 원하는지를 알았어요." 하고 말했다. "나는 지금이 인생의 절정이라 느꼈죠."

헤이즌이 태어나고 처음 몇 년은 재미있고 더없이 행복하면서도, 첫아이를 둔 여느 부모처럼 좌충우돌했다. 헤이즌은 3살에 유치원에 들어갔으며, 유치원에 다니는 걸 좋아하는 것처럼 보였다. 그는 말이 많고 에너지가 넘쳤으며 사교적이었다. 그러던 어느 날 직장에 있던 케네디는 유치원 교사의 전화를 받았다. 헤이즌의 행동이 이상하다고 했다. 아이가 전혀 말을 하지 않고 가만히 앉아있다는 것이었다. 게다가, 힘도 없고 변비까지 있다고 했다. 케네디는 유치원에서 아이를 데리고 소아과에 갔다. 다음 날에도 그 아이는 차도가 없어, 부부는 헤이즌을 큰 병원에 데려갔다. 의사는 헤이즌의 배가 빵빵한 걸 보고 초음파와 새로운 검사를 받으라고 했다. 케네디가 직장에 돌아가려고 기다리고 있을 때, 의사가 다가와 사생활보호를 위해 커튼을 내렸다. 그는 케네디 부부에게 자신이 발견한 사실, 즉 헤이즌이 암이라는 사실을 말했다. 케네디는 "온 세상이 무너져 내렸지요." 하고 말했다.

헤이즌은 희귀 소아암(매년 미국에 약 650건 정도 발생)인 신경아세포종이라는 진단을 받았다. 신경아세포종은 진단이 쉽지 않고 확산속도가 빨라 치료도 쉽지 않다. 그래서 아이들은 강한 화학요법과 치료를 받는데, 그러다 보니 뼈가 약해지고 끔찍한 고통을 겪는다. 셋 중 겨우 하나가 생존할 정도로 치사율도 아주 높다. 그날 헤이즌은 응급수술에 들어갔다. 의사는 암을 다 제거할 수 없었고, 헤이즌은 수술한 지 4일이 지나도 계속 의식을 못 찾다가 겨우 회복되어 화학요법을 시작했다. 그러나 화학요법도 아주 만족스럽진 않았다. 암이 헤이즌의 간과 골수 등에 남아 있었던 것이다.

외과수술과 화학요법은 3살짜리 아이를 쇠약하게 했다. 헤이즌은 수술과 몇 개월간의 입원으로 손상된 손 사용법과 기본적인 운동기능 활용법을 배우기 위해 작업치료를 받아야 했다. 그는 기저귀를 사용할 정도로 퇴행했고, 급식튜브를 통해 음식을 섭취해야 했다. 친구들이 음식을 싸 오고 아이 곁을 지켜 줘, 케네디 부부는 겨우 잠을 이룰 수 있었다. 케네디는 "우리에게 정말 대단한 지지집단이 있었던 거죠." 하고 말했다.

마침내 수술한 지 3개월 후 헤이즌은 퇴원하였다. 가족이 맨해튼의 헬키친에 있는 아파트에 도착했을 때, 50명 정도의 주민이 퇴원하는 헤이즌을 환영하는 피켓을 들고 입구에 대기하고 있었다. 그러나 집에 돌아온 게 새로운 문제를 일으켰다. 헤이즌이 아직 급식튜브로 음식을 섭취해야 했기 때문이다. 케네디 부부는 그 장치가 제대로 작동하는지, 출구가 소독되었는지, 급식튜브로 헤이즌에게 음식이 잘 공급되는지 등 기계를 체크해야 했다. 헤이즌은 계속 기저귀를 사용했다. 그들은 밤마다 두 시간씩 의료적 절차를 거쳤다. 정기적으로 병원을 들락거렸다. 그렇게 하는 내내 그들은 아픈 아이에 대해 긍정적 태도를 지녀야 했다.

케네디는 "정기적으로 아이의 몸과 마음을 보살피고, 그러는 과정에서 조율이 되고 열정이 생겨 아주 가까워지죠. 우리는 일반 부모들보다 우리가 아이와 더 가깝다고 생각했어요." 하고 말했다. 케네디는 "우리는 최고의 행복을 나눴어요."하고 말하면서, 헤이즌이 퇴원해서 센트럴파크에 갔던 첫날을 아주 상세히 기억했다. "그건 아주 단순해요. 아이스크림 가게에서 아이스크림을 먹었죠. 엄청 행복했어요. 우리는 소리를 지르기도 하고 끌어안기도 했어요."

케네디 부부는 언제 끝날지 모르는 그 순간들이 아주 감동적이었다. 신앙인이 아닌 케네디는 밤마다 아파트 밖으로 나가 별을 보며 보도에 서 있었다. 정말 밤하늘에 절대 어둠이 내리지 않을 것처럼 환한 맨해튼에서, 10분 혹은 15분이 지나야 별을 찾을 수 있었다. 그는 별을 찾은 후, 밤마다 별을 향해 똑같이 기도했다. "나는 많은 걸 바라지 않아요, 아이가 오늘 저녁만 넘길 수 있도록 해 주세요."

케네디 부부는 '암'과 같이 부담스런 단어는 피하면서도, 헤이즌이 이해할 수 있는 방식으로 그 병에 대해 헤이즌과 대화를 나누려 했다. 아이는 자기 몸에 나쁜 세포가 있고, 그 세포를 없애기 위해 노력하고 있음을 알고 있었다. 사람들이 헤이즌에게 왜 머리카락과 속눈썹이 없는지나 급식튜브에 대해 물어보면, 그는 항상 있는 그대로 대답했다. 그는 자신이 나쁜 세포를 없애려고 약을 먹어 머리카락이 빠졌다고 말했다. 케네디는 "아이가 나름 머리에 매력을 느끼고 '머리가 빛나지 않나요?'라고 했지요." 하고 말했다. "그가 지었던 미소는 내가 보았던 그 어떤 미소보다 밝았어요."

곧 그 치료가 아무 효과도 없었던 게 분명해졌다. 남았던 암이 제거되지 않았던 것이다. 케네디 부부는 차도를 높일 수 있는 어떤 방법이든 찾아 가능성 있는 새로운 치료를 연구하였다. 바로 그들은 신경아세포종 진단을 받은 환아를 둔 부모들의 이메일을 발견했다. 자기 아이의 의사들과 대화하거나 적용하려 했던 새로운 약물, 실험, 혹은 다른 치료와 관련된 정보를 공유하였다. 그들은 부모들을 지지하는 집단을 찾았는데, 많은 부모가 케네디 부부처럼 정서적 어려움을 겪고 있었다. 케네디 부부는 헤이즌과 함께하는 시간에만 집중했으나, 헤이즌의 상태가 호전되지 않자 두려워졌다. 케네디는 "부모로서 궁극적인 목적은 아이를 보호하는 거지요. 여러 해 동안 고통스러워하는 아이를 보면, 그건…… 이루 말할 수 없어요." 하고 말했다. "인간이 겪을 수 있는 가장 큰 고통이지요."

2007년 11월 어느 금요일, 케네디는 일상적인 통원치료를 위해 센트럴파크를 건너고 있었다. 그런데 그 방문이 결코 일상적인 게 아닌 걸로 나타났다. 헤이즌의 간이 망가지고 있었던 것이다. 헤이즌은 염증에 대해 잠재적인 치명적 반응과 기타 합병증을 보이는 패혈증이 있었다. 의사도 속수무책이었다. 케네디는 "모든 게 무너져 내렸죠. 모든 게……." 하고 말을 이었다.

병원에서 할 수 있는 게 전혀 없었기 때문에, 케네디는 헤이즌이 병실에 있는 것보다 집에 있는 게 나을 것 같아 집으로 데려왔다. 사흘 동안 케네디는 헤이즌에게 효과적인 치료를 찾으려는 절박한 심정에서 백방으로 병원을 찾아다녔으나, 아무런 도움이 되지 않았다.

헤이즌은 해질 무렵 거실에 있는 간이침대에서 하늘나라로 갔다. 그 후 케네디는 24시간 동안 간이침대 옆의 의자에 앉아 있었다. 케네디는 "나는 의자에 앉아 생각에 잠겼어요. 시간이 흐르는 게 싫었죠. 나는 그 순간에 머물고 싶었어요. 나는 내 아들 헤이즌에 대한 생각으로 가득 차 있었죠. 나는 살아 있는 헤이즌과 5시간 정도 거리에 있다고 생각했죠. 나는 지금의 나로부터 멀어지기 싫었어요. 나는 일어날 수가 없었어요. 마음속으로는 거기에 영원히 머문 채 결코 떠날 수 없었어요." 하고 말했다. "너는 이제 더 이상 부모가 아냐. 네 생각은 말도 안 돼. 너는 예전에 부모였으나, 이제 부모가 아냐."

가상 지지의 힘

케네디는 신경아세포종 리스트서브에 있는 많은 부모와 가까워졌다. 리스트서브에서 알게 된 8명이 전국 각지에서 헤이즌의 장례식에 참석했다. 케네디는 "그들은 리스트서브에서 우리 부부와 시간을 함께했던 사람들이죠, 단순히 방문한 이방인이 아니고요." 하고 말했다. "그들은 우리 공동체고 혈맹이지요."

케네디는 자신이 의지하고 싶은 사람이 거의 없었다. 헤이즌이 세상을 떠날 무렵 케네디의 어머니는 알츠하이머병을 앓고 있어서 전혀 지지해 줄 수 없었다. 케네디는 친구들과 교류하기가 어색했으며, 가끔 억울한 느낌이 들고 화가 치밀었다. 케네디는 "아이를 잃는 게 너무 혹독한 일이다 보니 친구들이 뭐라고 말해야 할지를 몰라요. 공감할 만한 평범한 인사말이 없죠." 하고 말했다. 친구들은 가끔 케네디 부부에게 때가 되면 잊혀질 거라고 말했다. 케네디는 "잊혀질 거라는 말을 듣는 순간, 나는 전혀 잊고 싶지 않았어요. 그건 불가능해요." 하고 말했다. 헤이즌이 세상을 떠난 지 열흘쯤 지났을 때 친구들은 케네디가 집을 좀 벗어나게 하려고 그를 떠밀다시피 해서 외식하러 나갔다. 식사 중에 한 친구가 무심결에 케네디가 눈치 없다고 여길 만한 말(사실 케네디는 어떤 말인지도 기억나지 않지만)을 하자, 케네디는 인도에 있는 소호 레스토랑으로 뛰쳐나갔다. 그는 아주 크게 비명을 질렀다. 그러고 나서 쓰레기통을 발로 찼다. 발이 골절될 정도로 아주 세게 찼다. 그는 가볍게 웃으면서 "그건 내가 사람들 사이로 처음 나갔을 때였죠." 하고 말했다.

케네디 부부는 슬픈 부모들을 위한 지지집단에 가려고 했다. 그러나 그 안에서 한 시간 동안 낯선 이들에게 그들의 감정을 말할 수 없을 것 같아 밖으로 뛰쳐나왔다. 결국 케네디는 치료자를 방문했다. 그는 자기가 정말 마음을 열고 깊은 슬픔을 드러내게 도와줄 사람을 찾았다. 그는 자기 아내는 몇 번 가다가 그만뒀다고 말했다. 케네디는 자신의 슬픔뿐만 아니라, 죄책감에 대해서도 말했다. 그는 자기가 그 증상을 좀 더 일찍 알아챘어야 했다고 생각했다(그의 의사마저도 그걸 놓쳤음에도). 그는 자기 아이에 대한 육감 부족으로 헤이즌이 생명을 잃었다고 생각했다. 40대인 그가 아직도 멀쩡히 살아 있는데, 앞날이 창창한 자기 아들이 죽었다는 게 아주 불공평했다.

케네디의 친구들이 수십 년 동안 알아 왔던 긍정적이고 사교적인 케네디는 아예 사라졌다. 케네디는 위축되고 화를 냈다. 그는 술에 취했다. 그의 주변에 있기가 힘들었다. 케네디 부부는 6개월 동안 최소한 마주치는 범위에서 함께 지내다 결국 갈라섰다. 이별은 그에게 정말 엄청난 고통을 안겼다. 케네디는 "나는 그녀가 없는 삶은 상상할 수 없었어요. 그런 삶은 세상이 끝나는 것과 같았죠." 하고 말했다. "그녀는 아내 그 이상이었어요. 그녀는 이 모든 경험을 함께 공유한 사람이었는데, 이젠 없어요. 아무리 부딪쳐도, 그녀는 나의 생명선이거든요. 그래서 그녀는 떠나면 안 돼요. 이제 난 온 가족을 잃었어요."

그동안 케네디는 계속 리스트서브에 포스팅을 했다. 사람들은 케네디인 걸 알고 지지의 글을 보냈다. 그는 일부 부모들, 특히 아픈 아이를 둔 아버지들과 이미 아이를 잃은 아버지들에게 이메일을 보내기 시작했고, 곧 별도의 집단을 만들었다. 그들이 케네디에게는 무척 중요했다. 그가 이 사람들을 대부분 직접 만난 적이 없지만, 그들은 다른 어떤 사람들보다 그 자신과 그가 겪은 일을 이해했다.

케네디가 그들을 알게 된 건 행운이다. 증거에서는 이러한 온라인 커뮤니티 참가가 모든 유형의 외상 생존자에게 도움이 되는 것으로 나타났다. 온라인 지지집단 참가자에 대한 연구를 논평한 2008년의 글에서는 참가자들의 행복감, 자신감 및 통제감이 증가했고, 그런 참가가 자율성 증가로 이어질 수 있는 것으로 나타났다. 유방암이나 다른 고통을 겪는 이들에 대한 다른 연구에서는 온라인 지지집단 참가자들의 낙관주의, 통제감 및 자아존중감이 증가한 것으로 나타났다.

이라크 전쟁과 아프카니스탄 전쟁 참전용사를 대상으로 한 2012년의 연구에서, 온라인 인지행동치료와 온라인 지지집단을 통한 소통이 우울증 감소와 외상 후 스트레스 장애 감소에 기여한 것으로 나타났다. 캘리포니아 대학교 샌프란시스코캠퍼스의 시라 마구엔Shira Maguen은 자신이 치료했던 대부분의 병사가 온라인 포럼에 참여해 많은 도움을 받았다고 말했다. 그녀는 "이러한 온라인 소통은 참전용사들이 면대면 대화를 하는 집단치료에서 이점을 얻는 것과 같은 효과가 있어요." 하고 말했다. "더구나 그들은 익명성이 보장되기 때문에 친구나 가족이 무슨 생각을 할지 걱정할 필요가 없어요. 그들은 판단받을지 모른다는 두려움 없이 솔직히 털어 놓을 수 있거든요."

이 새로운 온라인 그룹의 다른 아버지들은 아픈 아이가 있거나 이미 잃었기 때문에, 케네디는 그들이 자신을 이해할 거라고 느꼈다. 그는 자신을 거리낌 없이 표현했는데, 그건 그에게 꼭 필요했던 부분이다. 감정을 여과하거나 억제하지 않아도, 그는 결코 판단받지 않았다. 그 그룹이 온라인 집단으로 출발했지만, 다른 슬픈 아버지들에게 저녁을 대접하려는 한 요리사 덕분에 결국 가상의 지지집단 그 이상으로 발전했다.

마음이 맞는 커뮤니티 찾기

리스트서브에 참여한 한 아버지인 존 런던John London은 케네디가 겪고 있는 걸 아주 잘 알았다. 그의 딸인 페넬로프Penelope는 16개월에 신경아세포종 진단을 받았다. 그녀는 몇 년 동안 그 병을 앓았고, 때로는 끔찍한 고통을 겪었다. 런던은 "그녀가 아플 때 그 고통이 너무 심해서, 마치 내 배가 칼에 찔린 것처럼 느꼈어요." 하고 말했다.

런던은 그들만의 온라인 그룹을 만들기 위해 케네디와 함께 갈라져 나온 아버지들 중 한 사람이다. 런던은 딸의 병이 악화되자, 그 그룹에 속해 있던 다른 아버지인 시드니 비렐Sydney Birrell에게 거의 매일 전화를 걸었다. 비렐은 헤드펀드 매니저인 런던과 그 딸을 보기 위해 매월 캐나다에서 뉴욕까지 달려와 어떻게든 도왔다.

몇 년 전, 비렐의 아들인 제임스James는 신경아세포종 진단을 받았다. 제임스는 6개월 동안 집중적인 화학요법을 받았다. 그는 골수이식을 했고, 치료가 효과를 보이기 시작했다. 그의 병이 차도를 보이기 시작한 것이다. 모두 그 아이가 그 병을 떨쳐 버릴 거라는 희망을 가졌다. 그런데 17개월 후에 암이 재발했다. 의사는 재발한 신경아세포종에 대해 할 수 있는 게 별로 없었다. 치료는 거의 효과가 없었다. 재발한 암은 그 전보다 훨씬 더 악화된 상태였다. 암세포가 여기저기 불쑥불쑥 솟았고, 머리에서는 피부 바로 아래까지 밀고 올라올 정도였으며, 때로는 하루에 1cm씩 자랐다.

케네디와 마찬가지로, 비렐은 자기 아들과 롤러코스터 같은 삶을 살았다. 제임스는 오랫동안 어린이 조립자동차 대회에 나가고 싶어 했다. 비렐은 그 대회에 제임스를 데려갔고, 제임스는 본선에 진출하였다. 제임스는 자기가 가장 좋아하는 배우이자 자신에게 카드를 보내 주고 격려해 준 톰 행크스Tom Hanks와 전화통화를 했다. 제임스는 지혜롭고 재미있는 말을 불쑥 내던진다. 언젠가 긴 시간 내내 힘든 검사와 치료를 받고 병원에서 집으로 가던 두 시간 거리의 드라이브 중에, 비렐은 제임스의 기분이 좋은 걸 알아챘다. 비렐은 "왜 이렇게 기분이 좋아?" 하고 7살짜리 아들에게 물었다. 그 아이는 "암이 하루를 망치게 내버려 둘 수 없죠." 하고 대답한 다음, 겨드랑이로 몇 번 방귀소리를 냈다. 그거야말로 더할 나위 없는 최고의 반응이었다.

블로그가 등장하기 전에, 비렐은 밤에 잠이 안 올 때마다 이메일을 썼다. 그는 그 이메일을 친구와 가족에게 보냈다. 친구와 가족은 가끔 그 이메일을 다른 사람들에게 전달하였다. 결국 암에 대한 그의 공포와 좌절, 그리고 아들의 의연함에 대한 그의 놀라움을 담은 글이 많은 이들에게 전달되었다. 반응이 쏟아졌다. 비렐은 "나는 전혀 모르는 사람들로부터 이메일을 받았는데, 마지막 파국으로 힘들었던 나에게 지지와 위안이 되었어요." 하고 말했다.

세상을 떠나기 전 마지막 달에, 제임스는 극심한 고통을 겪었고 사소한 접촉에도 너무 민감해 부모가 제임스를 껴안을 수도 없었다. 그래서 비렐 부부는 제임스가 고통스러워하다 죽을 때까지도 제임스의 손을 잡거나 뽀뽀도 할 수 없었다. 비렐은 자기 경험을 바탕으로, 병이 아이를 파괴해 갈 때 그 옆을 지켜야 하는 런던과 같은 사람들을 도왔다.

딸아이가 쇠약해지자, 런던은 절박해졌다. 그는 실험적인 치료를 찾아다녔다. 그런 치료 중 하나로 딸아이의 생명이 1년간 연장되었고, 마침내 그 치료는 다른 아이를 돕는 임상실험에 포함되었다. 그러나 그 치료나 다른 치료도 딸아이의 생명을 구하진 못했다. 다섯 번째 생일이 되기 2개월 전에, 그 병은 딸아이의 생명을 앗아갔다.

런던은 피폐해졌다. 런던은 "내 가족과 친구들은 지지하려 하지만, 그들은 내가 겪고 있는 걸 전혀 몰랐어요. 나는 나보다 더 불행한 사람은 없다고 말했죠. 나는 연명하는 것마저 힘들었어요." 하고 말했다.

걱정하던 런던의 동료 한 사람이 요리사를 고용해, 일주일에 한 번씩 그의 가족에게 식사를 배달해 주었다. 어느 날 밤, 그 요리사가 같은 병으로 아이를 잃은 근처의 다른 아버지에게도 식사 배달을 해야 한다고 말했다. 런던은 그 사람이 아버지들의 이메일 그룹에 있는 케네디임을 알았다. 두 사람은 아이들이 살아 있을 때 서로 교류했었다. 헤이즌은 페넬로프보다 6개월 전에 세상을 떠났다. 자신의 슬픔을 이해할 다른 누군가를 찾고 싶은 마음에서, 런던은 케네디에게 연락을 취해 밖에 나가 맥주나 한 잔 하자고 청했다.

두 사람은 그날 저녁 어두컴컴한 그리니치 빌리지 바에서 술에 취해 몇 시간 동안 대화를 나눴다. 후에 실천한 바대로, 그들은 하고 싶은 두 가지를 정했다. 첫 번째는 그들이 자기 아이를 지키기 위해 터득한 지식과 전문기술을 다른 사람들을 돕는 데 활용하는 재단을 만드는 것이었다. 그 재단은 다른 부모들이 더 좋은 치료법을 찾도록 도와주고, 나아가 아이들을 구하기 위해 의료단체와 제약단체가 더 적극적으로 더 많은 걸 하도록 신약실험 기금을 지원할 것이다. 그리고 두 번째는 여행이었다.

자기 아이를 잃은 이메일 그룹의 런던, 케네디, 비렐 등은 그들 6명을 위해 런던이 일주일 동안 빌린 카리브해의 대저택으로 떠났다. 그 남자들은 아이들의 사진과 동영상을 공유했다. 그들은 울고 소리치며 웃었다. 그들은 술에 취했다. 실컷 마셨다. 그들은 서로의 방에 있는 2단 침대에서 잤다. 비렐은 "우리는 함께 감정을 씻어내는 특별한 시간을 보냈죠." 하고 말했다. "우리 대부분은 우리만 이런 일을 겪는 게 아님을 알게 되었어요. 우리는 깊은 감정을 공유했고 그로부터 동지애가 생겼죠." 비렐의 아들은 여행 오기 약 5년 전에 죽었지만, 아버지들과 함께 하니 그에 대한 모든 것들이 생각났다. 슬픈 부모에게 5년은 아무것도 아니다. 그는 그 고통이 평생 간다고 말했다.

그 아버지들에게는 이 모임이 모두 남성이라는 점이 매우 중요했다. 그들은 감정적으로 마음을 열기가 힘들었다. 그러나 그들 각자가 매우 비슷하고 끔찍한 경험을 했기 때문에, 그들은 깊은 곳에 있는 감정을 서로 솔직하게 이야기할 수 있었다. 그들은 자신이 혼자가 아니라는 것을 깨달았다. 특히 그들은 아이의 삶에서 아버지가 해야 한다고 느꼈던 역할로 인해 혼란스러웠다. 런던은 "물건이 망가지면 고치는 것처럼, 아버지들은 자기가 가족을 돌볼 의무가 있다고 생각하죠. 우리는 모두 치료법을 찾으려 애쓰고 허둥대고 병원을 전전하며 의사들과 네트워크를 형성하지요." 하고 말했다. "아버지는 실패감이 더 크죠. 나는 내 딸아이가 나를 용서하길 바라는 마음이 들었어요. 내가 딸아이를 죽였다고 느꼈으니까요."

6명의 슬픈 아버지들은 자기 아내나 남은 아이들과의 관계에 대해서도 상세한 대화를 나눴다. 아이가 진단을 받은 후, 아내들은 한결같이 성에 관심이 없었다. 그런데 남자들은 믿기 어려울 정도로 성욕이 강하다는 이야기를 나눴다. 그들은 간호사에 대한 환상도 있었다. 런던은 "배우자와 거의 모든 관계가 좋지 않았어요. 우리는 자녀에게도 소외감을 느꼈죠. 그들에게 사랑을 느끼기가 어려웠거든요. 우리는 완전히 피폐해졌어요. 우리의 가장 소중한 걸 잃었으니까요." 하고 말했다. 그들은 부모나 형제와도 관계 유지가 너무 힘들어 관계를 단절하고 싶다는 이야기도 나눴다. 그들은 친척들 사진을 꺼내 쫙쫙 찢어 버렸다. 여기에 모인 다른 아버지들은 그들이 각기 마음속으로 느꼈던 모든 혼란을 표현할 수 있는 유일한 사람들이었다. 케네디는 "안전함을 느끼고 안심하는 게 매우 중요해요. 고민을 털어 놓을 수 없으면, 미칠 것 같고 세상과 단절될 거예요." 하고 말했다. "그럴 필요가 없는데도 위축되죠. 밖으로 나가 세상 속으로 들어가야 해요. 그런데 이 모임의 구성원이 아닌 일반인과는 그렇게 할 수 없거든요."

섬에서 그들은 함께 외출하고 먹고 마시고 대화하면서 시간을 보냈다. 그건 왠지 이상한 광경이었다. 사람들이 가끔 그들에게 그들이 어떤 사람들인지, 왜 함께 왔는지를 물었다. 처음에 그들은 거짓으로 둘러댔다. 그 후 마침내 그들은 누군가에게 그들이 모두 암으로 자녀를 잃은 아버지들이라는 사실을 말했다. 런던은 그들이 '슬픈 아빠들 Sad Dads'이라고 말했다. 그렇게 해서 그 이름이 탄생한 것이다. 그들은 티셔츠도 만들었다. 6년 후인 아직까지도 그들은 1년에 한 번씩 만난다.

케네디는 '슬픈 아빠들'로부터 가장 많은 도움을 받았다. 다른 사람들과 달리 그는 다른 아이가 없다. 헤이즌의 죽음, 그리고 아내와의 이별로 그는 완전히 홀로 남았다. 비렐은 "스콧은 거의 극복하기 힘든 상황이었죠. 어쩌면 그는 세상을 등질 만했어요. 나는 그가 살아 있는 이유를 몰랐어요. 그는 왜 사는 걸까?" 하고 물었다. 사실, 남은 자녀가 있는 다른 아버지들도 이사 방법을 찾는 것 외에 별로 선택의 여지가 없었다. 런던은 "우리는 여기저기 알아볼 기회도 없었어요." 하고 말했다. 케네디는 리스트서브에서 맺은 관계가 필요했고, 후에는 런던, 비렐, 그리고 다른 '슬픈 아빠들'과의 우정이 필요했다. 런던은 "'슬픈 아빠들'은 스콧이 지탱하는 중요한 부분이었죠." 하고 말했다.

'슬픈 아빠들' 모임에서는 이 아빠들이 다른 어느 곳에서도 얻을 수 없는 사회적 지지를 제공해 주었다. 그 모임 밖에서는 그들이 그들의 경험과 관련된 사람이 없다고 느꼈지만, 그 모임 안에서는 이해해 주는 사람들에 둘러싸여 있었다. 비렐은 "'슬픈 아빠들' 덕분에 스콧은 공유하고 싶은 모든 고통을 공유할 수 있었어요." 하고 말했다. "당신의 형제들인 슬픈 아빠 회원들과 함께 울고 껴안고 이렇게 하는 것에 견줄 만한 게 없죠." 비렐의 아내인 팸Pam은 '슬픈 아빠들'이 그들 모두를 구했고, 이 아버지들이 자신의 감정을 표현할 수 있는 드문 안전지대를 제공했다고 말했다. 그녀는 "이분들이 이처럼 직관적이고 지적인 안전지대를 찾은 걸 보니 정말 아주 놀라워요. 그들이 그냥 모든 걸 이야기할 정도로, 그 모임은 사적이고 안전하며 비밀이 보장되죠. 그들은 판단하지 않고 그냥 서로를 지지해요." 하고 말했다. "나는 그 모임을 통해 그들이 정체감을 바꾸고 그러한 정서적 안전을 얻게 되었다고 생각해요."

심리학자들은 오랫동안 사회적 지지가 외상 생존자들에게 주는 가치를 인식해 왔다. 사회적 네트워크가 강한 사람들은 외상 후 스트레스 장애와 우울증을 적게 보고하였다. 사회적 지지는 성장과도 관련되었다. 그러나 케네디의 경험에서 나타난 것처럼, 모든 종류의 사회적 지지가 도움이 되는 건 아니다. 케네디는 그를 도와주려는 친구와 가족의 노력이 전혀 도움이 안 되었다. 생존자들은 자신이 겪은 일을 이해하는 사람들의 지지, 즉 그가 마음을 열 수 있다고 느끼는 사람들의 지지가 가장 도움이 되었다. 영국의 버크셔 주 의료 국민건강보험재단 상담심리학자인 트레버 파월Trevor Powell은 25년 동안 뇌 손상 생존자들을 연구해 왔다. 뇌 손상은 기억상실, 성격변화, 인지적·신체적 능력 상실로 이어져, 뇌 손상 생존자들은 가족들을 무척 힘들게 한다. 가끔 뇌 손상이 있는 사람들은 그들의 이전 삶과 단절감을 느끼고, 케네디나 런던과 같은 '슬픈 아빠들'이 일반인 지지집단과 단절감을 느꼈던 것처럼 마음을 열기가 힘들다.

2012년에 출판된 파월의 연구는 손상된 지 11~13년이 지난 외상성 뇌 손상 생존자들을 대상으로 이루어졌다. 그는 그 집단의 외상 후 성장이 유의미한 정도임을 발견했을 뿐만 아니라, 사회적 지지가 강한 사람들의 성장이 다른 사람들보다 50%나 더 높을 정도로 아주 높다는 사실도 발견하였다. 파월은 이 집단에 가장 효과적인 사회적 지지자는 다른 뇌 손상 생존자들이었다고 말했다. 파월은 "나는 방 하나에 뇌 손상 환자 6~7명으로 구성된 팀 운영을 신봉해요. 나는 이 방법이 상대방과 똑같은 길을 걷고 있는 사람들에게 최고의 명약이라 생각하죠." 하고 말했다.

캘훈은 가장 중요한 건 지지의 질이라고 말했다. 캘훈은 "정말 중요한 건 한 개인이 누군가의 말에 경청하고 수용하는 정도, 즉각적인 사회적 반응이 지지적이며 성장이라는 개념을 수용하는가, 그리고 그를 비난하지 않는가예요." 하고 말했다.

타인을 도우며 힐링하기

케네디는 직장에 복귀했으나, 마음은 딴 데 있었다. 오히려 그는 런던과 나눴던 대화, 즉 그들 둘이서 암 치료와 약물실험이라는 복잡한 과정을 거치는 동안 자기 아이들을 도우면서 터득한 지식과 전문기술을 다른 부모들을 위해 어떻게 나눌지를 계속 생각하고 있었다. 어떻게 암을 치료하는지를 알면 알수록, 그는 더 화가 치밀었다. 그는 1990년과 헤이즌이 진단받은 2005년 사이에 신경아세포종 환아들의 생존율이 별 차이가 없다는 사실을 발견했다. 그는 의료기관에서 암 치료 성공기준이 무척 낮다고 말했다. 가령, 어떤 약물이 종양을 30~50% 정도 줄이면, 그걸 대단한 성공으로 여길 정도이다. 그는 "이 정도가 성공인가요?" 하고 물었다. 케네디는 그 정도 종양을 줄이는 건 환자의 생명을 연장하는 정도에 불과할 뿐인데, 때로는 그 정도가 채 안 되기도 한다고 말했다. 암은 계속 그를 괴롭힐 것이다.

그는 자기 일을 하기보다 오히려 자신이 운영하고 싶은 단체의 목표와 사명을 정리하고 런던이나 다른 '슬픈 아빠들'과 그 단체에서 해야 할 일에 대한 대화를 나누느라 대부분의 시간을 보냈다. 헤이즌이 진단받기 전에는 그가 그런 것을 생각해 본 적도 없었다. 대부분의 사람들과 마찬가지로, 그 역시 자기 가족의 행복과 자신의 재정적 안정에만 관심을 가졌다. 케네디는 "나는 사회 환원에 대해 결코 생각해 보지 않았죠." 하고 말했다. 헤이즌의 암과 죽음, 케네디의 슬픔과 고통, 그가 다른 '슬픈 아빠들'로부터 받은 지지가 모든 걸 바꾸었다. 케네디는 "나는 항상 경계태세죠. 그런 경계태세가 여전히 내 안에 있어요. 나는 좋은 일을 위해 그걸 계속 활용할 거예요. 나는 망가진 사람일지 모르지만, 망가진 사람도 나름 도움이 될 수 있어요." 하고 말했다. 런던의 재정적 지원 덕분에 그는 직장을 그만두고 둘이서 '소아암 치료하기 Solving Kids' Cancer'라는 비영리단체를 설립했다.

그 단체는 임대료 보조를 받는 비영리단체로 가득 찬 맨해튼 중간지대의 16층짜리 프리워빌딩에 있었다. 케네디의 사무실은 소박했다. 회의 테이블 하나, 노트북이 있는 책상 하나, 파일로 가득 찬 박스 더미와 화이트보드가 전부였다. 오히려 민둥머리로 빛나는 헤이즌이 웃고 있는 사진이 많았다. 여느 아버지처럼 케네디는 그 사진들을 자랑했다. 헤이즌이 세상을 떠난 지 7년 후, 케네디는 재혼했고 그 아내와의 사이에 4살짜리 딸이 있었다. 그는 그의 예전 생활, 그의 슬픔과 상실, 헤이즌에 대한 사랑, 그리고 새로운 가족 사이에서 균형을 유지하기가 때로는 힘겨웠다. 그는 현재에 집중하면 아들에 대한 배신처럼 느껴져, 헤이즌이나 자신의 감정에 대해 새로운 가족들과 허심탄회하게 대화했다. 그는 "다소 어려움이 있으나, 우리는 그럭저럭 지내고 있어요." 하고 말했다.

그의 단체(그는 일상적인 운영을 담당하고, 런던은 그 위원회 의장임)는 치사율이 높은 소아암에 대한 유망하고 공격적인 새로운 치료법을 찾으려고 의사나 연구자들과 협력한다. 그 단체는 실험 자금을 댄다. 그 단체는 의료단체를 압박해서 더 좋은 성과를 요구한다. 그는 고작 50% 정도 종양을 줄이는 약물에는 관심이 없고, 기업체에서 성공적인 암 치료제를 어떻게 정의할지 재평가하도록 촉구하면서 '소아암 치료하기'가 그 기준을 높이는 데 도움이 될 수 있기를 바랐다. 그는 "우리는 100% 감소 혹은 완벽한 차도를 보이는 생존 지표를 찾고 있어요. 우리는 그런 일에 투자하고 있어요. 그 정도 아니면 무슨 의미가 있어요?" 하고 말했다. 그는 마음이 맞는 의사나 연구자들과 협력해서 이전에 아동에게 시도해 본 적이 없는 유망한 새로운 치료법을 찾고 지원한다. 그는 해외에서 모험적인 새로운 치료법을 도입하는 사람들을 도운 적도 있고, 그런 약물들을 미국 내에서 실험하도록 촉구하기도 하였다. 그는 가족과 실험을 연결하는 일도 도와서, 가족과 의사들이 아직 몰랐던 치료법을 소개한다. 그 단체는 70가지 새로운 소아암 치료법을 관리하고 있다.

헤이즌이 죽기 전에는 케네디가 이런 일을 하리라고 상상도 하지 못했다. 그러나 이제 그는 말했다. 암으로 죽어 가는 다른 아이를 구하기 위해, 그리고 자신이 겪은 일들을 다른 부모가 겪을 필요가 없도록 하기 위해 그가 해 보지 않은 일이 없을 거라고 말이다. 케네디는 "나와 같은 부모들은 암에 걸린 아이를 보살피는 동안 안에서 생긴 초인적 특성이 있어요." 하고 말했다. "나는 생명을 구원하기 위해 이런 특성을 활용하고 싶어요. 부정을 긍정으로 전환하려는 사람은 일을 대충 못하죠."

'슬픈 아빠'들 중에서 케네디가 자기 아이의 죽음을 타인을 위한 의미 있는 일로 승화시킨 유일한 아빠는 아니다. 제임스가 사망한 후, 비렐의 이메일은 『암이 하루를 망치게 할 수는 없잖아요 Ya can't let cancer ruin your day』라는 책으로 출판되었는데, 그 책은 톰 행크스가 서문을 쓰고 캐나다에서 베스트셀러가 되었다. 그와 그의 아내는 비영리재단인 제임스 재단을 설립해 신경아세포종 치료를 위한 연구기금을 대고 있다. 비렐과 그의 아내는 지금까지 5백만 달러 이상을 모금하였다. 그는 합창단 지휘자로, 자기 음악이 다른 사람들을 도와 그들이 고통을 잊게 될 거라고 생각한다. 그는 최근에 슬픔을 지지하는 집단을 운영하는 인가를 받아, 아이를 잃은 다른 부모들을 돕고 있고 아이가 신경아세포종 진단을 받은 부모들을 계속 지원하고 있다. 그는 여전히 매일 아들을 그리워하고 깊이 잠들 수가 없다. 슬픔은 결코 사라지지 않겠지만, 그는 "나는 새로운 사람이에요. 내 아내와 나는 세상을 더 좋은 곳으로 만들기 위해 노력하고 있어요. 그 덕분에 우리는 의미를 얻고 집중할 수 있어요." 하고 말했다.

5년 전에 케네디는 전립선암 진단을 받아 암을 제거하였다. 지금도 그는 암 재발을 확인하려고 매년 검사하지만, 그의 암은 그에게 거의 영향을 주지 않는다. 그는 이미 자기 아들보다 훨씬 더 오래 살아서, 대부분의 다른 사람이 암에 대해 생각하는 것과 달리 죽음이 두렵지 않다. 그는 자신의 생각을 사람들에게 말하는 게 두렵지 않고, 자신에게 가장 의미 있는 사람들을 잘 수용한다.

런던은 케네디가 매일 소아암을 대할 만큼 용기가 대단한 점에 놀랐다. 사실 암이 그를 압도하여 과도한 슬픔, 상실, 아들에 대한 기억이 떠오를 수 있기 때문이다. 그러나 케네디는 자신이 거기에 몰입해야 한다고 말했다. 그는 다른 방식으로 살 수 없다. 케네디는 "나는 나 자신을 엄청난 지뢰밭, 외상, 공포에 노출하고 있지만, 이러면서 암을 이겨요." 하고 말했다. "한 생명이라도 구할 수 있다는 사실 덕분에 나는 고통을 다루고 견딜 수 있어요. 생명 하나하나가 내가 추구하는 소중한 목표이기 때문이죠. 그건 나의 순수한 의미예요."

12

치료를 통해 변화하다

고통을
다루고
성장을 배우기

2010년 1월 오후, 아이티의 10대인 조슬린Joslin은 그녀의 숙모, 12살인 남동생, 여러 해 동안 가족을 위해 일해 온 가정부와 함께 집에 있었다. 간호사인 그녀의 어머니는 늦게 퇴근했고, 신체적·정서적 학대를 가했던 아버지는 멀리 있었다. 조슬린(중간 이름만 알리도록 부탁함)은 남동생을 돌보는 일을 도와 왔다. 그래서 그 둘은 아주 가까웠다.

그날 오후 4시 53분, 강력한 지진이 아이티를 강타했다. 조슬린의 가족은 4층짜리 건물의 1층에 살았다. 건물구조가 갑자기 흔들리는 지반을 견딜 수 없었다. 건물 전체가 그들 위로 무너져 내렸다. 조슬린의 숙모는 목이 잘려 즉사하였다. 어린 남동생은 공기가 부족한 곳에 갇혀 약 15분 후에 질식사했다.

조슬린과 가정부는 돌무더기 아래에 나란히 갇혀 있었다. 어찌되었든 공기는 그들이 숨 쉴 수 있을 만큼 있었으나, 조슬린은 움직일 수 없었다. 그녀의 다리는 넓적다리까지 모래에 묻혀 있었고 밖으로 나올 수도 없었다. 그녀 위로 문이 떨어지고 그녀의 왼쪽에 엄청난 콘크리트 블록이 있었다. 그녀의 다리를 움직이고 다리를 빼낸다 하더라도, 갈 곳도 이동할 방법도 없었다. 다른 부상자들은 그녀 위층에 갇혀 있었다. 그녀는 그들의 비명소리를 들었다. 어떤 사람들은 하루 동안 비명을 질렀고, 어떤 사람들은 이틀간 비명을 질렀으며, 그 후에는 그들의 비명소리가 사라졌다.

잔해 속에서 며칠 간 매장되어 지낸 후, 조슬린은 죽음이 다가오고 있음을 확신했다. 발견될 거라는 희망도 사라졌다. 도움을 요청하는 외침과 비명 외에는 할 수 있는 일이 없었다. 그것은 그들이 며칠 동안 매일 해 왔던 일이다. 지진이 일어난 지 6일 후, 붕괴된 건물 옆을 지나던 누군가가 그 소리를 들었다. 곧 구조대들이 돌무더기 사이를 파헤쳤다. 마침내 그들이 조슬린과 가정부를 발견했고, 그들을 건물 밖으로 꺼냈다. 기적적으로 그 둘은 구조되었다.

두 사람은 지진 피해자들을 돕기 위해 마이애미 대학교 메디셰어 프로그램에서 운영하는 임시병원으로 이송되었다. 거기에서 그녀는 삼촌을 찾았고, 곧 생존해 있는 그녀의 가족에게 연락을 취했다. 가족들이 그녀를 보려고 몰려왔다. 조슬린은 "할머니는 내 목소리를 듣자, 너무 기쁜 나머지 정신을 잃었죠." 하고 말했다. "6일 동안 그저 슬픔에 빠져 있던 나의 온가족은 잔치를 벌였어요. 그동안 그들은 먹거나 자거나 아무것도 할 수 없었으니까요. 그러다가 내 목소리를 듣고 바로 흥분했던 거죠."

조슬린의 부상은 놀라울 정도로 심각하지 않았으나, 상처 감염이 심했다. 왼쪽 발의 상처가 매우 심해서 발을 절단해야 했다. 오른쪽 다리도 감염되었으나, 의사들은 거기에 별 관심이 없었다. 남동생과 숙모의 죽음, 건물 아래에서 견딘 공포, 발 절단을 겪은 후라서, 조슬린은 감염이 대수롭지 않게 여겨졌다. 여진이 2주 동안 계속되었고, 그중 50% 이상은 강도가 4.2를 넘었다. 조슬린은 "나는 지반이 흔들림을 느낄 수 있었고, 그럴 때마다 모든 영상이 내 눈앞을 섬광처럼 스쳐갔어요. 내가 한밤중에 비명을 질러 모두가 잠을 깨곤 했죠." 하고 말했다. 의사와 간호사들은 그녀에게 달려와 진정제로 안정시키려 했다.

얼마 지나지 않아, 의사들은 다리의 감염이 제거되지 않은 걸 알았다. 사실 그것이 곪아터져 심각한 위협이 되고 있었다. 그들은 오른쪽 다리도 절단할 수밖에 없었다. 그러나 감염 확대가 멈추지 않았다. 그녀는 더 악화되었고 아무리 노력해도 차도가 없었다. 3월에 그들은 치료를 위해 조슬린과 그녀의 모친을 뉴욕으로 보냈다. 그녀의 엄마는 그녀 곁을 떠나지 않기로 했다. 그녀는 "엄마가 아니었으면, 나는 오늘 여기에 없었을 거예요." 하고 말했다.

뉴욕에서 조슬린의 몸은 치유되었지만, 그녀는 자신이 겪은 일로 인해 혼란스러웠다. 그녀는 잔해 속에 갇혀 있던 상황, 즉 자기 주변의 사체에 대한 악몽을 꿨다. 조슬린은 "그건 정말 끔찍했어요." 하고 말했다. "비몽사몽인 상태에서 바로 마비가 되죠. 어떤 일이 일어나고 있는지 정말 몰라요. 가슴 속에 그런 게 있는 것 같아요." 그녀의 외상 후 장애는 심신을 약화시켰다. 뉴욕에서의 외출은 견디기 힘들었다. 마천루가 곳곳에 있었기 때문이다. 그녀는 어떤 건물이든 언제라도 그녀 위로 무너져 내릴 거라고 믿었다. 남동생을 떠오르게 하는 노래를 들으면, 압도적인 슬픔이 밀려왔다.

동시에, 그녀는 자신의 다리와 발 절단, 그리고 장애인으로서 자신의 정체감을 이해하기가 버거웠다. 그녀는 "나는 내가 영원히 휠체어에 있을 거라는 생각만 했어요." 하고 말했다. "나는 의족 같은 게 있다는 사실도 몰랐어요." 그러나 병원에 있는 사람들이 재촉해서 그녀는 한 번 시도해 봤다. 그녀가 처음 의족을 끼웠을 때 모든 게 변했다. 그녀는 "내가 다시 걸을 수 있다는 희망이 생겼죠." 하고 말했다. "아드레날린이 솟아올랐고, 나는 정말 여기저기를 걸어 다녔어요. 처음에 나는 정말 행복했어요." 그녀는 처음 의족을 끼우고 한 달 안에 한쪽 목발을 짚고 걸어다니면서, 스스로를 채찍질하며 고통을 이겨 내고 있었다.

조슬린은 그 병원에서 로널드 맥도널드 하우스로 옮겼고, 거기에서는 심한 질병과 부상으로 의료적 치료를 받고 있는 아이들과 그 가족들이 생활할 수 있는 숙소를 제공해 주었다. 마침내 그녀는 관계를 맺을 수 있는 환자들이 그녀 나이와 더 가까운 걸 알았다. 그녀는 "이 아이들은 매일 고통을 겪기 때문에 정말 성숙해요. 나의 고통은 일시적이지만, 나는 그들의 고통을 이해할 수 있었어요. 우리는 여전히 연결되어 있었으니까요." 하고 말했다. 그러나 얼마 되지 않아 그녀는 그들과의 우정에 끔찍한 문제가 있음을 발견했다. 로널드 맥도널드 하우스에 있는 대부분의 아이들은 불치병을 앓고 있었다. 그들 중 일부는 조슬린과 알게 된 지 얼마 안 되어 세상을 떠났다. 그녀는 "언제가 나는 스스로에게 물었어요. '나는 왜 항상 죽음에 둘러싸여 있는가?' 내가 정말 좋아하는 사람들, 그들은 항상 세상을 떠나네요." 하고 말했다. "나는 내가 저주받았다고 생각했어요."

치료로 외상 후 스트레스 관리하기

조슬린과 같은 외상 생존자들의 경우에는 공포, 불안, 슬픔이 심신을 쇠약하게 할 수 있다. 그걸 관리해서 어느 정도 통제력을 얻는 게 정말 중요하다. 그러나 그건 결코 간단한 일이 아니다. 사실, 외상사건에 대한 반응은 가끔 매우 압도적이어서, 대부분의 사람들이 그 사건을 그냥 피하려 한다. 어떤 사람들은 외상기억을 아예 차단하려 할 정도이다. 안타깝게도 그런 방법은 효과가 없다. 기억은 남아 있으며, 얼핏 보기에 무관한 시각, 청각 또는 후각에 의해 거의 예고도 없이 촉발되기 때문이다. 어떤 사람들은 모든 정서와 그 사건을 분리시켜 외상으로부터 자신을 보호한다. 그러나 이 또한 가끔 행동문제를 야기한다. 그런 사람들은 감정조절을 못하고 스스로나 타인에게 상처를 주는 식으로 감정을 표출할 수 있다. 그런가 하면 다른 사람들은 소위 회피를 통해 그저 그 문제를 아예 숨기려 한다. 그래서 외상기억을 떠오르게 하는 어떤 사건이나 상황이든 회피하려고 막대한 노력을 한다.

외상으로부터 숨으려는 이 모든 시도가 초기에는 그 사건의 압도적 영향을 다루는 데 도움이 될 수 있다. 특히 직접적인 후유증으로 생존자들이 너무 허약해 발생한 일을 반성하고 다룰 수 없을 때에는 더 그렇다. 그래서 사람들은 가끔 본능적으로 이 대처기법을 선택한다. 그러나 이 접근 중 어느 것도 장기적으로 효과적인 외상 대처 전략은 아니다. 외상 생존자들이 이런 전략에 너무 오래 의지하면, 그들의 치유과정이 잘못되어 많은 문제로 이어질 수 있다.

테데스키와 캘훈이 외상 생존자들을 대상으로 임상 연구를 시작했을 때, 그들은 외상 후 스트레스 장애를 치료하는 가장 흔한 접근인 인지행동치료를 활용하였다. 그 접근에서는 내담자들이 외상경험에 직면하도록 도와 그들이 사건에 압도되지 않는다. 동시에, 그 접근에서는 생존자들에게 공포반응 관리법과 공포반응을 유발하는 환경 내 단서를 이해하는 방법을 제공한다. 다양한 형태의 인지행동치료가 있지만, 이 접근을 활용하는 치료자들은 대체로 내담자들에게 대화든 글이든 또는 상상을 통해서든 일단 외상에 직면하게 한다. 그 사건을 반복해서 다룸으로써 마침내 그들은 위협을 덜 느끼게 된다. 그 과정에서 사람들은 이런 심상이 야기하는 공포와 불안을 제지하는 기법을 배워 그런 정서 반응을 통제하게 된다. 테데스키는 내담자들에게 그들의 증상 통제에 유익한 다양한 기법을 가르친다. 가령, 그들이 스스로 슬픔이나 불안에 압도된다고 느낄 때마다 복식호흡(깊고 천천히 호흡하며 매 순간에 잠시 멈추는)을 가르친다. 감각 프롬프트라는 다른 기법은 외상기억 중단을 위해 그들이 듣고 보고 냄새 맡고 섭취한 것에 주목하면서 당시의 주위환경에 집중하도록 한 후, 그것들을 비위협적인 현재의 환경으로 가져오게 한다.

많은 외상 생존자들은 소위 생존자 죄책감으로 괴로워한다. 가령, 병사들은 전장에서 다른 병사의 죽음에 대해 가끔 책임을 느낀다. 그들은 자꾸 그 사건이 떠올라 자신이 잘못한 점을 깊이 생각하고, 친구를 구하기 위해 자신이 어떻게 달리 행동할 수 있었는지를 생각하느라 스스로를 괴롭힌다. 그들은 그렇게 하지 못한 자신에게 벌을 가한다. 테데스키는 사건과 관련된 사실을 활용하여 그들이 발생한 일을 제대로 이해하도록 돕는다. 이 경우에 치료자는 내담자에게 외상사건에 대해 자세히 이야기하라는 프롬프트를 제공하고, 그들이 잘못했다고 생각한 부분을 말하게 한다. 동시에 그들은 외상의 생리에 대해 이야기할 수도 있다. 이를 통해 내담자들은 자신의 투쟁-도피 반응을 잘 파악하여, 어떤 반응은 타고난 거라서 통제범위를 벗어난다는 사실을 알게 된다. 내담자가 일단 이 원리를 이해하면, 자신의 잘못인 것과 통제범위를 벗어난 것을 더 분명히 알게 된다. 그렇게 되면, 생존자들은 죄책감에서 벗어날 수 있다. 그 이유는 자신이 통제할 수 없는 걸 책임질 수는 없기 때문이다.

이런 기법을 통해 내담자들은 자신의 외상 후 증상을 스스로 통제하게 되어, 새로운 숙달감과 통제감을 갖는다. 이렇게 해서 자기 내면의 힘을 믿는 첫 단계가 시작된다.

조슬린의 경우가 그렇다. 그녀와 그녀의 엄마는 고문 생존자들을 위한 벨레브/뉴욕대학교 프로그램에 위탁되었다. 그 프로그램은 고문을 비롯한 외상 생존자들에게 정신건강 및 기타 서비스를 제공하는 10년짜리 프로그램이다. 조슬린의 의사인 애셔 알라젬Asher Aladjem 박사는 그녀의 수면과 불안에 도움이 되는 약물을 처방하였다. 그 모녀는 심리학자를 함께도 만나고 따로도 만났다.

조슬린도 그 프로그램 안에 있는 12시간짜리 인지행동치료 과정을 이수하였으며, 그 치료는 그녀가 자신의 외상에 직면하는 데 도움이 되었다. 그녀는 호흡수련과 시각화기법 등 몇 가지 기능을 배웠고, 그런 기능들 덕분에 지진이나 건물 아래 장면과 관련된 이미지가 밀려올 때마다 공황발작이나 절망에 빠지지 않았다. 조슬린은 자기 주변의 모든 촉발제들을 찾았다. 지하철이 최악이었다. 어두운 지하공간과 다가오는 전철 소리로 인해 그녀는 곧바로 건물 아래 갇혀 있던 지진상황으로 돌아갔다. 그러나 호흡수련과 시각화 덕분에 그녀는 다시 통제하게 되었고, 마침내 지하철을 타는 데 익숙해졌다.

그건 조슬린에게 엄청난 진전이었다. 마이애미 대학교의 연구자들이 실시한 연구에서는 그 단계(불안과 절망을 통제하는 것)만으로도 긍정적 변화에 이르는 길에 들어설 수 있는 것으로 나타났다. 연구자들은 10개월 동안 인지행동적 스트레스 관리기법이 유방암 0~2단계 진단을 받은 100명의 여성(그들 중 90%는 1~2단계)에게 미치는 영향을 연구하였다. 그들 중 반은 매주 스트레스 및 불안 관리를 가르치고 정서표현을 격려하며 사회적 지지를 제공하는 치료에 참여했다. 통제집단에게는 이런 기법에 대한 기본 정보와 간단한 안내모임만 제공했다.

그들은 치료를 받은 사람들이 통제집단에 비해 고통 정도, 암에 대한 침습적 사고 및 회피 수준이 더 낮음을 발견하였다. 이 기법이 그런 위기를 겪는 사람들을 치료하는 체계적인 방법이기 때문에 그 결과가 예측한 대로 나타난 것이다. 놀라운 것은 이런 기법을 활용함으로써 긍정적 변화도 일관적으로 증가했다는 점이다. 실험집단에 속한 사람들은 그들의 기저선 점수와 통제집단에 비해 다양한 긍정적 점수가 증가했음을 발견했다. 그들의 결과에서는 그들이 실시한 3회의 조사에서 증가된 상태가 유지된 것으로 나타났다. 불안, 우울, 그리고 기타 외상 후 증상을 관리하는 어떤 도구를 내담자들에게 제공하는 것만으로도 그들이 자기 삶에서 어떤 긍정적 변화를 경험하는 데 도움이 되었다.

이런 기법들은 그들에게 외상 후 반응을 다룰 도구를 제공하고 그들이 더 정상적이고 기능적인 생활을 하도록 돕기 때문에 외상 생존자들에게 중요하다. 이로 인해 사람들이 더 긍정적으로 변할 수도 있다. 그러나 테데스키는 좀 더 나아가 사람들이 성장에 이르도록 돕는 데 관심을 가졌다. 테데스키는 "사람들이 밤에 잠드는 방법, 직장에 복귀하는 방법 또는 배우자에게 악을 쓰지 않는 방법을 알고 있으면, 당연히 그게 아주 중요하죠." 하고 말했다. "그러나 그들이 원래 그렇다고 치부해 버리면, 엄청난 기회를 놓치는 거예요."

성장에 이르는 세 가지 접근

외상 후 성장에 대한 대부분의 연구에서는 심리치료나 상담의 혜택을 받지 않고 스스로 변화된 사람들을 대상으로 조사한다. 그러나 테데스키, 캘훈 및 노팅엄 대학교의 스티븐 조셉과 같은 임상가들은 외상 생존자들이 스스로 뭔가를 찾아내도록 마냥 내버려 두기보다 뭔가를 하려 한다. 그들은 생존자들이 치유되고 성장하도록 돕는다. 그래서 그들은 수십 년에 걸쳐 내담자들을 상담하면서 터득한 것을 적용하였다. 그들은 사람들이 스스로 성장하는 방법 및 근거와 관련된 연구를 역분석reverse engineering하고 실행하며 검토해 왔다. 이는 외상 생존자들이 그들의 삶에서 새로운 의미와 긍정적 변화를 찾는 데 도움이 되는 접근을 그들 스스로 결정하도록 돕기 위해서였다.

그들은 다양한 접근을 찾았다. 조셉은 아주 소극적이어서 자신의 접근에 대해 이야기할 때 심리학자라기보다 선 수행자처럼 들렸다. 다른 접근에서는 치료자가 자신의 전문지식을 활용하여 내담자가 자기 나름의 성장을 찾도록 도우려 한다. 또 다른 접근에서는 치료자들이 성장을 향해 나아갈 확실한 단계를 제시한다.

소극적 접근

조셉이 외상 후 증상이 있는 내담자에게 접근하는 방식과 다른 많은 심리학자들이 동일한 내담자를 다루는 방식은 큰 차이가 있었다. 조셉의 관점에서, 외상 후 스트레스는 치료해야 할 일련의 증상이 아니라 성장과정의 일부이다. 그것은 곧 명상이나 스트레스 관리기법이 그의 치료와 안 맞는다는 의미는 아니다. 테데스키와 마찬가지로, 그도 환자들이 자신의 외상경험에 대해 이야기할 수 있어야 한다는 데 동의한다. 그런데 조셉은 환자가 그 과정에 책임감을 느껴야 한다고 말했다. 그는 환자들이 회복하고 방향 전환을 하며 긍정적 변화로 나아갈 나름의 방법을 찾을 만큼 자율적이어야 비로소 성장할 거라고 말했다.

화려하고 특이한 현대식 건물이 모여 있는 노팅엄 대학교 주빌리캠퍼스의 한 학생 카페에 앉은 조셉은 자신이 앉아 있던 곳에서 호수 건너편의 나무들을 가리켰다. 몇몇 나무는 수면 위에 닿을 정도로 아슬아슬하게 매달려 있었다. 어떤 나무는 구부러져 어색하게 올라가고, 어떤 나무는 건강해 보일 뿐만 아니라 하늘 높이 뻗어 올라 있었다. 그는 "여기에서 저 나무들을 보면, 모두 자라고 있어요." 하고 말했다. "그러나 솔직히 말해 저 나무들 중 어떤 나무는 모양이 별로예요. 저쪽에 있는 저 나무는 다소 가늘고 약한데, 한때 괜찮았던 것처럼 보이네요. 하지만 당신은 저 나무가 안 자란다고 말하진 않을 거예요. 또 저 나무는 좀 더 무성한데, 정말 한쪽으로 기울어져 있네요. 실제로 저 나무는 물에 담겨 있지만, 여전히 자라고 있죠. 그래서 나는 성장이 뭔지에 대한 대화방식이 존재한다고 생각해요. 즉, 성장이 항상 아름다운 것도 아니고, 항상 균형 잡힌 것도 아니며, 항상 완벽한 것도 아니고 항상 잠재력을 최대한 발휘하는 것도 아님을 인정하는 방식 말이에요."

조셉은 주로 인본주의 심리학을 따른다. 그는 외상을 다루기 위해 1950~1960년대에 칼 로저스Carl Rogers 등이 성장에 대해 가졌던 개념을 최신의 개념으로 발전시키려 한다. 조셉은 "인간의 경험을 이해하는 성장 은유는 치료를 위한 모델이에요." 하고 말했다. 그는 모든 사람과 마찬가지로, 외상 생존자들도 나무가 성장하는 것처럼 기본적으로 항상 성장한다고 말했다. 그럴 경우, 치료자의 역할은 나무가 자신의 잠재성을 실현할 수 있도록 가능한 최선의 조건을 마련하는 정원사의 역할과 같다. 그는 "우리는 저 건너에 있는 저 나무를 보고 있어요." 하고 호수 건너편을 가리키며 말했다. "아마도 저 나무는 우울상태일 거예요. 저기에 있는 저 나무의 저 모습이 강박성 장애이고, 저쪽에 있는 저 나무의 저 모습은 외상 후 스트레스지요. 이 나무들이 고통과 기능장애를 나타내는 방식은 다르죠. 우리 나름대로 저 나무들을 설명하는 방식이 있지만, 저 나무들은 모두 동일한 것, 즉 성장통을 겪고 있어요. 저 나무들은 모두 똑같은 걸 필요로 하지요. 저 나무들은 모두 잘 자라도록 도와줄 게 필요해요. 사실, 그 이치가 사람에게도 적용되죠. 모든 사람이 잘 자라려면 똑같은 게 아주 많이 필요해요. 그들은 따스하고 애정 어린 교류, 통제받지 않는 관계, 그리고 성장할 공간이 필요해요. 그게 바로 심리치료의 기반이죠."

조셉에게는 내담자-치료자 사이의 관계의 질이 아주 중요하다. 그는 "당신은 현재 같이 있는 사람의 능력과 자율성을 지지하는 방식으로 그 사람과 무조건적인 관계를 맺어야 해요." 하고 말했다. "타인의 여정을 무조건적으로 수용하는 태도를 갖지 않으면, 아주 힘들어질 거예요."

테데스키의 중도적 접근

치료과정에서 테데스키는 조셉보다 좀 더 적극적이다. 그의 모델은 일종의 중도모델middle path model로, 테데스키와 캘훈이 성장과정을 설명하기 위해 개발한 모델과 그들의 연구를 지침으로 활용한다. 초기에 테데스키와 캘훈은 개인이 자신의 삶, 외상, 그리고 외상으로 인한 변화를 이해하는 데 유익한 적극적 사고과정인 의도적 반추를 주요 성장과정으로 확인하였다. 치료에서 테데스키는 내담자가 의도적 반추를 시작하고 그들의 개인적 이야기에 대해 생각하도록 돕는다.

테데스키는 내담자에게 외상사건을 비롯해 자신에게 일어난 좋은 일, 나쁜 일을 표시한 자기 삶의 타임라인을 그려 보라고 한다. 이것은 내담자들이 자신의 외상 회복을 위한 이야기 접근(그들이 어떤 사람이고 외상이 그들을 어떻게 변화시켰는지에 대한 이야기를 나누는)을 시작하는 데 도움이 된다. 그는 그들에게 살아오면서 어떻게 변화되었는지 생각해 보라는 프롬프트를 주기도 한다. 이 방법은 스스로를 정적으로 바라보는 성인들이 자기가 정말 많이 변화되었음을 이해하는 데 도움이 된다. 어쩌면 그들은 반항적인 10대나 탐색하는 20대가 있었고, 진로가 바뀌거나 이혼하고 재혼했을지도 모른다. 그 과정은 그들에게 또 다른 삶의 변화가 다가올지 모른다는 생각을 촉구하는 기폭제가 된다. 그것은 그들이 성인도 계속 변화하고 평생 성장한다는 사실을 이해하는 데 도움이 된다. 그 과정은 그들이 외상 전에 세상을 어떻게 보았는지에 대한 이야기를 시작하는 데 도움이 될 수 있다. 그 후 적절할 때, 그 이야기는 외상이 자신과 주변 세계에 대한 이해를 어떻게 바꾸었는지로 자연스럽게 흘러갈 수 있다. 궁극적으로 그 목표는 내담자들이 자신의 정체감과 세계인식을 어떻게 재구성할 수 있는지를 결정하게 하려는 것이다.

테데스키는 "외상사건 자체보다 그 사건의 여파에 집중하려고 하지요." 하고 말했다. "외상사건은 연쇄 반응을 일으키는 촉진제이고, 우리는 사람들이 그 모든 걸 어떻게 생각하는지에 관심이 있어요. 또한 그러한 연쇄 반응의 결과로 얼마나 재기할 기회가 있는지에 관심이 있는 거지요."

많은 심리학자들은 성장을 주의 깊게 다뤄야 한다고 말했다. 너무 성급하거나 공격적으로 밀어붙이면, 내담자들이 바로 소외된다. 그들이 제기능도 못할 정도로 큰 고통에 빠져 있을 때, 성장해야 한다는 말을 누가 듣고 싶겠는가?

그런 점을 명심하고서, 이런 식으로 성장을 지원하는 치료자들은 내담자들이 의미와 긍정적 변화로 나아갈 길을 찾을 수 있는 환경을 제공하려 한다. 내담자들이 이미 성장에 대해 대화하고 있는 방식을 인식하게 하는 것도 포함될 수 있지만, 그 생각을 그들에게 결코 강요하지는 않는다. 테데스키에게 있어서, 치료자는 내담자가 외상사건 이전, 도중, 그리고 이후에 자신, 자신의 행동, 사고, 그리고 정체감에 대해 들려주는 이야기를 경청하는 사람, 즉 '전문적 동반자'이다. 그런 식으로 치료자는 내담자가 그 과정에서 언급한 긍정적 측면을 보도록 지원할 수 있다. 가령, 치료자는 한 생존자가 외상사건 동안 자신의 강점에 대해 가끔 말한 것을 인식하도록 도울 수 있다. 한 예로, 그 사람이 교통사고 후에 911에 전화하거나 정지신호를 해서 도움을 청했다면, 신속한 조치가 생명을 구하는 데 도움이 될 수 있다. 어쩌면 생존자가 자신이 어떻게 행동했는지에 대해 생각하기 시작하고 자신이 보인 내면의 힘을 알게 된다. 그렇게 할 경우에 생존자는 그 전에 전혀 몰랐던 자신의 강점과 능력을 인식할 수 있다.

테데스키 등이 취한 접근은 대부분 좋은 경청자가 되는 것이다. 즉, 내담자들이 자신의 변화를 알아차린 시점과 그 변화가 어떤 종류의 변화인지를 보여 주는 대화 속 단서를 들으려 한다. 테데스키는 성장이 내담자로부터 나오게 하면서, 내담자가 스스로 성장을 확인하도록 도왔다. 가령, 내담자가 배우자를 잃으면, 그는 내담자가 배우자의 가장 좋은 점을 이야기하도록 내담자를 안내할 수 있다. 그런 후, 테데스키는 내담자가 세상을 떠난 배우자를 추모하기 위해 일생 동안 자기가 할 일을 생각해 보라는 프롬프트를 줄 수 있다. 테데스키는 이미 거기에 존재하는 성장의 씨앗에 주목해서, 내담자 자신이 지닌 성장의 씨앗을 인식하도록 도왔다.

사실, 외상 생존자들을 치료하는 많은 치료자들은 자기 내담자들이 스스로 긍정적 변화를 이끌어 낸다고 말했다. 텍사스 오스틴의 세톤의료센터의 심리학자 캐서린 와이팅은 "그들은 '내가 영원히 이렇게 형편없는 기분을 느낄 순 없잖아. 내 인생의 나머지를 어떻게 살면 좋을까?' 하고 생각하기 시작하죠." 하고 말했다. 그녀는 뇌종양이 있었던 육상선수인 매트 코처Matt Cotcher를 비롯한 암 환자들과 자기 진로의 대부분을 보냈다. 그녀는 환자가 차도가 있고 더 이상 고통이 없는데, 시간이 지나도 성장에 대해 스스로 이야기하지 않으면 자신이 약간 독려할 수도 있다고 말했다. 그녀는 "나는 '죽음이 지금 당신 곁에 있지만, 그래도 당신은 여전히 살아 있잖아요. 살아 있는 동안 뭘 하고 싶으세요?' 하고 말하기도 하죠." 하고 말했다. 그렇게 하면, 내담자들이 그것에 대해 겉으론 말하지 않더라도, 이미 그런 식으로 생각하기 시작한다.

적극적 접근

스티븐 조셉이 성장치료의 선 수행자라면, 스테파니 넬슨Stephanie Nelson은 다소 훈련교관과 같다. 그야말로 자세히 설명해서 오해나 모험의 여지를 남기지 않는다.

넬슨은 대학시절 가정폭력 및 성폭력 위기센터에서 자원봉사를 할 때 외상 후 성장에 대해 처음 알았다. 그래서 그녀는 성장이 바로 이해되었다. 실제로 그녀는 자신이 그 센터에서 만난 여성에게서 성장을 보았다. 외상치료에 대한 전통적 접근은 한계가 있다고 생각했다. 넬슨은 "사람들은 왜 하필 나에게 이런 일이 생기냐고 말하죠." 하고 말했다. "외상 후 성장은 사람들이 그런 실존적 질문에 답하는 데 도움이 되거든요. 인지처리에 중요한 실존적 질문은 사람들이 그런 경험으로부터 성장할 수 있는 방법을 찾는 데 도움이 되죠."

넬슨은 사회복지 석사학위를 받은 후 입대했다. 2011년 그녀는 사회복지사로서 미군 제3전투여단, 미군 제1기병사단과 함께 이라크에 파견되었다. 그녀는 외상 생존자 대상 상담자라는 특이한 직위에 있었다. 그녀는 내담자들과 마찬가지로 진행 중인 외상 한가운데 있었다. 가끔 그녀는 내담자를 임무 사이사이, 즉 한 외상 후 나 다른 외상 가능성을 향해 진군하기 전에 만난다. 그녀가 상담한 병사들은 대부분 5~6년 전에 파병된 이래 지금도 외상경험을 하고 있다. 많은 병사들은 아동기 외상이 전장경험에 의해 악화되었다. 그녀는 병사들을 개인별로 상담할 시간이 거의 없었기 때문에 병사들이 성장이라는 개념에 바로 집중하는 5~6회기용 압축 프로그램을 개발하였다.

넬슨은 병사들에게 가장 문제가 되는 사항을 리스트의 맨 앞에 적은 외상경험 목록을 만들어, 어떤 경험이 자신을 가장 괴롭혔는지 살펴보라고 했다. 그녀는 성이나 신체적 학대와 관련된 아동기 외상이 가장 복잡했으며, 수치, 분노, 죄책감까지 혼합되어 아동기 외상을 다루는 데 대부분의 시간과 노력을 들였다고 말했다. 그녀는 노출중심치료를 활용해 그 경험이 더 이상 압도적이고 강력한 영향을 안 줄 때까지 자꾸 반복하면서 그 외상을 떠올려 보라고 했다. 또한, 그녀는 내담자들의 성장에 집중해서, 그들이 자신의 경험 속에서 의미를 찾고 그들의 감정을 긍정적인 것과 연결하도록 도왔다. 그녀는 "나는 그들이 남은 인생 동안 만성적인 외상 후 장애를 겪을 거라고 말하기보다, 그들에게 좀 더 희망적인 모습을 제시하려고 해요." 하고 말했다.

넬슨이 상담했던 한 병사는 자살폭탄을 두른 소녀를 쏘아야만 했다. 넬슨은 "그는 왜 그 아이가 죽어야만 했는지를 잊을 수가 없었어요." 하고 말했다. 남은 복무기간 동안, 그 병사는 아동 대상 자원봉사를 시작했다. 후에 그는 교사가 되었다. 넬슨은 "그거야말로 죽은 자들을 추모하고 그의 삶을 의미 있게 사는 방식이죠." 하고 말했다. "그건 이미 일어난 일을 바로잡는 게 아니라, 에너지를 생산적으로 사용하는 방법이죠."

그 후, 넬슨은 제대했다. 그러나 그녀는 계속해서 군대의 위탁을 받아 특수부대 병사들을 상담하고 있다. 이라크에서 근무한 이후, 그녀는 프로그램을 확대하여 더 많은 회기에 걸쳐 운영하고 있다. 그러나 그녀는 여전히 매우 구조화된 접근을 사용하고, 처음부터 바로 성장이라는 개념을 언급한다. 넬슨은 자신의 접근을 성장경로치료Growth Path Therapy라고 부르며, 치료과정에 대해 상세히 쓴 책의 서문에서도 성장에 대해 언급한다. 그녀는 내담자가 분투할 것이고, 그들이 겪고 있는 것과 치유하려는 노력이 녹녹지 않을 거라고 분명히 밝힌다. 그러나 그녀는 내담자들이 전 과정을 이해하길 바란다. 그녀는 영웅의 여정을 언급하면서, 병사들에게 그들이 다른 세계, 즉 성장으로 가려면 '어두운 숲'을 지나, 두려움과 외상에 직면할 때 비로소 강점과 지혜를 발견할 거라고 말했다. 넬슨은 "나는 그들에게 어떤 희망을 주고 싶어요." 하고 말했다. "나는 치료에서 그들에게 상당히 어려운 일을 하도록 요청하고, 그들이 터널 끝에 빛이 있고 지침이 있으며 자신이 성장을 향하고 있음을 깨닫길 바라죠."

넬슨은 다루기deal, 느끼기feel, 치유하기heal, 봉인하기seal의 4단계 과정을 소개한다. 첫 단계에서 그녀는 이미 효과적인 것으로 검증된 인지행동기법을 활용해서 내담자들이 자신의 외상경험에 직면하도록 독려하고 그들에게 스트레스 관리기법을 가르친다. 느끼기

단계에서, 그녀는 내담자들이 외상경험 기억을 편안히 받아들이고 그런 기억과 관련된 정서를 느껴 보도록 한다. 테데스키와 마찬가지로, 넬슨은 생존자들이 실제로 어떤 것이 자기 잘못이고 어떤 행위나 사건은 자신의 통제범위를 벗어나는지를 판단하라고 한다. 그녀는 병사들이 공감하는 은유, 즉 돌덩어리로 가득 찬 배낭을 메고 산에 오른다는 은유를 활용한다. 그녀는 내담자들에게 배낭에 돌덩어리가 너무 많으면 결코 정상에 도달할 수 없다고 말한다. 그들은 가방을 열어 돌덩어리들을 보고 그중 어떤 걸 가져가야 할지 판단해야 한다. 그들이 버려야 하는 건 부적절한 생존자 죄책감이고, 들고 가야 할 건 적절한 후회이다.

문제가 복잡할 때도 있다. 그녀는 이라크 전쟁에서 포로를 고문하는 일에 관여한 하급 병사를 상담했다. 그는 장교들이 정보를 얻고 테러리스트를 찾기 위해 자기한테 포로들을 고문하라고 지시했는데, 자신이 그걸 따른 게 후회스럽다고 말했다. 넬슨은 "그건 명령체계와 관련된 문제인데, 이 병사는 지위가 낮아요. 그가 그 모든 걸 자백할 수도 없고, 문제 전체에 대한 죄책감을 떠맡을 수도 없어요." 하고 말했다. 그녀는 그가 상황 속에서 자신의 행위를 보고, 자신에게 좀 더 현실적인 비난만 하라고 한다.

치료에서 내담자들이 일단 이 단계를 거치면, 그녀는 치유하기로 넘어간다. 치유 단계에서 그녀는 그들에게 외상을 견디고 치료과정을 겪으면서 돋보인 자신의 강점을 찾아보라고 한다. 그녀는 고통 속에서 의미를 찾을 때의 가치와 그 과정에서 긍정적 측면을 볼 때의 이점을 강조한다. 그것은 외상을 정당화하는 방식이 아니라,

어차피 그런 일이 일어났을 때 그 경험에서 의미 있는 점을 찾는 방식이다.

마지막 단계인 봉인하기에서, 그녀는 그들이 인생 자체를 외상으로 규정하지 않고, 외상이 오늘의 그들을 형성하는 데 기여할 수 있으며 평생 경험하는 많은 사건 중 하나일 뿐임을 이해하게 한다. 목표는 외상에 휘말리지 않고, 그로부터 배울 수 있도록 외상을 적절한 위치에 두는 것이다.

역경을 이겨 낸 생존자들에게

조슬린이 치료를 받았던 벨레브/뉴욕대학교 고문 생존자 프로그램은 외상경험 생존자들도 외상 후 스트레스 장애에 단순히 적응하는 것 그 이상으로 잘 지내고 상처를 받았더라도 기능적일 수 있다는 신념 하에 만들어졌다. 즉, 그 참가자들이 과거에 어떤 일을 겪었든 그들이 잘 살아가도록 돕기 위한 프로그램이다.

그 프로그램을 만든 알라젬Aladjem 박사는 제2차 세계대전 후 유럽의 홀로코스트 생존자들이 불가항력인 끔찍한 모든 것에서 벗어나 새로운 삶을 살아 보려는 희망으로 이스라엘에 모여들 무렵, 이스라엘에서 자랐다. 그는 외상이 사람을 어떻게 변화시키는지에 대해 통찰을 준 경험을 한 적이 있다. 그는 "독일과 폴란드 캠프를 비롯해 곳곳에서 사람들이 왔어요. 모두가 세계에서 가장 큰 피난처에 있었죠. 그걸 겪으며 인간으로서 자신의 자아상을 비롯해 모든 걸 잃은 사람들의 회복탄력성과 성장을 보게 되죠. 그 후의 삶이 있더라구요." 하고 말했다. 모든 걸 잃었던 사람들의 성장을 목격했던 그 경험 덕분에 그는 이 길을 걷게 되었고, 또한 그 경험은 그와 그의 동료들이 센터에서 하는 일을 지지하는 사고이기도 하다. 그들은 사람들을 치유하는 데 관심을 가질 뿐만 아니라, 그들이 성장하도록 지원하는 심리와 심리치료 방법도 활용한다.

그 센터의 임상가들은 폭넓은 치료방법을 도입한다. 그들은 확실할 경우에는 약물처방을 한다. 집단치료와 개인치료를 모두 활용한다. 센터에는 법적 문제 및 이민상태와 더불어 음식, 의복, 거처, 의료문제를 돕는 직원들이 있다. 이 사람들(고문을 당하고 세계 곳곳에서 온 사람들과 다른 끔찍한 사건에서 살아남은 조슬린과 같은 사람들)의 스트레스 요인은 압도적인 외상에 대한 취약 반응을 극복하는 것이다. 조셉이나 빅터 프랭클과 마찬가지로, 그 프로그램의 임상 담당 책임자이자 뉴욕대학교 의과대학 조교수인 호손 스미스 Hawthorn Smith는 자기 내담자들이 심각한 외상 후 스트레스 장애를 겪고 있더라도 그들을 환자로 보지 않는다고 말했다. 그는 "그 사람이 이상하거나 미친 게 아니라, 이상하거나 미친 상황에 처해 있는 거지요." 하고 말했다. 자신의 경험에서 의미를 찾는 것은 많은 환자들이 거치는 자연스런 단계이다. 핵심은 환자들이 다시 통제감을 얻도록, 즉 그들의 상황이 특별하고 자신이 정상 반응을 하고 있고 병에 걸린 게 아니며 이런 역경을 극복할 능력과 용기를 지녔음을 다시 깨닫도록 돕는 것이다.

그 센터의 내담자들은 12주짜리 외상용 인지행동치료 프로그램을 이수하라는 요청을 받는다. 많은 이들은 이 접근을 통해 사람들이 자신의 외상에 압도되지 않고 무난히 처리한다는 데 동의한다. 그 센터의 팀에서는 처음부터 성장이라는 개념을 소개한다. 그들은 새롭고 더 좋은 게 가능하다는 씨앗을 심는다. 스미스는 "우리는 '그들에게 어느 것도 쉬운 건 없으나, 모든 건 가능해요.'라고 말하죠." 하고 말했다. "우리는 아무 약속도 안 하지만, 비슷한 상황에 처한 다른 사람들이 나아지고 있다고 말하지요."

스미스는 내담자의 요구에 따라 치료접근을 결정한다. 어떤 내담자는 좀 더 지시적인 접근을 선택해 좀 더 지시적인 방식으로 그 과정을 안내받을 수 있다. 다른 사람들은 그런 접근을 선택하지 않는다. 그는 어떤 사람들은 일대일 치료로 더 많은 도움을 받는다고 말한다. 그런 사람들은 자신이 겪어 온 것에 대해 다른 사람들과 터놓고 말하기가 힘들거나 불가능할 수 있고, 그들에게 그렇게 하라고 다그치면 해로울 수도 있다. 환자들이 사무실에 와서 그냥 앉아 있을 수도 있고, 전혀 소통을 못한 채 5분 이상 흐느껴 울기만 할 수도 있다. 스미스는 그저 경청하고, 때로는 티슈를 주며, 끼어들지 않고 함께 있을 뿐이다.

그는 집단치료가 아주 효과적인 경우도 발견한다. 그 센터에 있는 사람들은 대부분 친구나 가족과 함께 생활하고 어떤 상황에 대해 자세히 말하는 전통문화 출신이다. 집단은 그런 편안한 상황과 비슷하다. 그 생존자들은 다른 많은 사람들에게서 찾기 어려운 공통의 심각한 경험이 있다. 스미스는 "비슷한 일을 겪어 왔고 자신에게 유익한 걸 알려 주는 사람의 이야기를 들으면, 그 메시지가 아주 강력하죠." 하고 말했다. "집단 구성원들은 자신이 다른 사람들의 치유와 성장에 중요한 역할을 한다는 사실을 내면화한다. 그들의 경험이 꼭 부정적인 것만은 아니다. 그들의 극복능력은 소중하고 유용하다." 아마 가장 중요한 것은 웃음이 있다는 점일 것이다. 그 집단에서 사람들은 다른 많은 사람들이 끔찍하다고 여길 만한 것들에서도 유머를 찾는다. 웃음은 그들에게 엄청난 도움이 된다.

조슬린은 이 모든 것에서 혜택을 입었다. 그녀가 다른 사람들 앞에 나타났을 때, 그녀는 한창 엄청난 상실을 겪고 있었다. 남동생이 죽었고 숙모도 그렇다. 발과 다리를 잃고, 고향도 잃었다. 그녀는 언어도 통하지 않고 아는 사람도 없으며 아무것도 모르는 뉴욕에 남겨져 있다. 그녀와 담당 의사들은 그녀가 12주짜리 인지행동치료 과정을 이수할 만큼 뉴욕에 머물지에 대해서도 확신이 없었다. 그럼에도 불구하고 조슬린은 안정되었다. 그녀와 그녀의 어머니는 서로 뗄 수 없는 사이였고, 서로에 대한 지지는 그들이 그 외상을 극복하는 데 도움이 되었다. 스미스는 "그들은 조슬린의 동생이 조슬린에게 얼마나 의미 있는 존재였는지와 그 아이가 자기 삶을 얼마나 좋아했는지에 대해 이야기했어요. 또한 두 사람이 잘 살고 꿈을 실현하기 위해 강점을 찾아 나아가면서 가족의 명예를 지키길 그 아이가 얼마나 바랄지에 대해 이야기했죠." 하고 말했다.

조슬린은 성장의 핵심, 즉 의도적 반추, 긍정적인 새로운 이야기 찾기, 삶의 방향을 전환하기 과정을 무사히 마쳤다. 고등학교 졸업 후, 그녀는 자신이 겪어 온 모든 것에 대해 성찰할 시간을 가졌다. 그녀는 가만히 앉아 5살 때부터 그 순간에 이르기까지 자신의 삶을 돌아봤다. 그녀는 "나는 내가 아주 강한 사람임을 바로 깨달았어요. 나는 아주 강한 사람이에요." 하고 말했다.

2014년 고등학교를 졸업한 후, 그녀는 간호대학에 가기로 결정했다. 그 이유는 간호사가 환자들과 개별 접촉을 가장 많이 하기 때문이었다. 그녀는 자신과 같이 끔찍한 사건에서 회복되고 있는 사람들을 돕기 위해 재난 후 의료 서비스를 제공하는 적십자와 같은 단체에서 일하려 한다. 그녀가 견뎌 낸 모든 것을 고려할 때, 그녀는 자신이 비슷한 상황에 처한 다른 사람들을 도울 수 있을 것이라 생각한다.

그녀는 "나는 대중에게 영감을 주는 연사가 되고 싶진 않아요. 그들은 돌아다니면서 사람들에게 '내가 그렇게 할 수 있었으니, 당신도 그렇게 할 수 있을 거예요.'라고 말하죠." 하고 말했다. "나는 실제로 고통을 겪고 있는 사람에게 다가가, '당신이 이걸 할 수 있다는 걸 알죠? 당신이 정말 살고 싶으면, 우리가 함께 이걸 할 수 있어요. 그 무엇도 당신을 방해할 수 없어요. 당신은 그걸 할 수 있어요.' 하며 대화하는 사람이 되고 싶어요." 하고 말했다.

그녀는 자신감, 유머감각, 그리고 재미를 추구하는 감성을 회복했다. 그녀는 "난 격리되어 있었는데도 친구가 많아요. 제약보다 기회가 더 많아요." 하고 말했다. "나는 세상에서 자신이 어떤 사람인지에 대한 의미가 형성되어 있어요."

요즘 조슬린은 익살맞고 활기차다. 그녀는 자신이 '비열한' 얼굴이라 사람들이 자신을 두려워한다고 농담한다. 그러나 그 말은 말이 안 된다. 그녀의 모습은 비열하다기보다 오히려 약간 내성적이고 신중하기 때문에, 시간을 두고 상황을 평가하며 자신이 어떻게 개입할지를 결정한다. 그녀가 미소를 지으면, 아주 환해진다. 그녀는 키가 크고 야위었으며, 의족을 하고 여유 있게 앉아 있다(당신은 그녀가 발과 다리를 절단했다는 사실을 절대 모를 것이다). 그녀는 그녀의 또래보다 자아인식과 사려가 깊다.

조슬린은 언젠가 아이티에 돌아가고 싶다. 그녀는 "나는 꼭 아이티로 가서, 내가 죽었던 곳(이전의 나는 죽었기 때문에)에 가야 해요. 그리고 나 자신과 완전히 화해하고 남동생이 떠난 곳을 봐야 해요. 나는 꽃이든 뭐든 좀 가져가서 나를 충분히 다독일 거예요. 그리곤 바로 나아갈 거예요. 나는 그게 마지막 단계라고 생각해요." 하고 말했다.

13
성장은 계속된다

만족과
행복

2003년, 제이크 해리먼Jake Harriman은 미국해군사관학교를 졸업한 지 4년 된 젊은 해병대 중위로 이라크의 첫 침공 지역에 파병되었다. 미군이 국경을 공격하자, 사담 후세인Saddam Hussein 군대는 바그다드를 방어하기 위해 철수하였다. 물론 특수부대인 후세인의 사담페다인 부대가 뒤에 남았으나, 그들 모두가 싸우려고 거기에 남은 건 아니었다. 오히려 이들 엘리트 병사들 중 상당수는 빈곤지역을 집집마다 돌아다니며 미군과 싸울 굶주린 농민에게 음식(쌀, 보리, 밀 등 공급물품)을 나눠 주었다. 전쟁 초기에 해리먼과 병사들은 훈련도 안 되고 어설프게 무장한 이 농민들에게 매복기습을 당했다. 눈앞의 광경에 그는 망연자실했다.

해리먼은 "그건 정말 끔찍했어요." 하고 말했다. "곳곳에 잔인한 모습들, 탱크에 눌린 사람들, 즐비한 시체들, 신체 부위들을 볼 거예요. 당신도 아시다시피, 영화의 한 장면과 같은 광경들을 난 처음 봤어요. 그때 다가가서 그게 진짜 사람임을 알고 나면, 그다음엔 아예 신경을 끄게 되죠."

특히 한 번의 치열한 전투 후, 해리먼과 병사들은 공급품을 기다리는 동안 그들 스스로를 보호하기 위해 바그다드로 가는 간선도로 옆에 구덩이를 파고 그 안에 들어가 있었다. 그들은 배고프고 지치고 두려웠다. 일출 직전이었다. 어둠과 안개 속에서 길 옆의 형상을 겨우 알아볼 정도였고, 그들은 오랫동안 잠을 못 자 일부는 구덩이 속에서 졸고 있었다. 해리먼은 일어나 해병대 사이를 돌아다니며, 그들을 격려하고 웃겨서 그들이 졸지 않고 경계태세를 유지하게 했다. 그들은 이라크 병사들이 가까이 있다는 걸 알고 있다. 해리먼은 용기 있는 척했지만, 사실 그도 병사들보다 나을 게 없었다. 눈이 쑤시고 위가 쓰렸다. 해리먼은 "나는 불편한 속과 계속된 긴장감으로 열이 오르고 지쳤어요." 하고 말했다.

그는 병사들을 확인하다가, 그들 쪽으로 천천히 다가오던 하얀색 소형차에 주목했다. 해리먼은 그게 자살폭탄이라고 생각했다. 그는 병사 3명을 데리고 도로로 뛰어들었으나, 그 차는 속도를 줄이지 않았다. 그가 경고사격을 하자, 그 차가 끽 소리를 내며 멈추었다. 한 남자가 팔을 흔들며 차에서 뛰어나와 해리먼이 있는 쪽으로 달려왔다. 해리먼은 그가 자살폭탄을 던질 거라고 생각했다. 해리먼은 아랍어로 그 남자에게 바닥에 엎드리라고 외쳤다. 그러나 그는 듣지 않았다. 그 사람은 제정신이 아니었다.

해리먼이 그 사람에게 사격을 가하려 할 무렵, 그 차를 향해 오던 검은색 군인트럭을 봤다. 트럭이 멈추고 6명의 페다인 병사들이 뒤에서 뛰어내려 그 차에 발포했다. 그제야 해리먼은 무슨 일이 일어났는지를 알았다. 그 사람은 자살폭탄도 아니고, 그 어떤 위협적인 존재도 아니었다. 그는 페다인이 잡으려던 이라크 농부였다. 그는 쌀을 받고 전투에 참여한 게 아니라, 가족을 모아 도망쳐서 미군에게 피난처를 요청하려 했던 것이다. 그 사람이 총알 박힌 차로 달려가기 시작할 때, 해리먼의 대원들이 페다인에게 발포했다. 해리먼은 그의 뒤를 따라 빠르게 달렸다. 트럭이 급히 도망친 후, 그 자리에는 페다인 두세 명이 죽어 있었다.

해리먼이 농부의 차로 가서 안을 들여다보니, 그 남자의 아내와 막내딸이 좌석에 죽어 있었다. 그 남자는 피에 질식된 큰딸을 차에서 끌어내 안고 있었다.

해리먼은 옆구리에 권총을 찬 채 그 자리에 마냥 서 있었고, 그 남자의 상실을 생각하며 그와 함께 눈물을 흘렸다. 해리먼은 "그땐 모든 게 멈췄죠." 하고 말했다. "정말 내 안의 중요한 뭔가가 멈춰버렸어요."

2004년, 해리먼은 다시 파병되었고 고가치 테러리스트 표적을 추적하는 특수부대를 이끌었다. 그 무렵 많은 이라크인들은 미국인이 철수하기를 바랐다. 이라크인들은 자살폭탄을 자원하고 있었다. 그 나라는 알 카에다Al Qaeda에 대한 공포심으로 겁에 질려 있었다. 그는 "임무를 수행하는 동안 타락, 절망적 빈곤, 즐비한 시체가 넘쳐났어요." 하고 말했다.

바그다드로 가는 길에서의 그 사건 후, 해리먼은 이라크에서 일어나는 일에 대한 생각이 달라졌다. 그는 자신과 싸우고 있는 상대편 군인들, 그날 길에서 자기 가족을 잃은 그 농부, 심지어 야간습격에서 그가 잡은 몇 명의 테러리스트마저도 마냥 안쓰러웠다. 대부분의 사람들은 특별한 이념이 없다. 그들은 어느 한쪽을 위해 싸우라고 강요받는데, 선택지가 별로 없고 선택지 중 좋은 것도 없다. 해리먼은 "그 이라크 농부는 아이들이 굶어 죽는 걸 두고보거나 자살폭탄이 되거나 아니면 페다인을 피하려고 필사적인 노력을 했겠죠." 하고 말했다. "그는 선택을 했는데, 2초 만에 모든 걸 잃었어요."

그날 일어난 일과 그 후 그가 본 것들은 해리먼을 무척 괴롭혔다. 그는 "나의 전투기간 동안 나는 내가 사랑하는 가족, 신념, 사랑과 같은 것에 대해서도 의문을 제기할 정도로 마음 깊은 곳까지 동요되었어요." 하고 말했다. 그러나 그런 임무를 수행하는 많은 다른 사람들과 마찬가지로, 그는 자신이 본 것, 그것이 자신에게 미친 영향, 자신에게 일어난 변화에 대해 아무에게도 말할 수 없다는 느낌이 들었다. 그날 그 농부의 가족이 죽었을 때 그와 함께 있었던 병사인 빌리 니퍼Billy Knipper는 "제이크는 완벽한 지도자예요. 그는 그 일에 대해 입을 열지 않아요. 오히려 그는 자기 일을 하는 데 더 열정을 쏟지요." 하고 말했다. 해리먼은 지휘관으로서 어떤 약점이나 망설임 또는 임무에 대한 의문을 보일 수 없었다고 말했다. 병사들의 생명은 지휘관의 결단력과 확신에 따라 달라진다. 그러나 그는 강한 척하면서도, 삶의 목표에 대해 의문을 제기하기 시작했다. 해리먼은 "전투에서는 한가한 순간이 많아요." 하고 말했다. "군에서는 휴식시간이 많죠, 그래서 생각할 시간이 많아요." 전투는 해리먼에게 성찰할 시간을 많이 주었다.

해리먼은 웨스트버지니아의 시골마을에서 자랐다. 베트남 참전용사인 그의 아버지는 스쿨버스 기사였다. 어머니는 해리먼과 3명의 동생을 보살피면서 자그마한 가족 농장을 운영했다. 그의 가족은 야채가 있는 텃밭, 우유와 버터를 공급하는 젖소, 계란과 고기를 주는 닭이 있었다. 그들은 사슴, 토끼, 다람쥐 사냥을 하였다. 마음대로 쓸 수 있는 수입이 많진 않았으나, 해리먼은 멋진 아동기를 보냈다. 해리먼이 가정교육에서 알게 된 한 가지는 가난한 사람들이 피해자가 아니라는 사실이다. 그들은 놀라울 정도로 회복탄력성이 있고 지략이 풍부하다. 인생을 역전시키려 할 때에도, 그들은 별로 도움을 필요로 하지 않는다.

해리먼은 친구와 함께 대학을 다니려고 명문대학의 장학금도 포기한 채 웨스트버지니아 대학교에 진학했다. 그러나 1년 후, 그는 자기 아버지처럼 군대에 복무하고 싶다는 생각이 들어, 자기가 이전에 입학허가를 받았던 미국해군사관학교로 옮겼다. 독실한 가정교육에 따라 그는 다른 사람을 도와야 한다는 가르침을 받았다. 해군사관학교에서 절친했던 돈 파울Don Faul은 그가 공부를 어려워하는 다른 친구들을 가르쳤다고 말했다. 그는 후에 남을 도울 뭔가를 할 수 있다고 생각했지만, 그게 무엇일지 혹은 그걸 어떻게 할지에 대해서는 많이 생각하지 않았다.

다른 사람을 도우려는 동기는 드물지 않지만, 실제로 그렇게 돕는 사람은 별로 없다. 더구나 자기 삶과 진로를 그쪽으로 결정하는 사람들은 훨씬 더 적다. 해리먼의 경우에는 전투에서의 공포로 인해 바뀌었다. 그 경험은 그가 자기 삶을 바꾸는 방법을 찾을 촉진제가 되었다. 그는 "전투는 필터와 같아요. 그래서 전투를 통해 세상을 훨씬 더 분명하게 볼 수 있죠." 하고 말했다. "인간에게서 나타날 수 있는 최악의 인간성과 최선의 인간성을 보게 되죠."

그때 바그다드로 가는 길에서 떠오른 생각을 2년 동안 계속한 후, 해리먼은 무기만으로는 테러행위를 막을 수 없다는 생각을 하게 되었다. 이런 지역사회가 테러행위에 취약한 것은 바로 빈곤 때문이다. 먹고 살 수 없고, 자녀를 위해 더 좋은 미래를 예측할 수 없으며, 삶에서 기본적인 선택마저 어려운 사람들은 알 카에다나 다른 테러집단의 강요에 더 휘둘리기 마련이다. 그는 총대만으로 빈곤을 줄일 수 없다는 사실을 깨달았다. 그는 그의 삶을 바꿔야 했다. 그는 "나는 전투의 불길에서 살아났고, 그 일을 마친 후 다른 목적에 도달했어요." 하고 말했다. "나는 삶에서 내가 원하는 걸 확실히 알았고, 이제 어떤 것도 나의 비전을 바꿀 수 없어요."

두 번째 파병 후인 2005년 6월, 그는 자기 인생에서 아주 힘든 선택을 하였다. 미해군을 떠난 것이다.

해리먼은 지원단체가 있는 직장에 원서를 내기 시작했으나, 그들이 전직 해군을 고용하지 않는다는 사실을 바로 알았다. 그래서 그는 스탠퍼드 대학교 경영대학원에 들어갔다. 그가 거기에서 자신의 이야기를 하자, 동료들과 교수들은 그가 현재 케냐와 이디오피아에서 운영하고 있는 비영리단체, 즉 누루 인터내셔널Nuru International에 대한 계획을 세우도록 도와줬다. 그 단체는 농부들이 곡물 수확량과 수입을 올리도록 지원하고, 교육과 의료를 개선하고 있다. 또한 그 모델을 다른 곳에 확대해서 그 나라 전체에 그 과정을 전파할 지역사회 지도자를 양성하고 있다. 그는 적절한 시기에 세계에서 가장 혼란스럽고 폭력적인 곳(소말리아, 중앙아프리카공화국, 아프카니스탄 등)에 그 프로그램을 보급하고 싶다. 그건 바로 가장 가난한 사람들의 생활을 개선하면 테러행위가 줄고 시민사회가 강화될 거라는 희망 때문이다.

해리먼은 각 지역사회의 당면과제 위주로 지역사회의 사정을 반영하는 동시에 다른 단체의 좋은 선례도 도입한다. 그는 농업생산을 촉진하고 시장과 은행 접근성을 높여 케냐에 있는 한 지역이 재정자립도를 확립하도록 도왔다. 그들은 반드시 해내야 한다. 7년 후에는 누루 직원과 재정을 완전히 철수한다. 그의 단체는 5만 명 이상의 케냐인에게 봉사하는 빈곤퇴치 프로그램을 지원할 정도의 자체 수입을 순조롭게 창출하고 있으며, 지역 지도자들이 다른 지역사회에 누루의 활동을 보급할 정도의 잉여 수입도 창출하고 있다. 그 목표는 케냐의 이 지도자들이 누루에서 배운 방법과 교훈을 그들의 이웃에 보급해서, 그 프로그램을 스스로 확대하게 돕는 것이다. 결국 그 이웃들도 똑같이 하게 될 것이다.

얼핏 보기에 이런 해리먼과 한때 유망했던 젊은 해군은 잘 어울리지 않는다. 그의 거무스레한 금발은 덥수룩하고 흐트러져 있었다. 그는 친절하고 겉보기에 느긋하며 잘 웃는다. 그는 자기 일에 전념하지만, 완고하거나 설득하려 들지 않는다. 그의 이전 병사들 몇몇은 그가 자기가 모신 최고의 지휘관이었다고 말했다. 그는 기꺼이 경청하고 자신의 요구보다 다른 사람의 요구를 먼저 고려하면서 이끌어 갔다. 해리먼은 자신의 선택이 만족스럽고, 자신의 경험과 열정을 필생의 업으로 삼아 행복하다.

그러나 많은 사람들은 그런 선택을 희생으로 여긴다. 그는 아프리카에서 대중교통을 이용하고 어디를 가든 일터에서 잠을 잔다. 누루에는 아프리카에서 비경제적인 것으로 밝혀진 레인지로버와 같은 차량이 없다. 그동안 모금을 위해 미국에 돌아올 때마다 사무실 소파에서 잠을 잤다. 사실, 그는 최근에야 미국에서 아파트를 임차했다. 그의 경영대학원 친구들은 아주 성공해서 은행이나 기술 회사에 근무하고 있다. 그런데 해리먼은 그런 종류의 보상에 관심이 없다.

파울Faul은 "그에겐 절박함이 있어요. 그는 목적의식이 확실하고, 달라졌어요." 하고 말했다. 웨스트버지니아에서 해리먼을 만난 그의 친구 존 핸콕스John Hancox는 "정말 달라진 점은 명확성, 결심, 절박함이죠." 하고 말하면서, 그의 개인생활에 나타난 변화에도 주목했다. 핸콕스는 "그는 경솔함이나 무의미한 걸 못 참아요." 하고 말했다. "그는 인생이 너무 덧없고 짧아서 낭비할 시간이 없는 걸 알고 있으니까요."

해리먼에게 변화는 일시적인 우회로가 아니다. 해리먼은 "당연히 그 변화는 영원하죠." 하고 말했다. "이런 경험은 나라는 사람의 일부예요. 이런 경험 덕분에 오늘의 내가 된 거죠. 외상을 겪기 전의 나로 돌아간다는 건 정말 말도 안 돼요. 외상은 나를 제한하지 못하죠. 외상은 고통스런 성장과정을 통해 나를 다듬어서 더 나은 사람으로 만들었어요."

평생 유지되는 변화

해리먼은 확실히 그의 경험으로부터 성장하였다. 그가 겪은 외상은 테데스키와 캘훈이 말한 대로 그의 본질까지 흔들리게 했다. 그날 그가 길에서 본 것, 즉 전투에서의 경험으로 그는 자기 삶의 모든 걸 재검토하였다. 하지만 다른 많은 군인들과 마찬가지로 그는 자신이 겪은 것과 그에 대해 생각한 것을 아무에게도 말할 수 없다고 느꼈다. 오랜 휴식기간 동안, 그는 개인의 성장에 중요한 의도적 반추를 했다. 외상경험은 그에게 자신이 새로 발견한 것에 따라 행동할 절박함을 주었다. 전투에서의 외상은 해리먼을 해군장교에서 극빈퇴치단체의 지도자로 탈바꿈시킨 핵심요인이다. 이라크에서 그날 농부가 해리먼을 향해 차를 몰고 온 지 십여 년 이상이 지났으나, 오히려 그의 결심, 인생에서 새로운 목표에 대한 헌신은 증가할 뿐이다. 해리먼의 성장, 즉 그의 변화는 계속되고 있고 이런 변화가 사라질 기미는 보이지 않는다.

해리먼은 그의 목표만을 생각하고 있는데, 성장은 모든 사람에게 그렇게 오래 지속될까? 외상 후 성장 연구는 불과 몇십 년밖에 되지 않아서, 외상 후 성장이 수십 년에 걸쳐 개인의 삶을 변화시키는지를 검토한 장기 연구는 많지 않다. 이런 긍정적 변화는 사라질까? 상실의 아픔이 무뎌진 후, 즉 공포가 사라진 후 우리는 그저 예전의 자아, 즉 나쁜 습관으로 돌아갈까? 시간이 지나면서 외상 생존자들이 바뀌어, 어떤 영역은 더 강해지고 다른 영역은 더 약해질까?

외상성 뇌 손상자들의 외상 후 성장을 검토한 일련의 연구에서는 몇 가지 단서를 제공하고 있다. 뇌 손상은 심신을 매우 쇠약하게 해서 손상환자들이 적응하기가 매우 힘들다. 그들은 마트 코처와 셰인 멀린스가 직면했던 문제, 즉 움직임, 균형, 언어, 기억, 때로는 인지능력 문제를 겪을 수 있다. 그런 문제는 제때 회복될 수도 있고 아닐 수도 있다. 그런 문제들은 예측 불가능하다. 후천성 뇌 손상 아일랜드Acquired Brain Injury Ireland의 연수부장인 캐럴 로건Carol Rogan은 외상 후 성장을 연구하기 시작한 후 뇌 손상 환자들의 성장을 제시한 일련의 연구가 있음에 주목하였다. 그러나 그런 연구는 손상 발생 후 각기 다른 시기에 이루어졌다. 이런 연구는 모두 테데스키와 캘훈의 외상 후 성장 검사로 그 변화를 측정하고 있었다. 이 척도는 외상 후 생존자들이 다섯 영역의 성장 각각에서 얼마나 많은 긍정적 변화를 경험하는지를 수량화하기 위해 두 사람이 개발하였다. 모든 연구는 다섯 영역에 대해 각 개인이 보고한 변화의 양을 합산하였다. 높은 점수는 큰 성장을 나타낸다. 한 연구에서는 병원에서 퇴원한 사람들의 성장을 2회에 걸쳐, 즉 그 연구를 실시하기 6개월 전의 평균과 7개월 후의 평균을 비교하였다. 그 후 그들을 대상으로 한 번 더, 즉 손상 후 32개월의 평균을 측정하였다. 뇌 손상 환자들의 외상 후 성장 평균 점수는 6개월의 33.4에서 7개월의 36.5으로 증가하였다. 그다음에 32개월에는 그 점수가 50.9로 뛰어올랐다. 이들을 대상으로 한 그녀 자신의 연구에서는 퇴원한 지 70개월 되었을 때의 평균을 측정하였다. 평균 점수가 또 올라가, 이때에는 53.8로 나타났다. 손상 후에 시간이 경과할수록, 환자들은 더 큰 긍정적 변화를 보고하였다.

다른 한 연구에서는 훨씬 더 후의 변화를 관찰하였다. 영국의 레딩에 있는 버크셔 의료 국민건강보험재단Berkshire Healthcare National Health Service Foundation의 트레버 파월은 뇌가 손상된 지 13년 후에 환자들의 성장을 추적하는 연구를 수행하였다. 그의 결과는 로건이 주목한 경향과 일치하였다. 이들은 성장을 유지할 뿐만 아니라, 성장이 증가하였다. 그가 발견한 외상 후 성장 점수는 64.6으로, 이전 기간에 측정한 점수보다 더 높았다. 파월은 "성장이 더 오래될수록, 보고한 외상 후 성장이 더 높을수록 자신의 손상에 대한 긍정적 귀인이 더 높고 삶 또한 더 긍정적이었어요." 하고 말했다. 결국, 성장이 지속될 뿐만 아니라 증가하고 있었다.

아직 발표되지 않은 다른 연구는 성장이 사라지지 않는지를 확인하기 위해 이루어졌다. 외상 후 긍정적 변화를 관찰한 초기 연구 중 하나로, 테데스키와 캘훈에게 영향을 준 연구는 예일 대학교의 정신과 의사인 윌리엄 슬레지가 베트남전쟁 동안 포로 비행사들을 대상으로 실시한 연구였다. 그의 연구에서 슬레지는 포로 비행사들의 61%가 포로경험으로부터 심리적 이점을 얻었다는 말을 들었다. 그들은 종교적 신앙이 더 강하였고, 삶을 더 즐겼으며, 사람들과 더 잘 지내고, 사람들에게 더 감사하였다. 그러나 포로경험이 없던 비행사 집단인 통제집단에서는 30%만 긍정적 변화를 보고하였다.

현재 슬레지는 다른 연구자와 함께 후속 연구를 진행하고 있다. 2003년, 그들은 1976년에 응답한 병사들에게 삶의 변화를 묻는 동일한 문항을 이메일로 보냈다. 그 연구는 아직 발표되지 않았으나, 초기 결과에서는 성장이 대부분 유지되는 것으로 나타났다. 약 40년 후, 전쟁포로들은 그들의 경험에서 동일한 종류의 긍정적 이점을 지각할 뿐만 아니라, 여전히 통제집단보다 유의미하게 높은 변화를 보고하였다. 결국 성장은 반짝 성공이 아니었던 것이다. 오히려 성장은 사람들에게 오래 유지되고 장기적으로 그들의 삶을 변화시키는 엄청난 변화인 것으로 밝혀졌다.

많은 사람들은 그들의 변화가 몇십 년 동안 계속됨을 발견했다. 클레멘티나 체리는 1993년에 아들 루이스 브라운을 잃고 여전히 자기 일에 몰두하고 있다. 맥스 클리랜드의 삶은 1968년에 완전히 변했고, 그는 그 후 줄곧 외상에 대처하며 성장을 추구하고 있다. 그건 확실히 해리먼도 마찬가지다. 바그다드로 가는 길에서 끔찍한 일을 겪고 10여 년이 지난 지금, 그는 부담스런 일을 해야 할 때에도 목표에 흔들림이 없고, 자신의 경험에서 원동력을 얻고, 자신의 비전에 전념하며, 열심히 일하는 걸 남달리 행복해한다. 그는 경영대학원에 다녔지만, 영업사원은 아니다. 그는 부유한 잠재적 기부자들 옆에서 숫기가 없는 편이고, 자금을 부탁할 때 어색해한다. 그러나 그는 그 일을 하려고 기꺼이 미국에 돌아와 많은 시간을 투자한다.

춥고 바람 부는 12월 겨울, 해리먼은 잠재적 기부자 집단을 만나기 위해 뉴욕시에 머물렀다. 맨해튼의 어퍼웨스트사이드에 있는 브라운스톤의 진한 나무 바닥이 깔린 응접실에서 해리먼은 10여 명에게 누루에 대해 설명하였다. 그곳은 골드만삭스의 자문이사인 조 글레버만Joe Gleberman의 집이다. 그들 중 대부분은 골드만삭스의 전·현직 임원이고, 다른 사람들은 스탠퍼드 경영대학원 동창이다. 확실히 그들은 모두 누루가 사업을 유지·확장하는 데 도움을 줄 나름의 방법을 지닌 사람들이다. 그들 모두가 해리먼의 메시지에 넋 놓고 있었다.

글레버만은 약 10년 전인 스탠퍼드 대학교 경영대학원생이던 시절에 해리먼을 만났다. 그는 해리먼의 아이디어와 이야기에 호기심이 생겼다. 그러나 그 전에도 글레버만은 돈과 지원을 바라는 좋은 생각을 가진 선의의 사람들을 많이 만났었다. 그러나 대부분의 사람들은 비영리단체 쪽에서 오래 버티지 못했다. 그는 해리먼이 그 단체에서 얼마나 오래 버틸지, 그 단체를 일궈서 끝까지 해낼지를 보고 싶었다. 글레버만은 이렇게 오랜 세월이 지난 후에도 해리먼이 확실히 삶의 목표만 생각하고 그 사업에 헌신하고 있다고 말했다. 그래서 글레버만은 돕고 싶었던 것이다.

양복(기증자들이 그를 데려가 사 준 옷)을 차려입은 해리먼은 그날 바그다드로 가는 길에 자신이 본 공포, 이라크 농부가 한순간에 어떻게 모든 걸 잃었는지, 동시에 해리먼 자신의 삶이 어떻게 다른 길을 걷게 되었는지 등 자신에 대한 이야기를 했다. 그는 "나는 밤마다 자러 갈 때, 그 농부의 눈을 봐요." 하고 모인 사람들에게 말했다. "그리고 그 장면이 좀처럼 잊히지 않아요. 그 장면이 뇌리에서 떠나질 않아요. 일어날 때마다, 그 장면은 매일 나를 살아가게 하는 원동력이에요. 우리는 이 일을 밀고 나가야 해요. 이 문제를 해결해야 해요."

해리먼의 새로운 생활, 즉 다른 사람들을 도우려는 그의 집중력과 결단력에는 어려움도 따른다. 그 당시의 이라크 경험은 그에게 여전히 현실이다. 그는 밤에 4시간 이상 잠을 못 잔다. 그는 사람들에게 허심탄회하게 말하기가 힘들고, 그로 인해 이성관계도 여러 번 꼬였다. 그가 목격한 공포는 시간이 지나도 잊히지 않았다. 그런 끔찍했던 경험들로 인해 그는 자신이 어떤 사람이며 뭘 하고 있는지를 검토하게 되었고, 결국 스스로 새로운 삶, 즉 좀 더 의미 있고 집중적인 삶, 다른 수만 명의 사람이 더 나은 삶을 살도록 돕는 삶, 그가 변절을 상상할 수 없는 삶을 살 수밖에 없었다.

새로운 종류의 행복

시엔 헤이워드H'Sien Hayward는 워싱턴주의 산후안제도에서 히피의 딸로 자랐다. 그녀는 자신이 걷기보다 명상을 먼저 배웠다고 농담 삼아 말했다. 그녀는 목가적이고 구조화되지 않은 환경에서 아동기를 보냈다. 규칙이 없었다. 그런 환경 덕분에 그녀는 장애물을 별로 개의치 않고 자신이 이루고자 하는 것은 무엇이든 추구하는 자신감이 있었다. 그녀는 "내 가장 중요한 전제는 나는 항상 뭐든 할 수 있다는 거예요." 하고 말했다. 그녀는 고등학교에서 운동선수이고 모범생이었다. 그래서 그녀는 A 이하를 받으면 충격받을 정도였다. 그녀는 친구가 많고, 쿼터백과 데이트하였다. 그녀는 농구와 배구를 즐겼으며, 트랙경기와 크로스컨트리 경기에도 참가했다. 그녀는 16살에 하와이에 위치한 하와이예비학교 입학시험에서 장학금을 받을 정도로 대단했다.

새로운 학교에서 1년을 보낸 후 친구와 함께 해안으로 가는 길에, 그녀가 타고 있던 차가 꼬부랑길을 달려오던 다른 차를 박았다. 심한 척수손상으로 코마상태에 빠진 헤이워드를 제외하곤 아무도 심하게 다치지 않았다. 의사들은 그녀의 부모에게 소생한 딸을 보려면 24시간 안에 하와이로 오라고 말했다. 그들이 도착했을 때, 의사들은 딸의 뇌가 심하게 손상되었다고 말했다. 의사들은 그녀가 말할 수 있을 거라고 생각하지 않았고, 심지어 자가 호흡도 어려울 거라고 생각했다. 10일 후, 헤이워드는 코마상태에서 깨어났고 의사들의 말이 틀렸음을 입증하였다. 놀랍게도 그녀의 뇌는 전혀 손상되지 않고, 가슴 아래가 마비되었다.

몇 년 전에 그녀의 남동생이 사고로 사망해서인지, 그녀의 부모는 딸이 코마상태에서 깨어나자 마비된 걸 알고도 슬퍼하지 않았다. 오히려 그들은 그녀가 살아 있다는 것만으로 매우 기뻐했다. 대안이 존재한다는 게 멋진 성과였다. 헤이워드는 "그들은 아주 행복해요." 하고 가족에 대해 말했다. "마비는 그렇게 중요하지 않아요. 어쨌든 내가 살아 있다는 게 중요하죠."

3주 후, 그녀는 비행기에 실려 시애틀로 돌아가 거기에 있는 병원에서 또 3개월을 보냈다. 헤이워드는 걸을 수 없었다. 휠체어를 타고 생활하는 게 쉽지 않았다. 그것은 그녀가 활동적이고 그동안 자신을 운동선수로 여겼기 때문이다. 이제 그녀는 운동장에서 경쟁하기보다 재활훈련에서 경쟁적인 특성을 활용했다. 그래서 양말과 신발을 신거나 목욕하는 것과 같이 독립에 도움이 되는 기초기능을 다시 익히려 도전했다. 그녀는 부모님과 남자친구의 사랑과 지지를 받을 수 있어 다행이었다. 그녀는 "그는 대단해요." 하고 말했다. "그는 내가 아름답고 사랑스러우며, 내 외모는 중요하지 않음을 깨닫게 해 주었어요."

사고가 발생한 지 5년째가 아마도 가장 힘든 시간이었을 것이다. 대부분의 척수손상 생존자들과 마찬가지로, 헤이워드는 다리에 감각이 돌아오고 움직일 수 있을 거라는 희망에 매달렸다. 그녀는 낙관적(엄마에게 물려받은 특성)이지만, 휠체어 생활은 실망스럽고 힘들었다. 목욕하고 옷을 입고 이동하는 게 느렸다. 그녀가 마비되어 느낄 수 없기 때문에 상처가 쉽게 감염되었다. 척수손상 환자들을 치료하는 의사들은 사고 후 5년까지 차도가 없으면 마비가 계속된다는 사실을 발견하였다. 그녀는 "그 말에 정신이 바짝 들었죠." 하고 말했다. "처음에 내가 이후의 삶을 휠체어에서 보내야 한다는 사실을 있는 그대로 바라봐야 했어요."

그러나 그녀는 장애가 있어도 목표와 관심을 결코 단념하지 않았다. 그녀는 학습 면에서 탁월하였다. 그녀는 사고 후 하와이에 있는 학교로 돌아가 동료들과 함께 졸업하였다. 그녀는 심리학에 관심을 가져 스탠퍼드 대학교에서 석사학위를 받고, 박사과정은 하버드로 진학하였다. 그녀는 장애인의 권리를 주장하게 되었다. 그녀는 세계여행을 다녔다. 그녀의 목표는 50개국을 방문하는 것인데, 벌써 그녀의 목록에서 40개국 이상을 지웠다.

헤이워드의 상처와 마비경험은 항상 그녀의 학문적 관심에 영향을 미쳤다. 오랫동안 그녀를 항상 신경 쓰이게 했던 한 가지는 행복 연구였다. 대부분의 사람들은 휠체어를 사용하는 사람들이 불행하거나 적어도 몸이 성한 사람보다 행복하지 않다고 가정한다. 그것이 비합리적인 가정은 아니다. 그것은 몸이 성한 사람은 휠체어 사용자가 할 수 없는 많은 것을 누릴 수 있고, 두 발이 있으면 인생이 더 편하기 때문이다. 더구나 휠체어를 타는 사람들은 한때 몸이 성했다가, 그런 자유와 편안함을 빼앗겼기 때문이다.

그 가정은 10여 년 전 로니 자노프 불만이 공동 연구한 유명한 연구에서도 지지되었다. 그는 테데스키와 캘훈이 외상 후 성장 모델을 위해 활용한 가정적 세계이론을 도출하기도 했다. 1978년 출판된 한 연구에서 자노프 불만과 공동 저자들은 세 집단, 즉 복권 당첨자, 마비사고 피해자 및 통제집단을 대상으로 조사를 실시하였다. 그들은 누가 더 행복한지를 알고 싶었다. 그들은 각 집단에서 약 20명씩을 만났다. 복권 당첨자들은 50,000달러에서 백만 달러 사이의 금액이 당첨된 사람들이었다.

그들은 마비사고 피해자들이 현재의 행복을 가장 낮게 평가했음을 발견했다. 논문에서 연구자들은 그 피해자들이 그들의 과거에 대해 향수효과라는 아주 낙관적 견해(그들의 현 상황이 아주 끔찍하기 때문에 그들이 이전에 얼마나 행복했는지를 과대 추정하는)를 지녔음을 강조했다.

헤이워드는 그 연구의 몇 가지가 신경에 거슬렸다. 우선 각 집단이 약 20명에 불과하기 때문에 표본이 너무 작다. 그 연구의 참가자들은 사고가 일어난 지 불과 1개월에서 1년에 불과할 정도로 상처를 입은 지 얼마 되지 않았다. 헤이워드가 잘 알고 있는 바와 같이, 1년은 마비에 익숙해지기에는 너무 짧은 시간이다. 참가자들은 아직 모두 재활시설에 있다. 아무도 아직 세상에 재통합되지 않았거나 자신의 상황을 수용하지 않았을 것이다. 사실 원래의 연구 자료에서는 척수손상 환자들이 통제집단보다 약간 덜 행복한 정도가 아니라, 그 격차가 아주 컸던 것으로 나타났다. 이후의 한 연구에서는 통제집단의 평균에 속하는 사람이 충돌 피해자의 78%보다 더 행복함을 지적하였다.

헤이워드는 그 연구가 자신을 포함한 척수손상 환자들의 경험을 왜곡하고 있다고 생각했다. 그녀는 이번에 대규모집단을 대상으로 그 연구를 반복 연구하고 싶었다. 그녀는 그런 사고가 과거에 얼마나 오래전에 발생했는지를 알고 싶었다. 이후의 몇몇 연구에서는 그녀와 같은 척수손상 환자들이 손상이 없는 사람들만큼 행복하거나 훨씬 더 행복함을 보여 주었다. 그런데 이 환자들을 어떻게 극단적 횡재를 누린 복권 당첨자들과 비교했을까?

그녀의 박사논문에서 헤이워드는 각 집단, 즉 통제집단, 복권 당첨자 및 사고 피해자의 표본을 50명으로 늘렸다. 복권 당첨자들은 모두 조사 전 약 10년 사이에 당첨된 사람들이었다. 그들은 모두 백만 달러 이상에 당첨된 사람들이었다. 평균 당첨액은 그야말로 인생을 바꿀 만한 금액인 평균 6백만 달러였다. 척수손상 환자들은 사고를 당한 지 약 20년 된 사람들이었다. 헤이워드는 복권이나 사고경험이 없는 통제집단까지 넣어 세 집단을 대상으로 조사를 실시하였다.

복권 당첨이든 마비든 그 사건이 일어나고 많은 시간이 경과한 후, 두 집단 모두 거의 동일한 수준의 행복을 느꼈다. 기본적으로 그들이 현재의 행복을 어떻게 보는지는 똑같은 것으로 나타났다. 심지어 즐거운 일상 활동을 얼마나 즐기는지에 대해서는 다른 집단보다 척수손상 집단이 약간 더 높았다. 헤이워드는 향수효과가 사라져서 사고 피해자들이 미래의 행복을 통제집단과 유사하게 기대함을 발견하였다.

다시 말해, 복권에 당첨되었든 사지를 잃었든 이런 사건들을 겪지 않았든 20년 후에는 모든 사람의 행복이 거의 같은 수준이었다. 이어서 헤이워드는 그런 결과가 나타난 부분적 이유로 외상 후 성장을 들 수 있다고 말했다. 그녀는 자신의 박사논문에 참여했던 대규모 척수손상 집단을 대상으로 그들의 안녕감, 수입 및 삶에서 느끼는 의미를 묻는 다른 연구를 수행하였다. 그녀는 수입과 안녕감 사이에 관계가 없음을 발견하였다. 오히려 안녕감을 결정하는 가장 큰 요인은 이들이 자신의 삶에서 얼마나 많은 의미를 느끼는지였다. 그녀는 의미가 그들이 행복을 느끼는 원동력이라고 말했다. 그녀는 "사고 생존자들의 삶에 훨씬 더 많은 의미, 즉 더 많은 의미와 성장이 있었고, 그것이 바로 그들이 행복해 보이는 이유였어요." 하고 말했다.

심리학자들은 두 가지 유형의 행복을 정의하는데, 그 두 가지는 고대 그리스로 거슬러 올라간다. 쾌락주의적 행복hedonic happiness은 쾌감을 추구하고 고통을 피하는 것과 밀접한 관계가 있다. 가령, 더운 여름날 아이스크림을 먹거나 복권 당첨으로 즐길 거리를 누리는 쾌감을 들 수 있다. 이런 종류의 행복은 많은 재미를 가져다 줄 수 있지만, 때로는 덧없고 멋진 목적의식이 없다.

다른 종류의 행복인 에우다이모니아eudaimonia는 더 심오해서 개인이 성장을 추구하고 더 나은 사람이 되려는 것과 관련된다. 이런 행복은 외상 후 성장을 보고하는 사람들의 경험과 훨씬 더 가깝다. 많은 이들은 의미를 추구하는 삶을 영위한다. 그들은 경험에서 지혜를 얻고, 자신과 아주 가까운 사람들을 소중히 여긴다. 그들은 설사 재미있는 시간을 보내지 않더라도, 보람을 느낀다.

외상 후 성장을 경험한 이들은 대부분 반드시 이런 종류의 행복에 대해 이야기한다. 정지신호 앞에서 오토바이를 타고 있다가 사고를 당한 그날, 루터 델프는 자기 인생에서 쾌락주의적 행복을 잃었다. 그는 모든 종류의 놀 거리, 즉 우리 대부분이 바라는 일반적인 도락을 박탈당했다. 그러나 오히려 그가 발견한 건 새롭고 훨씬 더 심오하며 더 의미 있게 삶을 영위하는 방식이다. 그는 다른 사람들을 도우면서 새롭고 더 소중한 행복을 찾았다. 이와 동일한 것이

다른 많은 이들에게도 해당된다. 하늘에서 낙하산에 문제가 생겨 추락한 카리나 홀킴은 다른 사람들에게 영감을 주는 자신과 자신의 일에서 가치를 찾는다. 투투 프로젝트를 만든 밥 케리와 그의 아내인 랭커스터 케리도 그랬다. 그것은 헤이워드를 비롯한 많은 사람에게 성장의 핵심이다. 그녀는 "삶에서 가장 중요한 건 한 인간으로서 진화하는 거예요. 나는 그렇게 할, 즉 성장할 이런 기회 덕분에 아주 행복해요." 하고 말했다. "내 경험상 사고로부터 끔찍한 일 못지않게 더 멋진 건 아니더라도 많은 일이 일어났어요. 매일 내가 길 건너는 걸 도와주려고 교통을 멈추고, 언덕까지 나를 밀어 주며, 시장바구니를 들어 주고, 내가 넘어지면 나를 의자에 앉혀 주는 사람들 덕분에 내 마음이 열려요. 매번 내 마음이 열리는 걸 느끼죠."

헤이워드에게 사고가 일어난 지 20년이 다 되어 간다. 그녀는 다리를 사용한 세월보다 휠체어에서 지낸 세월이 더 길다. 그녀는 가끔 그 사고가 자신의 삶을 어떻게 둘로 갈랐는지와 사고 후의 삶이 어떻게 그처럼 달라졌는지를 생각한다. 그 사고가 그녀에게서 이끌어 낸 성장은 선물이었다. 그녀는 "나는 항상 유쾌한 사람이었지만, 내 행복은 이제 더 심오하고 완전해요. 내 사고는 나에게 모든 삶은 그 안에 아름다움이 존재할 수 있고 쾌감과 고통이 존재할 수 있다는 가르침을 줬어요. 그 사고는 내 인생의 진로를 확고히 해 주었어요. 나는 행복을 연구하며 하루하루를 보내고, 임상가가 될 훈련을 받을 거예요." 하고 말했다. "나는 내가 하는 일과 나라는 사람을 사랑해요. 사실 이보다 더 멋진 삶을 상상할 수 없을 정도예요."

그런 멋진 변화가 수그러들 기미는 보이지 않는다. 해리먼과 마찬가지로, 그녀의 삶은 새로운 궤도에 올랐고 결코 약화되거나 퇴행하지 않을 것이다. 그녀는 "내가 삶을 바라보는 방식은 누구나 자신의 성장을 위해 노력하고 있다(의식하든 아니든 더 잘 살아 보려고)는 점이에요." 하고 말했다. "누구나 그런 계단을 오르려 하지만, 도전의식을 주는 아주 힘든 뭔가가 있으면, 그건 몇 층을 올라갈 엘리베이터가 있는 셈이죠."

외상은 겉으로 보이는 것과 달리, 심신을 쇠약하게 하는 경험이 아니다. 외상경험에서 생존한 사람들은 말 그대로 '살아난survived' 것이다. 인간이 죽음에 임박하거나 한때 당연했던 많은 것을 잃으면, 살아있다는 것의 의미를 훨씬 더 깊고 지혜롭게 이해한다. 몇몇 다른 사람들과 마찬가지로, 그들은 그야말로 살아있다는 행운과 선물을 깊이 이해하게 된다. 해리먼이나 아주 많은 다른 사람들과 마찬가지로, 헤이워드는 자기 인생에서 가치 있고 의미 있는 일을 하는 데 전념하고 있다. 그런 노력은 그들이 이전에 느끼지 못했던 자아실현적eudaimonic 행복을 가져다준다. 그런 행복은 그들이 그런 일을 하는 이유이고, 물론 그들에게 비극이 일어난 날 펼쳐진 새로운 궤도에 따라 계속 살아가는 이유이기도 하다. 외상이 초래한 불행도 있지만, 그들은 외상이 준 획기적인 기회도 인식한다.

그 차를 타고 친구들과 순수하게 해안가를 드라이브하던 20여 년 전의 그날, 그녀의 인생을 영원히 바꾼 그날을 회고하며 헤이워드는 말했다. "내가 20년 전으로 돌아가 그 차를 타지 않았다면……." 그녀는 그날 자신이 잃은 것과 그 후 얻은 것에 대해 곰곰이 생각하며 다시 그 사건을 생각하는 듯 잠시 대화를 멈췄다. 그녀는 "……나는 바꾸려 하지 않을 거예요." 하고 말했다. "나는 여전히 그렇게 할 거예요."

저자 소개

짐 렌든 Jim Rendon

『뉴욕 타임즈The New York Times』『포춘Fortune』『아웃사이드Outside』『마더 존Mother Jones』 등에 글을 기고하는 전문 저널리스트이다. 캘리포니아 대학교 버클리캠퍼스의 저널리즘 스쿨을 졸업한 그는『스마트 머니SmartMoney』와『메트로Metro』에서 일한 적이 있다. 또한『마리끌레르Marie Claire』와『뉴욕 타임즈 매거진The New York Times Magazine』에 외상 후 성장 관련 글을 실었으며,『강력한 마리화나: 무법자, 히피, 과학자들은 어떻게 마리화나를 재창조했나Super-Charged: How Outlaws, Hippies, and Scientists Reinvented Marijuana』의 저자이기도 하다.

역자 소개

김유미 Kim, You Me

서울교육대학교 교수로 뇌와 상담의 연결고리에 관심을 갖고 있다. 『뇌를 알면 아이가 보인다』(북하우스 퍼블리셔스, 2009), 『두뇌를 알고 가르치자』(학지사, 2002), 『교육에서의 사회신경과학』(공역, 학지사, 2017), 『뉴로사이코테라피』(공역, 학지사, 2017), 『멋지고 새로운 뇌세계』(역, 아카데미프레스, 2012), 『위너 브레인』(역, 문학동네, 2011), 『영재의 뇌는 어떻게 학습하는가』(역, 시그마프레스, 2008), 『위대한 뇌』(역, 북하우스, 2007) 등의 저·역서가 있다.

엄별비 Um, Byeol Bee

서울교육대학교를 졸업하고, 동 대학교 대학원에서 초등상담교육 전공으로 석사 학위를 받았다. 현재 서울영화초등학교 교사로 근무 중이며, 「수용-전념 집단상담 프로그램이 아동의 불안 및 심리적 안녕감에 미치는 효과」(2017), 「학교생활적응의 예언변인으로서 자아탄력성, 부모의 양육태도 및 또래애착」 등을 연구하고 있다.

신경과학으로 본 외상 후 성장 이야기
아픔에서 선물을 찾다!
Upside: The New Science of Post-Traumatic Growth

2018년 10월 25일 1판 1쇄 인쇄
2018년 10월 30일 1판 1쇄 발행

지은이 • Jim Rendon
옮긴이 • 김유미 · 엄별비
펴낸이 • 김진환
펴낸곳 • (주) **학지사**

04031 서울특별시 마포구 양화로 15길 20 마인드월드빌딩
대표전화 • 02)330-5114 팩스 • 02)324-2345
등록번호 • 제313-2006-000265호

홈페이지 • http://www.hakjisa.co.kr
페이스북 • https://www.facebook.com/hakjisa

ISBN 978-89-997-1668-3 03180

정가 15,000원

역자와의 협약으로 인지는 생략합니다.
파본은 구입처에서 교환해 드립니다.

이 책을 무단으로 전재하거나 복제할 경우 저작권법에 따라 처벌을 받게 됩니다.

이 도서의 국립중앙도서관 출판시도서목록(CIP)은 서지정보유통지원시스템 홈페이지(http://seoji.nl.go.kr)와 국가자료공동목록시스템(http://www.nl.go.kr/kolisnet)에서 이용하실 수 있습니다. (CIP 제어번호: 2018030889)

교육문화출판미디어그룹 **학지사**

심리검사연구소 **인싸이트** www.inpsyt.co.kr
원격교육연수원 **카운피아** www.counpia.com
학술논문서비스 **뉴논문** www.newnonmun.com
간호보건의학출판사 **학지사메디컬** www.hakjisamd.co.kr